实 践 哲 学 论 丛 ┃ 主 编 丁立群 ┃ 副主编 罗跃军 高来源

PRAXIS AND CULTURE:
VIEWS ON THE REVOLUTION OF
CONTEMPORARY PHILOSOPHICAL PARADIGMS

实践与文化：
现代哲学范式革命的
多维视野

赵海峰 著

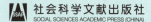
社会科学文献出版社
SOCIAL SCIENCES ACADEMIC PRESS (CHINA)

实践哲学论丛编委会

何谓实践哲学（代序）

实践哲学是哲学范畴中歧义最多的哲学形态，这主要是因为实践哲学的主题词"实践"就是一个十分复杂的概念：实践既是一个常识性语词，又是一个哲学概念，而且这一概念在各种文化学科中被广泛使用。这就使其被赋予了多种多样的涵义。诸种情况亦影响到实践哲学。

一般来说，在西方哲学中，实践哲学多用来指称伦理学和政治学。然而，伦理学和政治学由古希腊发展至今，发生了很大变化。现代伦理学有诸多分类，诸如德性伦理学、规范伦理学、描述（科学）伦理学和分析伦理学，其中哪些属于实践哲学？政治学按亚里士多德的划分属于实践哲学。但是，政治学在马基雅维利之后，已经逐渐脱离实践哲学范畴，进入科学和技术领域，成为政治科学甚至管理技术。尽管现代哲学家力图恢复它的实践哲学维度，但政治学在何种意义上才能恢复为实践哲学？恢复为实践哲学的政治学将如何处理政治科学（技术）遗产？另外，狭义的伦理学和政治哲学能否代表实践哲学的全部内容？"实践"概念在西方的人类学领域也被广泛使用，这一领域"实践"概念的主要涵义带有实用主义色彩，即实际应用、效用和实验等，实践哲学如何对待这种实践？

实践哲学在国内情况也比较复杂。迄今，学界提出了实践唯物主义、实践本体论以及认识论的实践论等诸多理论。其中，每一种实践理论所使用的"实践"概念都具有不同涵义，甚至同一理论中"实践"的涵义也因语境变化而有所不同。但是总体上，在国内，无论是在常识领域还是在学术领域，影响比较大的是在"实验"意义上理解实践，把实践哲学看作研究如何把理论应用于实际的学问。

如此林林总总，难于尽述。试图厘清实践哲学的演化线索，就要追根溯源。

实践哲学虽然具有复杂多样的具体形态，但是从总体上可以分为"科学—技术实践论"和"伦理—政治实践论"两种基本形态，其余的实践哲学形态都只是这两种基本形态的延伸。德国古典哲学家康德在其著名的"三批判"之一——《判断力批判》的导论中曾谈到实践哲学的分类。他指出，一般来说，人们把依据自然概念的实践和依据道德概念的实践混淆起来不加区分，致使人们在谈论实践哲学时不知所云。这种区分实质上取决于一个根本问题，即人的行为是受意志支配的，而给予意志的因果作用以规则的究竟是一个自然的概念还是一个自由的概念？康德认为这是至关重要的问题，它起到了分水岭的作用："如果规定因果关系的概念是一个自然的概念，那么这些原理就是技术地实践的；如果它是一个自由的概念，那么这些原理就是道德地实践的。"[1] 这里，康德实际上确定了划分不同实践哲学的标准，即规定意志背后的支配原则：如果支配意志的是自然的必然性，由此产生的行动就是技术的实践；如果支配意志的是自由原则，由此产生的行动就是道德的实践。康德虽然确定了划分两类实践哲学的标准，但是他却认为技术实践论属于理论哲学，道德实践论才真正属于实践哲学。

康德的这种划分在哲学史上是有根据的，所谓"道德实践论"应属于亚里士多德开创的"伦理—政治"的实践哲学传统；而"技术实践论"则属于由 F. 培根和 G. 伽利略倡导的"科学—技术实践论"传统。

亚里士多德是实践哲学的创始人，所有的实践哲学形态几乎都可以追溯到亚里士多德。

---

[1] 〔德〕康德：《判断力批判》（上卷），宗白华、韦卓民译，商务印书馆，2000，第8~9页。

亚里士多德在一定程度上，克服了以往哲学的"伦理—认识平行论"①，突破了苏格拉底"美德即知识"命题把美德混淆于理论知识的理解，第一次区分了理论、制作和实践，使实践哲学从形而上学中独立出来，并构建了第一个较为系统的实践哲学理论。

在他看来，实践哲学的最核心内容和终极旨趣就在于如何促进人的"自由"和"完善"，即促进人的德性（潜能）的实现，促进人的生长和完善。亚里士多德有两部重要的实践哲学著作，即《尼各马可伦理学》和《政治学》，人的完善是这两部著作的共同主题。人的完善即通过实践而实现人的德性。《尼各马可伦理学》和《政治学》大略从个人和城邦两个方面，论述了人的德性的实现和完善问题。《尼各马可伦理学》侧重于个人德性品质与幸福的关系，论述个人"德性"的实现和人的完善，即通过运用理性的实践而使德性成为一种现实中的实现活动，使人获得自己的本质力量即整全的德性（善）；《政治学》则侧重于从政治制度上为"德性"的实现和人的完善提供条件。在《政治学》中，亚里士多德从"人天生是一种政治动物"这一根本命题出发，提出人类种群的纯自然的联系（社会性）并不是人的特征，人要在城邦共同体中实现自己。亚里士多德通过对政体和政治制度的研究，提出理想的城邦和制度应当涵育人的德性，为人的完善提供充分的条件。于是，政治学的目的与伦理学的目的是一致的，都是属人的至善。

由此，他把哲学分为三类，即理论哲学、制作哲学和实践哲学。在这种哲学分类及其区别中，进一步界定实践哲学。这种区分也使我们对实践哲学的理解具体化。

首先，实践哲学与理论哲学截然不同。理论哲学是关于永恒和必然领域的知识，实践哲学则是变化无常的人事领域的特殊知识。理论哲学的核

---

① 现代逻辑经验主义认为传统哲学的一个显著特征就是"伦理—认识平行论"，即在认识论上把伦理问题当作知识问题，以苏格拉底"美德即知识"为代表。我认为，这一认识论问题根源于本体论。传统哲学从本体论上未能区分道德实体即人为的"善"与世界的本体形而上学的"善"，这在前亚里士多德哲学中体现得更明显。亚里士多德则提出了与形而上学的善相对的"属人的善"，在一定程度上克服了"伦理—认识平行论"。

心问题是"永恒"和"必然"问题即"神"的问题，其思考属于理论智慧（Sophia）；实践哲学的核心问题是关于个人的完善和善制问题，即关于属人的善的问题，其思考属于实践智慧（Phronesis）。理论哲学追求的是普遍的"真理"；实践哲学追求的是特殊的"意见"①。理论哲学的知识形态是形而上学、数学和物理学，实践哲学的知识形态则是伦理学、政治学和家政学。

其次，实践哲学与制作哲学也截然不同。实践哲学处于"人事"领域，探究的是人的德性的实现活动和政治行为即实践；制作哲学处于"物事"领域，探究如何依据自然的原理生产一种物品。实践哲学研究人的道德和政治活动，重在于"行动"，着眼于特殊性（特殊境况）；制作哲学重在于按理性和原理操作的品质，重在于"知识"，着眼于必然性和普遍性。实践哲学所谓实践智慧（Phronesis）在于凭借丰富的生活经验把握和筹划对自身完整的善；制作哲学的理智作为一种技艺（Technique），目的是生成某种物体，属于局部的善。实践哲学所谓实践是目的内在于自身的活动，制作哲学的制作则是目的外在于自身的活动。实践是无条件的、自由的活动；制作是有条件的、非自由的活动。

可见，追溯实践哲学产生的源头可以看到，亚里士多德实践哲学是关于人际交往的伦理学和政治学理论，它与研究神和宇宙本体的理论哲学以及研究技艺活动、生产活动的制作哲学的理论分野和内容实质根本不同。

亚里士多德实践哲学在发展演变过程中，产生了一种派生形态，即康德所说的"科学—技术实践论"。由于亚里士多德实践哲学区分了理论、制作和实践，并把制作和实践一同作为变动领域的知识：制作作为实践的条件也与实践存在事实上的依存关系。这一情况使实践和制作有了千丝万缕的联系。延续到中世纪哲学，实践和制作开始混淆起来。在经院哲学家托马斯·阿奎那的思想中，"伦理之知"和"非伦理之知"的界限已经不甚清晰：实践包括了人类一切活动，当然也包括技术性的生产活动（制作）。到了近代，经过政治学家 N. 马基雅维利把伦理学与政治学分离，以技术代替实践的理论条件

---

① 实际上特殊的"意见"在亚里士多德的著作里亦被称为"真理"，即属于特殊性的真理，它与现代所谓人文的真理同类。

已经具备。在此基础上，F. 培根把实践哲学的重心逐渐转移到根源于制作的科学技术上面，创立了另一种实践哲学传统：科学—技术实践论。

F. 培根不满意古希腊哲学家以及由此而发端的轻自然哲学，重道德哲学、政治哲学的学术传统，他认为，这是用征服人心代替了征服自然；他也反对古希腊的非实用的所谓科学传统，认为这种传统忘记了知识存在的意义。他力图扭转这一传统。首先，培根把实践哲学由注重道德哲学转向注重自然哲学。在他看来，在古希腊罗马时期，以亚里士多德为代表的哲学家把大部分时间和主要精力用于道德哲学和政治哲学的研究，导致人心远离自然。F. 培根认为，必须彻底转变这种传统，大力提倡对自然的研究。为此，他也反对亚里士多德的演绎逻辑，他认为，这种逻辑并不鼓励探索自然，只是论证以往的教条，是一种论证的逻辑。他提出了归纳法并将其作为研究自然、发现新事物的"新工具"。归纳法这种新方法的提出和应用具有重要意义，它使古希腊理论与制作的分离重新统一起来，成为近代以来自然科学和技术科学一体化趋势的方法论基础。其次，培根把实践哲学由超功利性转向功利性。古希腊推崇的是与人的需要不相关的理论沉思。于是，摆脱功利上升到抽象领域似乎成为希腊文化的一个特征。所以在埃及用于丈量土地的几何学传到希腊后，也被抽象为不占面积的点、线、面构成的抽象几何学。培根批判亚里士多德以及古希腊对超功利的理论（Theory）的推崇，明确提出，"真理和功用在这里乃是一事。各种事功自身，作为真理的证物，其价值尤大于增进人生的安乐。"[1] 因此，他要求知识要为人们的福利服务。[2]

通过这种改造，在培根的哲学中，实践开始转变含义，变成了技术（制作），技术则变成了科学的应用。于是，理论与实践的关系变成了理论（科学）如何应用于技术（实践）的问题，H-G. 伽达默尔认为，这是近两个世纪以来，人们对实践哲学的最大误解：它把实践理性降低到技术控制的地位。[3]

---

[1] 〔英〕F. 培根：《新工具》，许宝骙译，商务印书馆，1984，第 99 页。

[2] 〔美〕J. 杜威：《哲学的改造》，许崇清译，商务印书馆，1989，第 17~20 页。

[3] 〔美〕R.J. 伯恩斯坦：《超越客观主义与相对主义》，郭小平译，光明日报出版社，1992，第 49 页。

在这里，科学不再是古希腊与技术应用无关的"理论"（Theory），而变成了技术原理，技术则是把科学原理应用于具体事件。这就构成了一种海德格尔所说的与古希腊致力于显现世界规则的世界观不同的新世界观，这种新世界观把自然当作人类的"资源库"。

科学—技术实践论的典型特征是它把传统实践哲学的实践由主体间关系置换为主客体间关系，作为获得知识（必然性）的一个中介。这一特征借用康德的话来说，就是用自然的必然性来规范意志的因果关系。这种实践处于理论理性的活动区域，所以，康德认为，科学—技术实践论实质上不属于实践哲学，而属于地道的理论哲学。科学—技术实践论以科学技术取代人类自由的实践，使科学技术行为不仅不为实践所制约，反而统治甚至取代了实践。这就从理论上为西方现代性危机埋下了伏笔。

科学—技术实践论是把亚里士多德的理论哲学中的科学部分和制作哲学中的技术部分突出出来，并在现代性的语境下，加以整合的理论形态。它成为亚里士多德伦理—政治的实践哲学传统的一种派生形态。这两种传统构成了现代西方"praxis"（伦理政治实践）和"practice"（科学技术实践）之争。林林总总的实践观、实践论和实践哲学都是这两种实践哲学传统的延伸形态。

现代西方哲学发生了一场实践哲学的复兴运动。海德格尔、伽达默尔、阿伦特、麦金泰尔、哈贝马斯、努斯鲍姆等著名哲学家都是这场复兴运动的中坚。现代实践哲学的复兴既有实践哲学自身发展的逻辑，也有现代性发展的社会历史背景。在实践哲学复兴的前提下，我们需要从实践哲学演化中，更加深入地思考实践哲学的元理论的建立及其问题域。

1. 在实践的知识内涵上：由伦理—政治的知识到人文科学的知识

亚里士多德认为所谓实践即政治和伦理行为，实践哲学即伦理学和政治学。这一思想在西方思想界影响深远，在整个西方哲学史上，几乎所有被划进这一范围的思想，都被称为实践哲学。但是，我们注意到，19世纪末20世纪初的现代哲学家、新康德主义者W.文德尔班在《哲学史教程》中，对哲学进行分类时，拓展了实践哲学的范围。他同意亚里士多德把实践哲学限定在历史、伦理和政治领域，但是，他并不认为凡在这些领域的知识都是实践哲学的知识。他更进一步提出了在历史、伦理和政治领域划分理论哲学和实践哲学的原则，即对历史领域的研究可以从两个角度进行：其一是从探寻历史规律的角度来研究；其二是从探寻历史的目的和意义的角度来研究。前者属于理论的知识，后者则是实践的知识。这一原则总体上符合亚里士多德的思想，亚里士多德以这一原则区分自然领域和历史领域。但是，W. 文德尔班却进一步把它引入亚里士多德传统的"实践领域"，在这一领域进行进一步实质性区分，这就使实践哲学的界限更加清晰了。按照这种划分，从意义和目的方面来看待的伦理学、社会哲学、法哲学、历史哲学、美学、宗教哲学都属于实践的知识。[①] 这已经把亚里士多德的伦理学、政治学领域扩展为整个人文科学领域。这种扩展得到了当代德国哲学家 O. 赫费的响应，赫费在其著作《实践哲学》一书中，提出了与文德尔班完全相同的看法。[②] 这种看法的实质在于，它对实践的知识进行了拓展，把整个人文科学纳入实践的知识的范畴。

而在伽达默尔的思想中，精神科学（人文科学）合法性的承担者是实践哲学，同时他也有"实践科学"的提法。我认为，实际上，实践科学就是精神科学，而实践哲学就是关于精神科学的哲学。

这样，伽达默尔在分析精神科学的合法性基础时，就把实践哲学和实践科学区分出来。这种区分很有意义：它解决了为什么实践哲学不能实践、实践哲学该怎样实践的问题。

2.在实践的场域上：由"伦理—政治"领域转换为"社会"领域

亚里士多德把实践和实践哲学的场域限定在"伦理—政治"领域，这主要是由于在古希腊，劳动的主体是没有自由的奴隶，其不是实践的主体；而且，由劳动连接成的社会属于私人领域而非公共的实践领域。从此以后，伦理—政治领域几乎成为实践哲学的传统领域。现代政治哲学家 H. 阿伦特特别严格地把实践和实践哲学限定在政治领域，提出人之为人的本质特征是政治

---

① 〔德〕W. 文德尔班：《哲学史教程》（上），罗达仁译，商务印书馆，2007，第31~33页。
② 〔德〕O. 赫费：《实践哲学》，沈国琴等译，浙江大学出版社，2011，"前言"第2页。

性，人在成为政治的动物之前才是社会的动物，"正因为这一点，它本质上就不是人的特征"。人类的社会联合"是生物的生命需要加在我们身上的一种限制"。①所以，她认为，政治经济学是一个语词的矛盾。

然而，现代社会已经不再是古希腊的作为私人领域的社会，它已经演化成为横跨私人领域和公共领域的一个独特的领域。早在19世纪，马克思就已经把实践哲学拓展到社会领域，从而构建了"劳动—社会"的实践哲学。现代西方很多哲学家已经意识到实践的社会性，意识到政治领域是不能和社会领域截然分开的。J. 哈贝马斯的实践哲学虽然具有重要的政治学意义，但是，他已经不仅仅在政治意义上谈论实践哲学了，而是把它拓展到广大的社会领域。当代哲学家R. 伯恩斯坦曾对H. 阿伦特进行了尖锐的批判，指出，H. 阿伦特已经把社会和政治二元化了，使政治学研究的关注点局限于精英层面而无法深入到广大的社会领域；R. 伯恩斯坦认为，阿伦特把"政治"与"社会"对立起来以及以政治为立足点的实践哲学，会导致难以解决的理论难题。②在现代时空中，政治和社会是分不开的，任何政治问题都离不开社会问题，都与社会紧密结合在一起。其实，H. 阿伦特也承认，早在古罗马时期，在社会作为人民为了一个特定的目标而结成的联盟意义上，社会已经有了"虽有限却清楚的政治含义"。③

可见，现代实践哲学已经不局限于狭窄的政治领域。

3. 在实践的层次上：由伦理—政治实践转向劳动实践以及包括科学技术在内的全面实践

首先，在纵深上，由伦理—政治实践转向劳动实践。劳动在古希腊不被当作真正意义的人的活动，劳动的承担者是奴隶而不是创造性的主体。近代以后，资产阶级逐渐兴起，劳动作为财富的源泉，逐渐被重视起来。在意识形态上和理论研究中，劳动地位逐渐提高，新教伦理和古典政治经济学都

---

① 〔美〕H. 阿伦特：《人的境况》，王寅丽译，上海世纪出版集团，2005，第15页。
② 〔美〕R.J. 伯恩斯坦：《超越客观主义与相对主义》，郭小平等译，光明日报出版社，1992，第268页。
③ 〔美〕H. 阿伦特：《人的境况》，王寅丽译，上海世纪出版集团，2005，第15页。

高扬尘世的劳动。如加尔文教赋予尘世的职业劳动以宗教上的合理性和崇高意义，古典政治经济学把劳动看作财富的源泉。黑格尔已经在某种意义上认识到劳动对于人之为人的意义。特别是马克思提出的"人是劳动的动物"与"人是政治的动物"相对，把劳动看作物质生产活动和人自身的建构活动的统一，把劳动提高为人的本质活动，从而以劳动代替了实践的基础地位。现代哲学家如 J. 哈贝马斯、H. 阿伦特等批判了马克思劳动的实践哲学，认为，劳动是服从必然性的活动，从劳动中产生不了规范意义和批判精神。我认为，他们都没有认识到马克思"劳动"的物质生产和人自身建构的双重涵义，从而也没有看到劳动的实践意义。

其次，由单纯的伦理—政治实践转向包括科学技术在内的全面实践。虽然亚里士多德对理论、制作与实践做了严格的区分，但是，自中世纪起，实践和制作的关系就开始纠缠不清。到了近代，F. 培根开始用科学技术替代实践，开创了技术实践论传统。伽达默尔认为，近两个世纪以来，人们对实践的最大误解就是把实践理解成科学的应用。而科学的应用就是技术，这说明科学技术一度被纳入实践的内涵。这成为西方现代性的一个根本特征。而在现代人类学领域、科学技术领域仍然存在技术实践论传统。但是，在亚里士多德实践哲学传统中，我们仍然可以提出一个问题：科学技术与实践没有关系吗？

技术实践论与道德实践论的对立根源于亚里士多德理论、制作和实践的对立，这种对立把科学技术排斥在实践之外，不仅使实践哲学失去了普遍性，而且在实践上也导致了科学技术的自我放纵，导致人与自然的关系的异化。

所以，我们应当对理论、制作和实践的关系进行反思批判，挖掘三者的内在统一关系。我认为这种统一关系应当是以实践为基础的统一关系。换言之，科学技术应当以实践的善为目的和宗旨，就如同生活世界是科学世界的基础，科学世界是生活世界的派生一样。

所以，实践哲学是一种普遍的哲学，实践是一个总体性概念。

4. 在实践的形式上，由伦理—政治实践到文化实践

当实践进入更为基础全面的社会领域，由伦理—政治实践转向劳动实践

以及包括科学技术在内的全面实践后，一种文化实践已经在意味之中了。

一般来说，人类实践的形式会随着时代的发展而改变。当今时代，无论是从文化意义系统的认识论意义上，还是在当代全球化的现实文化冲突意义上，文化在生活中的意义都不同以往。具言之，文化本身由以往生活世界的随变因素，逐渐凸显整合生活世界的范式意义，以至于在当今时代任何一种事物，都要把它"镶嵌"在文化的"幕景"上才能理解其真正的内涵和意义。很多思想家如 S. 亨廷顿、O. 斯宾格勒、A. 汤因比以及一些文化人类学家都已经意识到这一点。如果说，实践哲学旨在探寻生活和历史的意义，促进人的完善，构建人的完整性，那么，这一宗旨在当今世界仅囿限于政治和伦理的实践形式是无法实现的，必须把传统的实践形式转换为文化实践。

文化是人的存在方式，人的本质即表现在自己的造物——文化之中。在现实中，人处于一种异化的分裂状态，处于主观性与客观性、精神与生命、主动与受动、自由与必然的分裂之中。这些也体现在文化之中，即文化的意义系统分裂和对立，以及地域文化分裂和对立。文化实践的宗旨就是克服这种分裂，使人的存在方式总体化。用马克思的话来说，即"它是人和自然之间、人和人之间矛盾的真正解决，是存在和本质、对象化和自我确证、自由和必然、个体和类之间的斗争的真正解决"。① 文化分裂的基础即生活世界的分裂，生活世界的分裂即人的存在的分裂。可见，文化实践的宗旨与实践哲学的宗旨是一致的，即生活世界的完整性和人的存在的完整性。

所以，我认为这样的命题是正确的：实践哲学是文化哲学的基础，文化哲学是实践哲学的当代形态。

丁立群

2020 年 4 月

① 马克思：《1844 年经济学哲学手稿》，《马克思恩格斯文集》第 1 卷，人民出版社，2009，第 185 页。

第二部分　文化哲学：实践哲学的延伸和开展

第三部分　实践哲学视野下的教育和文化问题

前言　由实践哲学走向文化哲学的感悟

20世纪是哲学研究范式转型的世纪，但是这次范式转型与16~17世纪的范式转型有着很大区别。16~17世纪是中世纪哲学转向近现代哲学（modern philosophy）的时代，以启蒙为标志，以理性、主体性、自我意识为核心，也就是众人所说的"从本体论转向认识论"的时代。这次范式转型有着明确的共性，不管是哪个国家的哲学家，都有着相同或者相似的理论指向。但是对20世纪的哲学范式转型却很难总结出一个大家都同意的理论特点或理论指向。换言之，他们可能反对的是同一个东西，"破"的对象都是以黑格尔为代表的、追求宏大的绝对真理的思辨哲学、理论哲学，而"立"的内容是什么，向何处"立"，以什么方式和什么形态"立"，大家却没有共同意见。于是造成了"你方唱罢我登场，各领风骚三五天"的局面。

在中国，哲学范式转型同样处于"正在途中""莫衷一是"的状态。从改革开放开始，中国哲学界就对苏联的教科书体系进行了反思与突破。马克思主义哲学研究界、中国哲学研究界和西方哲学研究界形成了"三足鼎立"的局面，三方虽然有交流，但主要还是在自己的话语范围之内"自说自话"。有识之士也不断提出自己的哲学构想，对中国的哲学范式转型提出了不少有益的想法。

在这些众多的哲学构想之中，实践哲学和文化哲学都是非常值得称道的思路。可以说，实践哲学范式是新时期中国哲学建构的一个重要范式，而文化哲学可以称为实践哲学的一种展开方式、出场方式。

实践哲学在中国的兴起, 大体上有两个来源, 一个是马克思主义哲学研究界对传统教科书体系的反思, 一个是西方哲学研究界对亚里士多德以来的实践哲学传统的引入与研究。在前一个方面, 传统教科书对马克思主义哲学的经典理解就是"辩证唯物主义和历史唯物主义", 这种理解有其特殊的历史合理性。作为马克思主义哲学原理的教学体系, 它有着体系严密、整饬、简洁有力以及适合全民学习和传播的特点。但这个体系也有弱点, 主要表现为对人的主体性的强调和重视不够。

自改革开放以来, 哲学界提出了"哲学是人学""马克思主义哲学是人学"的口号。重视人的实践, 重视人在历史上的主动地位及能动作用, 就成为20世纪80年代以来中国哲学界一个强有力的主旋律。哲学界提出了"实践唯物主义""实践本体论"等多种设想, 突出实践在马克思主义哲学中的核心地位。随着青年马克思思想的影响力逐渐扩大、深化, 马克思主义哲学是实践哲学的看法越来越成为理论界的一种共识。理论家结合对西方哲学史上实践哲学传统的研究, 将中国实践哲学的研究推向深入, 涌现出不少有影响力的哲学家以及哲学构想。文化哲学就是其中之一。

中国哲学界重视文化, 是从民国时期开始的。五四新文化运动刺激了各派哲学家对文化问题进行理论思考, 以陈独秀和李大钊为代表的马克思主义派, 以胡适、鲁迅为代表的西化派, 以梁漱溟、冯友兰为代表的东方文化派互相展开论战, 各自阐述对文化与哲学的不同理解。到了20世纪80年代, 马克思主义文化派、西化派和传统文化派依然呈现三足鼎立的局面, 但是其讨论问题的深度、理论资源与问题意识和20世纪初相比, 有着很大的不同。

20世纪90年代以来, 中国思想界由激扬转为沉潜。理论家对实践哲学和文化哲学的思考开始进入成熟期, 涌现出许多富有见地的理论成果, 从文化哲学的角度看, 有李鹏程的《当代文化哲学沉思录》、刘进田的《文化哲学导论》、衣俊卿的《现代化与日常生活批判》《文化哲学十五讲》《现代性的维度》、丁立群的《发展：在哲学人类学的视野内》《哲学、实践和终极关怀》、何萍的《马克思主义哲学与文化哲学》等。这些理论家以《求是学刊》等一系列专业杂志为阵地，进行了热烈的讨论。其中，黑龙江大学哲学学院是文化哲学和实践哲学研究一个不可忽略的理论阵地。

笔者个人的学思经历，是和黑龙江大学哲学学院紧密地联系在一起的。在这里，笔者受到了张奎良、衣俊卿、丁立群几位学者的深刻影响。如果说，张奎良教授的理论思考是从青年马克思的实践哲学出发，走向对马克思哲学的贯通研究，走向中国特色社会主义的基础理论构建，那么，衣俊卿、丁立群二位教授的思考就是由实践哲学走向文化哲学。

衣俊卿的哲学思考是在当代中国改革开放伟大社会实践的背景下，从青年马克思思想研究走向西方马克思主义和东欧新马克思主义研究，然后借助现代西方哲学和文化人类学的研究成果，经过综合思考，提炼出"现代化与日常生活批判"这一重大的理论课题。人的"自在自发—异化受动—自由自觉"这一本体论的三阶段模式，成为他熔铸马克思哲学和中国社会实践而提出的理论模型。这个理论思路是 20 世纪 80 年代新启蒙主义的理论回响。在此基础上，他从本尼迪克特的文化模式论入手，提出了"文化模式—文化危机—文化转型"这一理论构架。在他看来，文化是人的生存方式，是生活的"样法"，是历史地凝结的人之形象。

在笔者看来，文化是意识形态的核心，是一个文化体（民族、国家、集体）自我认同、自我塑造的形象。是对"我（们）是谁，从哪里来，到哪里去"这一经典问题的系统回答。它是一个文化体最为深刻的灵魂，有许多外显的形态，如语言、文字、生活形态、风俗习惯等，但其核心是一套思维方式、生活方式，其外在表现是一套"活法"，内在表现是一套"想法"。一旦"活法"因为内外部的原因产生了危机，人的"想法"就会因之发生改变。这就是文化转型。

到了 21 世纪，衣俊卿的思路继续深入，从文化哲学出发，不断拓展其理论视界，提出微观政治哲学、微观历史解释模式、精神史等概念，出版并发表了《现代化的模式》《东欧新马克思主义精神史研究》等重要著作和一系列文章，这些概念和研究成果代表着研究思路和方法的进一步深化，并从宏观尺度进入了微观尺度。

与之相比，丁立群教授的研究思路是将实践哲学和文化哲学相结合。他一方面通过研究马克思哲学，一方面通过梳理亚里士多德、康德、杜威、伽达默尔等人的实践哲学，提出了"实践哲学作为第一哲学"的理论构想，这与西方实践哲学最近几十年的发展相契合。他试图用"人类学实践论"这一概念来概括他的实践哲学。在文化哲学上，他提出"文化进步主义"这一概念，超越了文化进化论和文化相对论的二元对立。他认为，在全球化时代，普遍性的全球性的文化价值会成为未来文化形态的核心。这一理论思考，可以成为"全球命运共同体"的文化哲学基础。这代表着中国理论界有可能走出"古今中西"的文化困境，为未来的全球文化做出自己的独特贡献。

结合上述理论家的思考成果，以及本人多年的阅读与探索，笔者对实践哲学和文化哲学也有一点自己的思考。在笔者看来，实践哲学是新时代哲学范式转型的产物，它不同于以黑格尔为代表的理论哲学和思辨哲学，而是关注人具体的、历史的生存方式，关注人的社会生活，它是把人的自由解放和全面发展作为核心目标的哲学样态、哲学范式。它来自马克思的实践哲学构想，也承继了亚里士多德以来追求"好生活"（good life）和"幸福"（eudaimonia/well-being/human flourishing）的思想传统。举凡道德哲学、政治哲学、法哲学、经济哲学、社会哲学，乃至宗教哲学、文化哲学……所有一切关于人之生存状态和生存领域的哲学分支，都可以纳入实践哲学的范畴。

文化哲学可以视为实践哲学的展开方式和理论延伸，它以文化模式、文化危机、文化转型为核心范畴，重点研究人具体的、历史的、长时段意义的、相对微观的思维方式和行为方式。这里所谈到的文化和实践都是"具体的、历史的"，但是文化哲学的视角更为微观化，它可以深入日常生活领域，关注意识形态的具体运作方式，也可以深入被遗忘的历史深处，寻找精神领域中被传统思辨哲学所忽视的"碎片化"和"边缘化"的形态，探索其深层的文化意蕴。

再打一个不算贴切的比喻。按照以往的哲学形态，文化属于上层建筑，在经济—制度—文化的三重结构中居于上层，如"侧视图"（见图1）所示。但是，按照文化哲学的形态，文化、制度和经济是三个叠加在一起的圆，这就由"侧视图"变成了"俯视图"（见图2）。

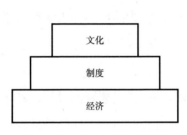 

图1　历史唯物主义的侧视图　　　　图2　文化哲学的俯视图

文化是人类文明的核心，文化哲学可以成为描述人类整体精神性存在模式的哲学。因为人类文化的特点是不断变迁，人是创造性、超越性的存在，人类的精神活动一旦停止，人类文化就会失去活力，人类社会就将走向衰落。汤因比认为每种文化形态都有其产生、发展、兴盛和衰落的历史，但如果人类不灭亡，那么人类的文化就会是常变常新的。文化哲学作为实践哲学的展开方式和理论延伸，必将发挥重要的作用。

笔者1990年考入黑龙江大学哲学系，1994年考入北京大学哲学系攻读中国哲学硕士研究生。1997年在完成了题为《陈寅恪对文化精神的思考》的硕士论文之后，顺利通过硕士论文答辩，并回到黑龙江大学成为一名哲学教员。与此同时，笔者考取了黑龙江大学马克思主义哲学专业的博士研究生，并在2001年获得了博士学位。随后，由马克思主义哲学教研室调入外国哲学教研室，从事西方哲学史的教学与研究工作，先后讲授了"马克思主义哲学史""西方哲学史""西方哲学原著选读""形而上学""西方近代实践哲学"等课程。这种转益多师的特殊经历，虽然比不上从头至尾专门研习某一哲学分支或某一哲学家的功夫下得专深，但是养成了从多角度审视问题的习惯。

笔者始终记得老师陈来先生给予学生的两点教诲：一曰"人能弘道，非道弘人"，一曰"超越启蒙心态"。也记得硕士导师王守常先生对学术史研究精益求精的态度。经历了三年对中国哲学的研读和领会，以及随后四年对马克思主义哲学的思索和问学，笔者逐渐在思想中形成了马克思主义、启蒙主义（文化进步主义）和文化保守主义的互动张力结构，并由实践哲学进入文化哲学，逐渐把自己的问题意识确定在"理解现代化"这一主题上，把理解现代化作为自己毕生学问努力之方向。

现代化是一个永不停止的过程，也是一个饱受质疑的过程，甚至不是一个过程，而是许许多多互相存在差异的小过程的总和。即使是批判现代化的努力，也不能离开现代化，必须在现代化的背景下才能理解。现代化为实践哲学和文化哲学提供了无限丰富的问题。现代化的"好生活"究竟意味着什么？马克思所说的"人的自由解放和全面发展"是否意味着乌托邦精神的最后一次辉煌？资本主义究竟意味着历史的终结，还是意味着启蒙精神的最终失败？全球化的命运是继续前进，还是终结于各文明之间的彼此敌对？这些问题的答案可能就在未来的文化实践之中，它们是永远向未来开放的，值得所有人持续不断地思考。

至今笔者依然认为自己是一个左翼的文化进步主义者，虽然承认文化保守主义有一定的合理性基础。笔者认为，以马克思主义为核心的文化整合是未来中国社会实践和文化创新的必由之路。不仅中外文化、古今文化可以进一步整合，文化保守主义和文化进步主义也可以整合。这个整合的过程是一个实践过程，是十几亿人民群众通过日常生活实践主动选择的结果，而不是哲学家在书斋里闭门造车进行理论推演的结果。

本书是笔者20余年来一些相关思考的集合，主要围绕着实践哲学和文化哲学展开。现在看来，本书从文笔到内容可能都不太成熟，似乎有愧于自己的几位恩师，但还是决定把这些不成熟的思考付梓印行，就是为了记录这些年自己的思想足迹。需要说明的是，有的部分在刊物上公开发表过，但是在成书过程中也做了较大的修改。笔者觉得自己写文章的毛病还是过于浓缩，细节论证经常不够详细和扎实，有时候自己以为说清楚了，但可能有思路上的跳跃或者语焉不详之处。这次修改自己的文章，凡是有上述问题的地方，都基于自己现有的理论水平，尽力做了修补。聊以自慰的地方是，这些看似散碎的思考，基本上都可以归结在实践哲学和文化哲学的主题下，证明了自己的思考虽然经常发生兴趣的转换和思路的调整，但还算不上泛滥无归。当初关注的许多问题和领域看起来似乎是杂乱的读书兴趣使然，偶有所感便敷衍成文，但是日积月累，回头再看，也能发现自然形成的条贯和统系。只能说，思路在无意之中还是暗合着某些问题向前延伸，或者问题的线索在思考中逐渐连缀起来，最终归属于某些大问题的一些有机联系的方面。

读博期间，笔者还是一个理论研究的初学者，习惯于接受老师的问题意识，把它当成给定的东西来加以思索，但是后来，随着阅读和思考的深入，就逐渐有了自己的看法。尽管这个看法可能是稚嫩的，但毕竟是自己思索得出的结果。

记得一位老师提了一个问题：你的书值得砍树吗？笔者不是很有底气回答这个问题。现在资源如此紧张，为了出版这些不成熟的著作而浪费资源，笔者也感到几分惶恐。但是经过思考还是觉得，比起一些书来，自己的文字如果说还有一些价值，大半在于拿出诚意来思考过一些问题。而这些问题都和一直困扰笔者的那个大问题有关：在一个浮躁的时代，哲人何为？如果大家都睡去了，谁又醒着呢？于是又想起恩师引用的一句《圣经》名言：

　　有人从以东问我：守望的啊，黑夜快过了吧？黑夜快过了吧？
　　我回答说：天快亮了，但黑夜还要再来。假如你还要问，回头再来问吧。

本书按照主题分为三个部分和一个附录。第一部分属于实践哲学范畴，包含笔者博士就读时期思索马克思主义问题的心得，以及后来研读西方实践哲学的阶段性成果。第二部分是按照文化哲学思路，将实践哲学思考予以拓展的结果。第三部分涉及一个相关领域，也就是笔者从事的教育事业，集中呈现了教学过程中的一些思考。

第四部分是附录，这是笔者的硕士学位论文，主题是20世纪著名历史学家陈寅恪对文化精神的论述。这篇文章谈的也是文化哲学问题，写这篇文章的时间是1996~1997年。笔者用了半年的时间收集资料，然后利用寒假时间在北京大学校园里一气呵成。本书除简单修改了一些错别字外，没有做大的改动。这篇论文是笔者思索保守主义文化哲学的开端，也是笔者硕士时期面对的主要问题。感谢硕士时期所受的中国哲学教育，虽然自己的中国哲学修养不是非常出色，但是这段学思经历使笔者认真反思了自己的启蒙主义立场，为后来思考文化进步主义和文化保守主义的张力结构问题打下了良好的基础。这篇硕士论文的见解看起来不是很深奥，但笔者一直相信，这涉及传统文化保持生命力的关键，即持续开放，只有内部和外部的"他者"（异质性）不断存在，一种文化才能保持无限的生命力。正如中国乒乓球队的优秀球员纷纷走出国门，给中国乒乓球队培养了强大的"对手"，中国乒乓球队才能保持活力、不断进取一样。中国文化也是这样，内部有诸子百家，外部有强大的西方文化体系，如此才能保证中国文化常新常变，内在活力源源不断、永不枯竭。

本书第一章的第一节、第三节、第四节是根据笔者在《求是学刊》2000年第5期、《哈尔滨经济管理干部学院学报》2000年第2期、《学术交流》2012年第9期发表的文章修改而成。第二章是根据笔者在《求是学刊》2009年第6期、《世界哲学》2013年第1期、《哲学分析》2017年第2期发表的文章修改而成。第三章的第二节、第三节是根据笔者在《学术交流》2008年第1期、《北方论丛》2002年第2期发表的文章修改而成。第四章的第一节、第二节是根据笔者发表在《学术交流》2006年第11期、《求是学刊》2001

年第 3 期的文章修改而成。第五章的第一节、第二节是根据笔者在《哲学研究》2011 年第 9 期、《马克思主义与现实》2012 年第 5 期发表的文章修改而成。第六章第一节、第二节分别发表于《学术交流》2009 年第 12 期和《理论探讨》2014 年第 2 期，在本书中略做修改。第七章是根据笔者在《黑龙江教育》2007 年第 1~2 期、《黑龙江高教研究》2007 年第 2 期发表的文章修改而成；第八章是根据笔者在《学理论》2014 年第 12 期、《黑龙江高教研究》2014 年第 2 期发表的文章修改而成。

第一部分

 实践哲学视野

第一章　实践哲学与马克思主义问题

实践哲学和马克思主义哲学的关系非常密切，从某种角度上说，马克思主义哲学就是一种实践哲学，这恐怕是中国大多数马克思主义者的共识。实践就是人类社会活动的总和，人的自由自觉的存在方式，也就是作为"有理性的动物"的活动。但是实践问题如何具体"入思"，不同哲学传统的人对此有不同的看法，中国哲学和西方哲学在实践观上有着显著差异，马克思主义内部也存在时代差异和问题转换。马克思主义经典作家的时代语境和 20 世纪西方马克思主义的时代语境就不一样，其中的差异，值得认真分析。

本章分为四节，主要内容是从马克思主义实践哲学入手来理解上述问题。第一节讨论中西哲学差异。从马克思的实践哲学观点来看，西方哲学大体属于自觉的实践层面，中国哲学大体属于自发的伦理层面。只有从马克思主义实践哲学入手，才能最终扬弃"天人合一"和"主客二分"的迷思。

马克思主义内部有很多小的分支，受马克思主义影响，左翼思潮在欧美和第三世界也有长足的发展，还有"马克思学"等相关研究。那么究竟如何判定哪些是真正的马克思主义呢？笔者在第二节考察了马克思主义实践哲学的两个重要特点：批判否定和实事求是。笔者认为这是区分马克思主义和非马克思主义的标准。

　　第三节是从马克思实践观的理想和现实两个维度来对西方马克思主义进行分析的一种尝试。理想与现实是存在的两个维度，其内在根据最终来自人的本体论存在方式的分裂。马克思主义在人类实践的基础上把两个维度统一起来。法兰克福学派作为西方马克思主义的一个重要分支，在解决理想与现实的张力问题上态度不同，这一节考察了三种有代表性的态度，并指出两个维度之间的张力是永恒的。

　　第四节的写作时间比前三节晚了十年左右，代表着笔者对自己之前形成的问题意识的反思。依然是基于马克思主义实践哲学立场，但是分析却相对深化和细化。法兰克福学派的技术理性批判提出了一个非常重要的问题，也可以说是 20 世纪中叶西方知识分子所意识到的普遍问题，但是他们对这个问题的分析存在某种误区。本节对这种误区的反思，也算是顺应了国内西方马克思主义研究走向深化的趋势。我们对西方马克思主义的研究不能仅仅停留在介绍阶段，还应该更进一步，提出自己的思考，这样才能防止理论上的人云亦云和简单的照抄照搬。

第一节　人之实践的理想维度和现实维度：中西哲学的差异

　　在思考中西哲学差异的时候，国内有种说法影响很大，即西方哲学是天人二分、主客二分的，中国哲学则相反，是天人合一的，后者有优越于前者之处。其实，中西哲学的内涵、外延、思维方式均有很大差异，进行简单的、浅层次上的比较显然行不通。本章试图从马克思主义实践哲学所表明的人的二重性存在方式，即人之实践的理想维度和现实维度出发，考察中西哲学的区分，并探讨中西哲学之间的层面差异，为二者的深层次对话、互动和进一步整合，提供一点理论思考。

一 此岸与彼岸：一个西方哲学的主题

此岸与彼岸，这种比喻性的说法是指人的有限本性与无限本性。一方面，人是自然界的一员，本身具有生物性，人又是历史的、具体的人，在特定时空之中的人总是有这样那样的局限性，有认识能力上的局限性，也有行为能力上的局限性，这就是人的有限本性；另一方面，人作为最高级的灵长类动物，具有自我意识和改造世界的能力，即具有主体性，因而必然产生对自身能力的信任甚至崇拜，以及超越自身的局限性并趋向完善境界的要求（虽然这些要求是逐渐形成并发展起来的），这就是人的无限本性。人的有限本性和无限本性之间存在一种张力，虽然同时存在，但不能互相代替，这就形成了人的存在方式上的二重性。与之相联系的还有现实与理想、必然与自由、是与应是等一系列二重性。对人的存在方式二重性的思考，可以说是贯穿西方哲学史的一个主题，也是马克思主义实践哲学的一个主题。

下面就按照时间顺序和逻辑顺序来分析一下西方哲学是如何思考这种二重性存在方式的，再考察一下马克思是如何对此进行分析的。

1. 古希腊罗马时期：从仰望无限到接近神

在西方的早期思想中，人对神和自然的敬畏是始终存在的。哲学之所以被叫作"爱智慧"，是因为古希腊人认为智慧只属于神而不属于人，所以，人没有智慧，只有对智慧的爱，这意味着人永远不能达到神的地位。神和自然作为彼岸的"绝对者"，与人相对立，是人服从的对象。这个时期，人只认识到自己的局限性而无法认识到自己的无限本性。

但是从泰勒斯开始，古希腊的哲人们就试图认识世界、总结宇宙的规律，试图接近神，理解"绝对者"，这就昭示着在承认自身绝对有限性的条件下，人开始有了超越界限的要求。从智者派开始，人真正有了"成为哲学的中心"的雄心。后来，亚里士多德提出潜能变为现实的学说，推导出哲学史上第一个神学目的论思想。这就说明，他试图打通从有限性到无限性、从此岸到彼岸的哲学路径。从中我们甚至可以看出黑格尔绝对精神演化史的雏形。

古罗马时期的新柏拉图主义是从希腊爱智传统到希伯来信仰传统的中介。其代表人物普罗提诺认为，人的灵魂是从最高神"太一"流溢出来的，其最崇高的事业和追求就是要回到神，与神（太一）合一。他给出的途径是通过道德修养和神秘直观。由亚里士多德的理性途径到普罗提诺的神秘途径，标志着一个哲学时代的结束，也标志着哲学对人的二重性存在方式的思考即将进入新的阶段。

2. 希伯来精神：原罪与人的自由意志

基督教哲学用人人俱有的"原罪"来代表人的有限本性，认为人的肉体生命无法摆脱有限性。只有信仰上帝，把希望寄托在上帝复临和末日审判上，用对他人的爱和自身的修行来获得灵魂的最终解脱。这说明，这个时期同古希腊罗马时期一样，人仍不能正确地理解人的无限本性，只能把人的无限性"让渡"给上帝，投射到全知全能的上帝身上。这样做的结果就是在人的有限性和无限性之间设置鸿沟，使二者对立起来，并且设置了"千年王国"，人只能仰望无限性，而无法达到。这一切的最终根源是人的本质力量在当时还无法得到确证。

但是基督教哲学并非完全压抑人的无限本性。教父哲学家奥古斯丁论证了自由意志的概念，可以视之为人对自身无限本性的一种认知。按照奥古斯丁的说法，亚当、夏娃违反上帝的命令，吃了智慧果，就犯下了"原罪"，人类只能从伊甸园里被放逐出去。这一原罪的哲学意义，恰恰在于人类的自由意志。虽然人的自由意志不完善，可能被人滥用，但是人能够运用自由意志去违抗上帝，也可以继续运用自由意志去追求上帝，用自由选择的能力去选择善、选择跟随上帝，而避免邪恶，这些能力恰恰代表着人具有超越自我局限的趋向。这种趋向就是无限性的表现。

另外，人的自由意志在中世纪哲学中并未占据主导地位。在长达千年的宗教实践中，天主教教义和制度的建立，最终用教会的统治和烦琐的礼仪体系代替了上帝的权威，导致人被动地屈服于神的代言人——教会的权威，使希伯来精神内核——信仰精神和界限意识——中的合理成分受到遮蔽。这样，就必须进行启蒙，一方面是为了达到对人的二重性存在方式的正确理解，一方面是为了消除教权对人的禁锢和压迫。

3. 近现代哲学：启蒙的命运

启蒙是近代哲学的主题。近代是人的主体性得以确立和发展的时代，人的本质力量得到了越来越多的证明。人的地位不断上升，和上帝分庭抗礼。所以，人不再把超越性、无限性赋予上帝，而是证明自身的超越性、无限性本质，这就是启蒙的哲学内涵之一。在启蒙之后，此岸与彼岸的张力依然存在，但二者不再分属人神两方，而是存在于人的内部。人与神的对峙，变成了人自身的有限性和无限性的张力。

在近代哲学中，康德对人的二重性存在方式做了深刻的阐述。他限制了人类的知识（感性和知性）而为信仰和道德（在康德那里二者是接近的）留下了空间。他区分了两重世界，即作为认识对象并从属于自然律的现象界与作为现象界的根据、不受自然律支配的智性世界（本体界）。前者是必然的，后者是自由的。自由，是实践理性的主题；必然性，是纯粹理性（理论理性）的主题。人既属于现象界也属于智性世界，这恰恰是对人的有限性与无限性二重存在方式的表达。康德的深刻之处在于，他在高扬理性、提出"人为自然立法"的同时，也看到了理性的局限性。

康德对有限性与无限性的界限的谨守，表现为对道德法则的敬畏。正因为人是有限者，所以不可能完全符合道德法则，也正因为人是无限者，所以有遵守道德法则的可能性，道德法则来自人的超越性。康德说："在那个被'自由'所建立并被实践理性提出来让人敬重的道德国度中，我们诚然是立法员，但是同时又是其中的臣民，而非统治者，因而我们如果忽视了我们（作为被造物）的低微等级，而妄自尊大地排斥了神圣法则的权威，那在精神上就已经背叛了那个法则，纵然我们实现了它的条文。"[①] 康德在此基础

---

① 康德:《实践理性批判》，关文运译，商务印书馆，1960，第84页。

上，批评了哲学史上的两种倾向：柏拉图的理念论不恰当地夸大了超越性，而伊壁鸠鲁正相反，把超越性归结为有限性，以属于感性世界的幸福为最高原理，二者都是偏颇的。康德把上帝存在、灵魂不朽、意志自由作为道德哲学的三条公设（postulate），和超越性的"至善"概念联系在一起。"至善"包含两个成分，即至高的道德和至上的幸福，康德用道德来统率幸福，认为伊壁鸠鲁派用幸福代替至善自然是错误的，斯多葛派在把道德定为至善之条件的同时，却忽略了幸福，同样是偏颇的，只有基督教的教义才是最符合至善概念的。

康德对基督教伦理学的认同，不是道德哲学的宗教化，而是宗教的道德化。康德把信仰统一于道德，置换了信仰的根基，上帝就此成为人的无限本性的代名词。康德的这种转换，拯救了希伯来精神的积极内核，把它转变为对人的本质的确认。但是康德的不足在于，他所表述的人的内在分裂是静态的、消极的，他把认识领域和价值领域绝对地分离开来，看不到这两个领域是人类实践的动态过程中两个相辅相成的有机联系的方面。所以，他所表述的人的二重性存在方式尚不全面，正如齐良骥先生所说："康德习惯于抓个别的研究对象的实质，为了抓住这个实质，常常不顾种种关联，以致陷于孤立地看问题。这种方法使他常堕入形而上学再进而堕入先验唯心论而不能自拔。"[1] 康德的弱点与无法脱离当时自然科学影响下孤立、片面、静止地看待问题的思考方式有关，也与16~18世纪欧洲哲学过于重视认识论的倾向有关。毕竟，人类实践活动的整体的哲学把握，是经过黑格尔和费尔巴哈，直到马克思才达到的思维水准，也只有到马克思生活的时代才有提出这个理论的可能性。

启蒙哲学一个最重要的后果，就是技术理性成为主导的意识形态。法兰克福学派批判理论的内容之一，就是把对技术理性的批判，追根溯源至对启蒙本身的批判。启蒙演变成技术理性这一过程的内在逻辑，是和人的实践密

[1] 齐良骥：《康德》，载《西方著名哲学家评传》第6卷，山东人民出版社，1984，第47~48页。

切相关的。技术理性的内涵是以技术所代表的价值为元价值，进一步发展为技术崇拜，它其实是把人类实践的手段变为目的，变为实践的评价标准。技术取代了神的位置，人把无限性赋予技术，技术因而成为人的膜拜对象，这也是人的本质力量异化的表现。技术的异化导致无限性吞并和取代有限性，这样的结果是严重的：生态失衡，能源危机，环境恶化，人成为"单向度的人"和技术的奴隶。

在 21 世纪，对技术理性的抨击，终于汇聚成声势浩大的西方现代人本主义哲学思潮，它高扬人的非理性存在方式，高扬与技术理性相对的价值理性。其内在要求，则是基于人类应该全面发展的理想，但人本主义思潮亦不无矫枉过正之嫌。西方现代人本主义和科学主义思潮的对立，象征着人的有限性与无限性的深刻分裂，技术理性与价值理性的深刻分裂。只有马克思主义的实践哲学，才能弥合这种分裂。

4. 马克思：实践的二重性

马克思的实践哲学构想，隐含着对人的二重性存在方式的整体把握和全面理解。在马克思的思想中，人的有限性和无限性表现为实践的有限性与无限性。一方面，现实中以工业为主的资本主义生产方式是人类实践的特定历史形态，它是人的本质力量的确证，但其局限性就是产生异化。推而广之，一切具体的实践都有局限性，局限性的存在，又推动人超越局限。另一方面，人类实践的无限总体过程是自由自觉的活动，具有无限性、超越性，永无止境。

实践具有二重性，同样，作为人类实践的物质基础、对象和成果的自然，即人化自然，也具有二重性。一方面，自然界是人的无机的身体，自然界和人在原始状态中是相统一的。不论是最初的自在自然，还是被人参与和改造过的人化自然，都是人类实践的基础。人对自然的具体改造活动都是有限的，所以，人化自然在具体的历史的维度上，也有其有限性。也就是说，人对自然的改造，在不同的时空阶段，具有不同的特点，正如手工磨代表了封建社会的生产力，蒸汽磨代表了工业革命时代的生产力，与之相应的自然界的面貌也相差甚大。另一方面，共产主义就是异化的扬弃和消除，是人与自然界的最终和谐与高度一致。所以人化自然作为实践的终极目标，又具有无限性。而且，实践二重性和人化自然的二重性是动态的而非静态的。人的实践通过一个又一个阶段的有限性，最终达到无限性，在一次又一次的革命实践中显现出无限的自我否定能力。

马克思把现实与理想、是与应是、技术理性与价值理性、理性与非理性统一在一起。从他的角度看，人关于彼岸或神的观念无非是人自身无限性歪曲的投射而已。人对神的感情起初意味着对无法抗拒、无法改变的规律的敬畏，后来逐渐演变为对自身的无限性的信念。人由服从神，变为渴望成为神，这就是启蒙的历史；人的有限性和无限性的张力无法消除，最终二者在无限的人类实践中达到了动态的统一。这种统一，打破了古代和近代西方哲学那种机械的二元对立状态，并达到了动态的主客统一。

二　"天人合一"：一个中国式的迷误？

"天人合一"这个命题，虽然不能涵盖中国哲学的方方面面，但也不仅仅是儒家的一家之言。它既可以被当作一种基本的思维取向，讨论问题所立足的基本语境，也是制约民族精神发展的一种主导性的内在的理论趋势。对此，我们不能简单地加以褒贬，而是应该具体地、历史地加以分析。

按张岱年先生在《中国哲学大纲》中的分析，"天人合一"的命题具有"是"与"应是"两层含义。如进一步区分，可分为"天人相通"与"天人相类"两种含义。"天人相类"以董仲舒为代表，主张天人形体相类，性质相类。形体相类乃是明显的附会之谈，性质相类与"天人相通"意义相近。"天人相通"也分两层意义，一是指天和人本身是一个息息相通的整体，二是指天道与人道相通。张岱年先生认为"天人相通"说的弊端在于"表面上似将天道说为人性，而实际乃是将人性说为天道，即将人伦义理说为宇宙之主宰原则，这就陷于拟人的错误"①，此论甚为精当。这种"拟人的错误"不仅是儒家的错误，也是道家的错误，它的要害是掩盖了人与自然之间真实的实践关系。

所以，本文对"天人合一"的基本界定是指中国传统哲学中各主要流派共有的一项基本理论设定（各派对它的具体阐释不尽相同，但都未偏离这个基本点），主要指人道与天道的本然合一状态，其中也涵盖着现实与理想、是与应是的两重性，只不过理想的、应是的维度是向所谓原初"本然状态"的复归，具有一定的保守性和"泛道德主义"色彩。

与天人合一的思维方式相关，中国传统哲学有如下表现。

第一，实用化。中国是一个富有实用精神的民族，缺乏对纯粹知识的兴趣，形式逻辑体系没有产生在中国，中国的科学没有纯粹独立的形态，都与此种精神气质相关。在儒家看来，"格物、致知、诚意、正心、修身、齐家、治国、平天下"是一以贯之的，"格物致知"的目的是建立并维持"道德—政治"的一体化秩序。通过这一点，我们才能理解儒家思想中关于自身修养的思想特别发达，以及"为帝王师"的抱负特别普遍的缘故。

在道家那里，情况也有相似之处。《老子》被称为"君人南面之术"，因为该书在很大程度上是作为治国之本被提出来的。其最明显的论证方式即"推天道以明人事"，所谓"道"，既是宇宙的最高原则，也是涵盖人类社会与自然界的一般规律。老子对"道"的论述并不完全是抽象的，而是要落到实处，落到人（主要是君王）对规律性之"道"的运用上。庄子的情况有所不同，他不以治国为宗旨，但还是把"道"作为规律，人掌握规律的目的是要维持个体生命，达到"逍遥"的境界，而不是治理国家，这在《养生主》等篇目中表现得相当明显。以后的黄老派、魏晋玄学派以及道教，在思维的基本取向上都未能突破老庄所规定的这个范围。

以上是大传统，即文人传统中实用化的表现。在小传统，即世俗传统方

---

① 张岱年:《中国哲学大纲》，中国社会科学出版社，1982，第 182 页。

面，世俗的儒家道德与儒家经典的精神是一致的。民间宗教也充满了实用的精神，道教不用说，佛教和基督教的中国形态也有实用化的表现，很多中国人信仰宗教，是出于满足自身的具体要求，如求子、求雨等。中国本土宗教不能产生纯粹的、超越的宗教信仰，没有抽象的一神教形态，在某些方面就是这种实用化的结果。

第二，伦理化。儒家所讲的"天"，不是指自然界，或主要不是指自然界，而主要是指作为先验的宇宙秩序的天道。"人"的含义不是马克思意义上现实的、感性的、实践的人，而主要是道德的人，是以纲常名教为代表的社会关系、名分秩序中的人。这种秩序被预设为贯通天人，"天"实际上是现实中道德关系的虚幻反映，是张岱年先生所说的"拟人的错误"，也是儒家泛道德主义的根源。

道家的伦理色彩相对要淡一些。老庄反对儒家的仁义礼智等具体规范，但也不是完全反伦理。毋宁说，道家提倡的伦理道德的具体内容与儒家不同。老子说："修之于身，其德乃真；修之于家，其德乃余；修之于乡，其德乃长；修之于国，其德乃丰；修之于天下，其德乃普。"（《老子》第四十五章）所以说，伦理化是儒道两家共同的特点。

第三，现成化。明代泰州学派的代表王艮、罗汝芳提出"良知现成"说，认为每个人都现成地具有良知，人只要循此良知自然而行便是成圣成贤的工夫。这种思想把以程朱为代表的艰苦的"格物致知"的工夫路线变为简单的内心体悟，把常人与圣人的距离拉近并简化为成圣的途径，笔者把这种思想特色称为"现成化"。中国传统哲学的几个主要流派都有一个现成化的过程，可以说明其思想的内在理路中存在"现成化倾向"。

儒家从程朱到陆王再到王门后学的泰州学派，现成化色彩不断增强。程朱学派是界限意识比较强的学派。他们严守格物致知的工夫次序，认为格物是一个逐渐变化气质的过程，若单讲内心体悟，则离成圣甚远，因为圣人是道德人格、学识技艺的典范和极致，是儒家理想人格全面发展的目标，非朝夕可至，甚至用毕生的力量也难以达到，所以成圣工夫绝不能简易化。

所以，朱熹曾经批评陆九渊"发明本心"、过分强调内心体悟路线的结果只能"为一乡善士"而不可能达到人格的终极完善。① 朱熹的思想和西方传统中严格区分人的有限性和无限性的思维方式已经相当接近了，但由于深层思想背景的限制，他的思想没有进一步突破。同时，由于陆王派内心体悟的方式简便易行等原因，在明中叶以后，王学逐渐盛行。到了泰州学派时期，现成化的流弊完全暴露出来：学者自然放任，空谈盛行，在很大程度上偏离了原始儒学的初衷。但我们又不能不承认，现成化的思维来自"天人合一"的内在逻辑。试举一例：

> 君子之道费而隐。夫妇之愚，可以与知焉，及其至也，虽圣人亦有所不知焉；夫妇之不肖，可以能行焉，及其至也，虽圣人亦有所不能焉。②

这句话表明儒家认可人的有限性和无限性的张力，君子之道广大而精微，包含简单的道理，即使是不识字的普通人也能明白一点或实践一部分，但是它也有终极的一面，即使是圣人也有所不知、有所不能行。

而到了明代，这种张力被消解掉了。《明儒学案卷二·举人杨天游先生应诏》说：

> 今世学者病于不能学颜子之学，而先欲学曾晳之狂。自其入门下手处，便差不解克己复礼，便欲天下归仁；不解事亲从兄，便欲手舞足蹈；不解造端夫妇，便欲说鸢飞鱼跃；不解衣锦尚絅，便欲无声无臭；不解下学上达，便自谓知我者其天；认一番轻率放逸为天机，取其宴安盘乐者为真趣，岂不舛哉！故余尝谓学者惟在日用平实伦纪处根求，不在虚夸大门户处寻讨；惟在动心忍性苦楚中着力，不在摆脱矜肆洒落处铺张。

---

① 陈来：《朱熹哲学研究》，中国社会科学出版社，1988，第350页。
② 《中庸》。

这样一来，"认轻率放逸为天机"便取代了"格物致知"的艰苦工作，似乎一步就可以达到圣人的境界。这就是典型的"现成化"。

道家的现成化特色在郭象那里表现得最为明显。道家原初的基本理论设定是自然与人为二分，贬斥人为，崇尚自然。庄子说："牛马四足，是谓天；落马首，穿牛鼻，是谓人。"（《庄子·秋水》）在他看来，儒家的伦理道德属于人为，是违反人类自然本性的。郭象则主张"名教同于自然"之说，认为"牛马不辞穿落者，天命之固当也"，即"落马首、穿牛鼻"也符合自然。这就导致把自然与人为混同起来，把儒家和道家混同起来，抹平了"天"与"人"的差别，抹平了理想与现实的差别。[①] 郭象消解了老庄哲学批判现实的力度，使他的哲学沦为对现存秩序的论证。

现成化特点也表现在中国佛教中，这就是慧能开创的禅宗哲学。禅宗认为人人皆有佛性，迷悟之别只在一念之间。它把佛教的修行平常化、世俗化，导致了简易化的结果，鼓吹"担水砍柴，无非妙道"。这种顿悟法门对中国文化影响很大，不但影响了宋明理学（泰州学派的理论中就有受禅宗影响的成分），而且影响了后来的文人传统和世俗信仰。究其原因，禅宗的产生，本身就是受中国文化影响的结果，现成化绝不是外来的，而是根植于本民族自身的思想趋向。这也是中国文化传统影响佛教的一个方面。

这里必须声明一点，现成化作为中国传统思想的一个特色，如同更基本的"天人合一"一样，不能对之做简单的褒贬，上述各派的内在思路不尽相同，在这里暂且忽略不计。总体来说，现成化的特点是"简易直截"，它把天国与尘世的差异减至最小。如果说，"天人合一"的思维在承认天和人有同样的规则，有把两者统一起来的基础和理论可能的同时，也承认天和人的现实差距的话，那么，现成化倾向就是在理论上努力地把这种差距减至最小，把

---

① 道家的理想是向自然的"原初状态"回归，中西哲学关于理想和现实的具体界定有很大差别，要言之，中国哲学的理想往往在上古三代，西方哲学的理想往往在彼岸世界。这不是笔者讨论的关键，关键在于中西传统如何对待理想和现实之间的张力。

人与天同一的过程和方式变得越发简单。这样缩小理想和现实之间的距离，不能不说具有相当大的作用。

三　中西之异：自觉的实践层面和自发的伦理层面

综上所述，来自西方哲学传统的"人的有限／无限二重性"和中国哲学的"天人合一"其实分属两个层面：自觉的实践层面和自发的伦理层面。在这里，"实践"的意义源于马克思，指人的类本质即自由自觉地活动。"伦理"的意义指广义的交往关系，包含狭义的伦理道德。从西方哲学的角度看，人的有限性与无限性的关系，以及人与自然的关系是自觉的实践关系。通过人类实践的发展，神的无限性的观念逐渐转变为人的（实践的）无限性的观念。从马克思主义的观点看，通过实践，人把自己的本质力量投射到自然界，自然成为人化自然。

马克思的实践哲学真正地揭示了此岸与彼岸观念的真正来源和秘密，即人的实践二重性和存在方式的二重性。马克思指出，西方哲学关于此岸和彼岸的论述都可以被破译和转换为实践关系。而中国哲学所讲的天人关系是在自在自发的前现代阶段的实践基础上建立起来的一种自发的伦理关系、价值关系。它以"人"的秩序为中心来定义"天"的秩序，从自然与人早期朴素的原始同一的经验出发，追求自然、社会秩序与个人的同一。

笔者认为，对这两种传统不能简单地加以褒贬。在人与社会、自然的调适、和谐及全面发展中，实践层面和伦理层面都是不可或缺的。二者不是毫无关系的两张皮，也不应、不能分出高下。伦理层面是人类实践的一个部分，一个侧面，一个内在的向度，不能把它单独抽出来，不能与实践相脱离。在康德那里，"纯粹理性"和"实践理性"其实是人类实践的不同侧面，伦理层面统一于实践层面之中。（虽然康德所用的实践一词和笔者所论的实践一词内涵不尽相同。从笔者的视角看，康德的实践理性就是在人类实践基础上的价值理性，属于自为的伦理层面，不能把它和中国古代哲学的自发性伦理层面混同起来）哈贝马斯区分了"工具合理性"和"交往合理性"，前者应归属于狭义的实践层面，后者大致归属于伦理层面，二者统一为广义的实践层面，而中国哲学基本属于狭义的伦理层面。所以中西哲学差异既包含逻辑层面的差异，也包含历史阶段差异。马克思的实践哲学涵盖了人与社会、自然和谐统一发展的伦理、价值层面，为我们指出了一条融会中西的新路。

这样，就可以评价本文开头提到的"天人合一优越论"了。这种论点简单地把"天人"关系与"人与自然"关系等同起来，而没有注意二者的差异。它认为西方文化是"人征服自然"的，是"主客二分"的。人与自然之间是绝对对立的关系，而忽视了西方哲学的根本内核，即人的存在方式二重性及实践二重性。这种论点忽略了人与自然之别是实践中必然要形成的区别，实践上（也包括认识上）的主客二分是人类实践的必经阶段（中国古代哲学从未自觉地达到这个阶段）。所以，人与自然关系（主客体关系）不同于"天人"关系，也不同于"此岸／彼岸"关系。中国的"天人"关系更多地落脚在主体间关系上，它必然着重于伦理层面或交往层面，只不过这种伦理层面或交往层面不是建立在科学的实践活动之上。所以，"天人合一优越论"不能区分实践层面和伦理层面。实际上，它是从中国传统的泛伦理主义预设出发的。强调伦理层面本身并没有错，错误在于忽视了人的实践层面，认为无主体、无实践的交往层面或伦理层面比实践层面优越。这种观点，无法改变实践在中国哲学中的缺席状态。

"天人合一优越论"的另一件理论武器，是把生态恶化、环境污染、人的异化等现象作为西方主客二分思维模式的必然结果，要求结束人与自然的对立状态，主张利用"天人合一"来取代"主客二分"。此论总体看来似乎不无合理之处，但中间有着多重的理论误解和思维跳跃。从概念理解上，中国的"天"不等于西方哲学的"客体"，前者更像伦理化的宇宙规律；中国哲学的"人"也不等于西方哲学认识上的"主体"，而是一种伦理化的主体。从思想背景上看，天人合一的思想背景是前现代社会的伦理秩序，主客二分的背景是西方近代科学思维的必然结果，把自然当作科学研究的对象。用"天人合一"取代"主客二分"无疑等同于停止科学研究，而用伦理修养取代它。

除了对概念理解的混淆，以及对中西方思想背景差异的忽视以外，它把自然的破坏和人的异化都算在了西方哲学的账上。其实，上述现象是东方和西方、发达国家和不发达国家共有的世界性现象，其中有很多复杂的历史与现实原因，如"先污染、后治理"的资本主义发展道路的弊病、经济体制不健全导致的人与自然关系紧张等，不能简单理解为西方哲学的必然结果。上述现象只是人类实践的有限性的表现。人类的实践过程就是不断超越有限性、扬弃有限性的过程，没有哪一种具体的实践可以脱离有限与无限二重性的互动过程。

目前，中国真正的问题不是抱残守缺能解决的，也不是对中国传统文化进行无的放矢、缺乏现实根据和逻辑根据的"阐释"或"改造"就能解决的。我们必须面对具体的实践，理解中西传统的真实底蕴，立足于具体的时空环境，提出既适应中国现实，又符合世界的历史进程和现实状况，对未来具有前瞻意义的哲学理解框架。中国正处于"后发现代化"的进程中，拒不接受外来的学理固然行不通，一味证明自身传统比外来传统优越，照样是故步自封的表现。我们不应固守既成传统，而应勇于"拿来"、勇于创新，在实践中保持思想的生命力。

第二节　批判否定和实事求是：马克思主义实践哲学的两个本质特征

马克思主义从诞生到现在，已经历了一百七十多年。冷战时代结束之际，关于马克思主义行将结束的声音一时间甚嚣尘上。作为马克思主义者，笔者相信马克思主义依然有着强大的生命力。在未来，马克思主义将如何发展？要回答这个问题，我们首先必须理解马克思主义内在的精神和本质的规定，理解这一个半世纪的马克思主义发展史。到目前为止，国内学界对马克思主义内在发展逻辑的研究、对当代马克思主义的宏观把握是有着很大局限的。近二十年来的马克思主义研究呈现出两个趋势。一是结合对马克思本人的哲学思想，尤其是以往不为人注意的早期与晚期思想的探讨，重新解读马克思主义，重新建构马克思主义体系，尤其关注实践问题，有把马克思主义解释为实践哲学的倾向。如20世纪八九十年代理论界对"实践唯物主义"和"实践本体论"的争论，都可以理解为实践哲学研究的一些表现形式。二是结合重大现实问题和相关学科理论，联系马克思主义的内在精神，建构马克思主义新的发展方向，如与社会发展理论相结合的"发展哲学"，与文化人类学相结合的"文化哲学"，与历史学相结合的"历史哲学"，以及和西方现代哲学相结合的"生存论"等。在这两个研究方向上，学界已经取得了丰硕的成果，预示着马克思主义哲学研究广阔的发展前景。但他们共同的弱点在于：对当代马克思主义的研究尚处于较浅的层次，对当代西方马克思主义（包括东欧新马克思主义）代表人物的个案研究和整体把握尚不够深入。

以往对当代西方马克思主义的研究，主要争论的焦点在于它是不是马克思主义。这一讨论的意义在于重新提出和思考"马克思主义哲学的本质是什么"这个问题。在这个问题上，我们必须首先承认：马克思主义是开放的、发展的而不是封闭的、僵死不动的。马克思主义是随着人类实践和社会现实的变化而不断发展的，当代社会的任何巨大变化，都会导致马克思主义哲学理论形态的改变。至于它不变的内在精神是什么，在深入考察整个马克思主义哲学史以前，是不可能得出深入的结论的。而对马克思主义哲学未来发展的设想，必须建立在深入考察马克思主义哲学史的基础上，不能离开马克思主义哲学的基本精神。

笔者认为，批判否定和实事求是，是马克思主义实践哲学的本质特征，也是马克思主义哲学的本质特征，可以代表它的基本精神。这个总结不可能是完全的和深入的，但笔者认为马克思主义哲学的基本精神不能离开批判否定与实事求是。它们是一切马克思主义哲学家所必须遵守的原则，不能离开它们发展马克思主义。

一　马克思主义实践哲学的两个特征

批判否定和实事求是作为马克思主义实践哲学的两个特征，其来源和表现是不太一样的。

马克思主义实践哲学主张彻底的辩证法，辩证的彻底性与它的批判否定性是分不开的，换句话说，马克思主义的辩证法是否定的辩证法。从辩证法产生之日起，它就和否定结下了不解之缘。赫拉克利特主张世界是一团永恒的活火，一切皆变，一切皆流。世界永恒的流变性要求人们把当下一切看起来具有固定性的事物都加以否定，即否认它们具有永恒不变的特性。苏格拉底认为，认识真理的过程就在于不断地揭露人们习以为常的意见，只有这样才能达到真理。他虽然没有留下著作，但是通过和其他人持续不断地辩论概念的定义，就已经包含了否定的方法，实际起到的作用也是对古希腊神话和信仰习俗的否定。亚里士多德认为，事物产生和变化的原因可以大致区分为形式和质料，这一对概念从运动变化的角度来看，表现为潜能与现实。质料内部包含着运动的潜能，而形式则是运动的现实。质料本来是不动的，但受到形式的作用，其内部的潜能开始变为它的反面即现实，从而获得能动性。这个过程正体现了自我否定的精神，体现了概念的转化，是比较早的概念辩证法思想。而在基督教哲学那里，现实世界是人神合一的原初完善状态的否定，而现实世界必将被一个至善的"千年王国"所重新否定，这其实就是黑格尔"否定之否定"的一个早期隐喻化的表现形式。

黑格尔是概念辩证法的集大成者。在他那里，否定是贯穿整个体系的核心概念。马克思也认为黑格尔《精神现象学》的最后成果是"作为推动原则和创造原则的否定性的辩证法"①，否定代表着精神的能动性与创造性，是推动整个体系发展的内在力量。所谓"辩证法三大规律"都可以看作否定原则的不同表现形式。否定与扬弃的内在一致，使它成为联系与发展的内在环节。同时，否定也体现了自由与必然的内在统一。这些关于否定的规定都被有机地融合在马克思主义的辩证法体系之中。

马克思首先把黑格尔否定的主体由虚幻的绝对精神转变为现实的人类实践。批判否定作为人类实践最主要的功能，成为马克思主义辩证法的核心。马克思关注的人类实践的首要功能是变革世界，批判否定是实践的"变革世界"功能的集中体现。下面列举几点表现。

第一，人类实践来自对自在自然的否定，它把自在自然变成了属人的自然。整个人类实践就是在自然的必然性与人的能动性、有限性和超越性之间的互相否定中向前发展。

第二，人类实践的自我批判、自我否定、自我更新的力量表现为一个层次丰富的多重否定结构，其中包括主体与客体的互相否定、社会生产方式内部的矛盾运动、个体与群体的互相否定、社会存在与社会意识之间的互相否定等。

第三，批判否定作为肯定与否定的统一和扬弃的辩证运动，是联系与发展的环节。马克思主义的批判否定不是把批判对象简单地抛弃，而是剥开其假象、分析其本质，承认其存在的必然性，并承认这种必然性是一定要消失的。批判否定的目的就是要揭示批判对象的有限性、相对性，这样，人类实践才能从一个必然性飞跃到下一个必然性，也就是发展的过程。同时，自由与必然的难题也解决了：自由不是与必然性无关的，实践从一个必然性飞跃到另一个必然性的过程就是自由。这个自由就是建立在必然基础上的否定精神。

第四，批判否定作为理论与实践统一的环节。批判否定首先是广义的实

---

① 马克思：《1844年经济学哲学手稿》，人民出版社，1985，第120页。

践，其中包含着理论，从狭义上讲，实践的否定和理论的否定是并列的、互动的，实践问题必然反映为理论问题，理论的否定又会推动实践的否定。二者的主体、运作方式、自身规律有一定差别，但二者都是广义人类实践的自我否定的表现。

第五，批判否定作为理想与现实、规范尺度与描述尺度的统一。前者代表"应该如何"，后者代表"实际如何"，批判否定就是建立在这两个尺度所构成的张力之中。马克思的高明之处在于：他不是假设一个无限完善的"天国"，而是把理想和描述性的尺度建立在人类实践不断的自我否定之中。正如马克思所说："共产主义对我们来说不是应当确立的状况，不是现实应当与之相适应的理想。我们所称为共产主义的是那种消灭现存状况的现实的运动。这个运动的条件是由现有的前提产生的。"①马克思主义实践哲学批判否定的概念，不是建立在"此岸／彼岸"的传统二元论上，而是始终立足于批判否定的具体性、现实性、历史性、有限性（在现实中，有的马克思主义者忽视了这一点，如"大跃进""人民公社化"的错误实践，就是试图超越历史局限性而加快建设步伐的举动）。这一点正和马克思主义哲学实事求是的特性有关。

"实事求是"起初是一个中国哲学术语。长期以来，它作为马克思主义的特征早已深入人心。首先，它是马克思主义的唯物主义方法论的最佳概括。恩格斯曾这样论述唯物主义方法论："人们在理解现实世界（自然界和历史）时，决意按照它本身在每一个不以先入为主的唯心主义怪想来对待它的人面前所呈现的那样来理解；他们决意毫不怜惜地牺牲一切和事实（从事实本身的联系而不是从幻想的联系来把握的事实）不相符合的唯心主义怪想。"②以前的唯心主义方法，无一例外地从头脑中幻想出事物的联系，幻想出某些永恒不变的实体与联系，如"普遍人性""宇宙精神""先定和谐"等。而旧的唯物主义不但从机械的、形而上学的角度看问题，而且无一例外地在社会历史

---

① 《马克思恩格斯选集》第 1 卷，人民出版社，2012，第 166 页。
② 《马克思恩格斯全集》第 21 卷，人民出版社，1965，第 336 页。

观层面陷入了唯心主义，其原因有多种，但重要的共同点是方法论上的唯心主义。马克思主义辩证法不承认有任何永恒不变的东西，对它的彻底化必然与一切唯心主义方法背道而驰。

其次，实事求是代表着马克思主义哲学的实证分析层面。哲学是规范性学科，这是人们通常的看法，但哲学首先要对现实做描述分析，指明它"现在是什么"，然后才能论述它"应该是什么"。马克思主义哲学实证分析的特殊性在于，它认为哲学本身不是简单抛弃现实去设想乌托邦，而是立足于现实的、具体的、历史的、实践的批判。从这种认识出发，马克思放弃了早期思想中的人本主义价值悬设和隐性的唯心史观构架，转入一种建立在具体经济分析之中的具体的唯物主义思路上来，最终达到了彻底的、全新的历史唯物主义方法论立场上。[①] 这种历史唯物主义方法把关注点对准了"一定的历史的暂时的历史情境"[②]，而不是人本主义的价值乌托邦。这才是马克思实事求是方法的最为独特之处。这样一种独特的实证分析方法，一定不会停留在哲学内部，而必然走向与具体的实证学科的高度结合。例如，《资本论》就是哲学与经济学结合的完美典范，它的意义最终超出哲学本身，也超出经济学本身。这种意义上的"经济哲学"，不是一般的哲学原则在一门具体学科上的简单应用，也不能被看作哲学"层次"的降低，而是马克思主义哲学独特的"实事求是"的方法论与经济学内在逻辑的结合。

马克思主义实践哲学实事求是的方法，所关注的是具体的、历史的人类实践，而不是整体的或抽象意义上的一般实践，它内在地有着和各门具体的人文社会学科相结合的能力。因为人文社会学科处理的是不同领域的具体实践问题，考察的是人的社会本质的各个侧面。如果人的各种具体规定性不清楚，那么，整体的人之形象就无法加以哲学的建构。例如，经济学涉及人利己的行为动机、法学涉及人在社会中的权利义务关系，这些都应加以哲学的考察，而具体的哲学考察既非具体学科的任务，又和一般的哲学理论有相当

---

① 参见张一兵《回到马克思》，江苏人民出版社，1999。

② 张一兵：《回到马克思》，第522页。

的差异。这就证明了建立于具体学科的哲学，如经济哲学、法哲学等的必要性。站在马克思主义的立场上，这些具体哲学都可以建立在"实事求是"的方法论基础之上。比如，人们在讨论经济哲学成立的必要性时，首先想到的一定是马克思的《资本论》；在讨论马克思主义法哲学时，首先想到的一定是马克思的《黑格尔法哲学批判》。

综上所述，批判否定与实事求是是马克思主义实践哲学不可或缺的本质特征。正是有了这两种精神，马克思主义才有它经久不衰、持续发展的生命力，二者是紧密联系在一起的，有了批判否定，马克思主义才是始终革命的、保持先进性的，而这种批判否定一定是具体的、历史的，且必然立足于实事求是的方法论基础之上。前者保证马克思主义不致变为论证一切现存状态合理性的保守哲学，后者保证马克思主义不致变为空洞僵硬的教条哲学或脱离实际的唯心主义乌托邦。

二　新马克思主义流派视野中的批判否定和实事求是

当代形形色色的新马克思主义流派也基本认同马克思主义的实践哲学进路，虽然他们对批判否定和实事求是的态度有着相当大的区别，但都不同程度地承认这两个原则。由于他们所处的历史情境与马克思本人的有着很大不同，而且他们各自的理论储备、思考问题的具体方式、面临的具体问题等都有所不同，所以他们对马克思的思想有着不同的取舍、改变、发挥。这里将重点考察他们对批判否定和实事求是原则的不同倾向，大致可以分为以下四种。

新黑格尔主义倾向。这种倾向与通常所说的作为现代西方哲学流派的新黑格尔主义不同，主要指以卢卡奇、科尔施、葛兰西为代表的，通过重新阐发和改造黑格尔哲学来阐释马克思主义的倾向。他们的共同点是主张"总体性"和"总体革命"，强调理论与实践的统一及主客体的统一，在承认无产阶级政治革命的同时，主要强调意识形态革命，高度肯定黑格尔对于马克思辩证法的意义。在这里，卢卡奇的物化理论、"具体的总体性"概念、"阶级意识"概念，葛兰西的"实践一元论"、意识形态革命论等，是最有代表性的表述。

这一倾向与经典马克思主义的形态比较接近，总体性作为规范性概念、理论与实践的一致作为认识与革命的方法论原则都与经典马克思主义有着相当强的一致性。但作为批判否定基础的总体性概念具有浓厚的黑格尔色彩。它对资本主义社会的描述和分析是基于资本主义社会发生的新变化，如强制性劳动分工程度的加深，资本主义意识形态控制的加深，革命形势的新变化等。这些分析都具有相当强的敏锐性和针对性，也包含着实事求是的成分，如卢卡奇对物化概念的分析，在一定程度上切合了 20 世纪 20 年代资本主义生产中的新情况。这一倾向以人本主义为主导，与马克思具体的历史唯物主义有着一定程度的偏离。

彻底否定的倾向。这一倾向以法兰克福学派第一代领军人物霍克海默、阿多诺、马尔库塞等人为代表。他们认为，"批判理论"的主要任务是对资产阶级社会的现实和资产阶级哲学进行彻底的否定与批判，这种批判主要是理论的批判，对意识形态的批判，可以广义地把它们看作文化的批判。他们对启蒙精神、形而上学，包括实证主义和现象学、存在主义的现代西方哲学诸流派、意识形态、技术理性、文化工业、大众心理与性格机制等各领域进行猛烈批判。批判理论为自己确立的规范性目标是"社会的合理状态"，但对这一目标不做过多的说明和描述。大体上，他们受德国传统中的理性主义倾向影响较深，着力批判理性的异化和技术化，试图重建理性精神，试图把这一理性精神重新建立在马克思主义实践哲学的基础之上。由霍克海默命名的"批判理论"、阿多诺的"否定的辩证法"以及二人对启蒙的批判、马尔库塞对"单向度的人"的批判等，都是这一倾向的代表。

这一倾向基本上接续了马克思《1844 年经济学哲学手稿》的人本主义批判逻辑，把它与黑格尔的理性主义、现代西方人本主义流派相结合，体现了典型的人本主义理性主义倾向。他们回避了马克思成熟时期的经济学批判，对现代西方哲学中的实证主义、科学主义和具体实证科学基本持拒斥态度。这一倾向把重点放在批判否定上，以"彻底否定"为口号，表现了马克思主义彻底的批判精神，主要表现为对资本主义社会全面彻底的文化批判和理论批判，相比之下，实事求是的精神在这里体现得相对较少。这一倾向的缺陷在于：过多的理性主义和浪漫主义色彩及意识形态批判使它接近德国古典哲学的唯心主义，使其对理性的重建有着一定的悲观情绪，使其否定观有着相当浓厚的抽象化色彩。

乌托邦倾向。这一倾向重点在于正面阐发作为人本主义的乌托邦精神的马克思主义实践哲学。代表人物及流派为布洛赫、弗洛姆、马尔库塞与南斯拉夫实践派。他们分别把马克思的早期人本主义与宗教哲学、德国古典哲学、弗洛伊德主义、存在主义等多种西方哲学流派相结合。他们着重论证了马克思主义哲学应该成为一种乌托邦哲学，人是面向未来的具有无限可能性的存在，着重描述了马克思主义哲学所要达到的规范性设想。布洛赫的"尚未存在本体论"，弗洛姆的"自发性的爱和工作"与"健全社会"的设想，马尔库塞的"非压抑文明"与"爱欲满足论"，南斯拉夫实践派的人本主义实践观，都是具有代表性的理论。

这种倾向与否定的批判倾向的主要区别在于是否正面描述规范性的理想。这两种倾向有时能够统一在一起，马尔库塞的思想就是如此。乌托邦倾向具有理想主义特征，是唯心主义色彩最为浓厚的一种倾向，甚至有时会流于空想。它对现实的否定较彻底，有时具有脱离实际的一面，是对马克思早期思想的一种极端化。它在对现实的分析上并不见长，对实事求是的精神往往只在原则上坚持，在具体分析上并不注重，如布洛赫主张马克思主义是"具体的乌托邦"，建立在真实的可能性基础上。其对现实的分析往往具有全盘否定的特色和强烈的主观倾向，如弗洛姆和马尔库塞用弗洛伊德理论对现实的批判。

科学主义和实证主义倾向。与前三种倾向的人本主义特色相对，这种倾向着重借用实证主义和科学主义的方法来阐释马克思主义，或把一些实证主义、科学主义流派同马克思主义结合起来，代表性理论有阿尔都塞的"结构主义马克思主义"、德拉 - 沃尔佩的新实证主义的马克思主义、哈贝马斯的"历史唯物主义的重建"以及晚近的"分析的马克思主义"等。由于马克思主义哲学是社会历史哲学，它的研究方法必然具有一定的科学性，研究领域也必然同社会科学重合。所以，马克思主义哲学合理地借鉴社会科学的方法是必然的。阿尔都塞等人不注重马克思的早期著作而注重其成熟时期的社会历史著作，用结构主义方法寻找马克思历史唯物主义的内在结构。"分析的马克思主义"则借鉴分析哲学的方法，用现代数学、数理逻辑和语言分析等现代科学工具去分析马克思主义社会历史哲学的理论命题，如唯物史观、伦理观、社会发展、剥削、阶级、正义、自由、平等、伦理观等，企图为马克思主义建立"微观基础"[1]。德拉-沃尔佩认为马克思主义的方法论包含了一种用科学规律建立起来的认识论，并强调资产阶级社会的代议制制度的合法性。哈贝马斯则利用语言学、社会学、历史学、法学、政治学等多种社会科学理论构筑了一个规模宏大的"交往行为理论"，并以此为出发点对马克思的历史唯物主义进行"重建"等。

　　这种倾向大致是在西方马克思主义中的人本主义倾向之后出现的，或者说，是人本主义倾向的一种反弹。这种倾向注重实证分析，注重用他们所理解的马克思主义去分析社会现实，分析的触角深入了社会的各个领域。其理论分析的广泛性和现实性是前几种倾向所无法比拟的。这反映了 20 世纪中后期的一种倾向，即哲学越来越失去形而上的、"不食人间烟火"的气息，逐渐变为社会历史哲学、法哲学、经济哲学等部门哲学，由"大写的哲学"变为"小写的哲学"。这一倾向最大的特色就是实证分析精神受到了前所未有的强化，使人们在人本主义倾向泛滥之后又重新关注经济、法律、政治、社会、历史等社会现实。这对人本主义马克思主义有一定的纠偏作用，使我们重新考虑马克思中后期实事求是的方法论。但这一倾向又走向了另一个极端，就

---

① 参见余文烈《分析学派的马克思主义》，重庆出版社，1993，第 21 页。

是批判否定精神的削弱。这些思想家不能摆脱卢卡奇等人之后的"马克思主义哲学的书斋化"倾向，其兴趣在于理论上对马克思主义的修正与重新阐释。他们在政治态度上也具有相当强的保守性、改良主义色彩和非批判性，如阿尔都塞对斯大林主义的温和态度、德拉 - 沃尔佩和哈贝马斯对资本主义民主的认同。

　　以上四种倾向之间，以及和马克思本人思想之间错综复杂的关系，体现了批判否定和实事求是这两个马克思主义哲学本质特征的丰富性、复杂性，也展示了马克思主义哲学的丰富性与复杂性。如果没有新马克思主义诸流派对马克思思想的多方面阐发（不管恰当与否），人们对马克思主义哲学的丰富性和深刻性的理解一定会大打折扣。马克思主义的深刻性与丰富性恰恰来自批判否定与实事求是的精神，它们是多方面、多层次、多角度的，随着现实的变化而不断变换自身的形态。并不是任何一个马克思主义哲学家都不犯错误，关键在于批判否定与实事求是的精神使马克思主义有着强大的自我批判、自我修复的能力。

三　对当代的理论启示

　　上文中的事实给我们的启示就是：未来马克思主义的发展必然离不开批判否定和实事求是这两个本质特征。习近平新时代中国特色社会主义思想作为马克思主义在中国发展的新形态，一方面立足于当代中国与世界的现实情况，另一方面又根据人发展的规范性目标对现实进行实践批判，达到了批判否定与实事求是的完美结合。但习近平新时代中国特色社会主义思想并不是关于"绝对终极真理"封闭的、完成了的体系，而是开放的并具有科学性、革命性和实践性的活的马克思主义方法论在当代中国的体现。新的马克思主义哲学的建构，其精神必定与习近平新时代中国特色社会主义思想相一致。

　　一方面，实事求是的精神要求我们关注当前国内和国际的现实，注重和其他学科的结合。马克思本人的思考随着时代而不断变化，为我们的研究树立了一个光辉的典范，西方马克思主义的流变使我们认识到，脱离现实的哲学玄思注定是没有出路的，新时代的马克思主义哲学一定要对广泛的社会生活发言。以往我们着重坚持哲学对现实的超越性，但哲学如果不能很好地立足于现实，就不能真正地超越现实。比如，我们对具体的经济领域的认识还有待加强，皮凯蒂的《21世纪资本论》在这方面为我们的研究树立了一个可资借鉴的典范。目前信息经济的发展和经济全球化使我们不得不对此发言，这在一定程度上是好事，可以使我们重新思考实事求是的意义。在这种情况下，发展一门独立的经济哲学就是十分顺理成章的事情了。这也是实践哲学视野拓展的一个表现。

以经济为先导的全球化进程使我们的视野变得开阔，不得不面对复杂的世界性问题。在全球联系日益密切的今天，中国已经成为世界第二大经济体。中国自身的问题已经与世界性问题联系在一起，具有了世界性意义，而世界性问题也具有了"中国化"的一面。我们对"他国经验"的研究成为解决中国问题的必要参照，而"中国经验"的特殊意义也为解决世界性问题提供了独特的启示。我们在马克思主义哲学研究中必须重视中国特殊国情与他国特殊国情的区别，不能简单照搬照抄别人的理论。实事求是的原则要求我们在重视哲学普遍性意义的同时，也要重视具体实践的特殊性，因为普遍性是不能离开特殊性而存在的。

另一方面，批判否定的精神要求我们不能把具体的、特殊的实践绝对化，一定要剖析具体实践的局限性。例如，市场经济对我国生产力的发展所发挥的作用要优于过去的计划经济，但市场经济也是有缺陷的，绝非有百利而无一害。我们肯定了市场经济道路绝不意味着对它不加批判，目前理论界对资本逻辑的批判分析就是很好的例子。马克思主义对事物的肯定都包含着否定，同样，对事物的否定也都包含着肯定。我们不能陷入对事物全盘肯定或全盘否定的非此即彼的怪圈。同样，对全球化、信息经济、环境问题、可持续发展问题等一切实践问题，都要保持批判否定和实事求是的精神。

总体说来，批判否定和实事求是必须结合在一起，批判否定必须建立在实事求是的基础上。空想社会主义者和一些西方马克思主义者对资本主义的批判就近乎全盘否定，看不到资本主义的必然性、合理性。他们对现实进行批判的基础是所谓永恒的真理、永恒的人性、绝对的理性等，而不是对实践的实事求是的分析。这种抽象的否定是不够的，背离了马克思主义的辩证法。真正的积极的批判否定必然是实事求是的，必然建立在具体实践的基础之上，而实事求是精神的贯彻必然要求我们一分为二地看待事物，这两种精神的结合必然导致理论与实践的真正统一。过分强调马克思主义的乌托邦精神，会导致理论脱离实践，而片面强调马克思主义的实证性，会导致理论与实践的保守化、非革命化，最终使理论与实践全部失去必然性和合理性。

对未来马克思主义哲学的展望，有人提出"返本开新"这一口号。对我们来说，"回到马克思"是"返本"，"发展马克思"是"开新"，二者不能截然分开，而是紧密联系在一起的。把二者联系在一起的，正是批判否定和实事求是这两条红线，而这两条红线代表的恰恰是马克思开创的实践哲学的真精神。[1] 对这两种红线任何一方的偏离，都意味着可能发生的对马克思主义的偏离，西方马克思主义的发展历程恰恰证明了这一点。也正是这两条红线使马克思主义在开放性的面貌之下，依然保持着内在的一致性。21 世纪的马克思主义哲学应在对具体实践的批判中发展其多层次的丰富内涵。马克思主义不是静止的、给定的、已经完成的体系，它必然依据实践而不断地丰富发展，这就是马克思主义史给我们的理论启示。

第三节　理想维度和现实维度：法兰克福学派的实践观

理想与现实是人的存在的两个维度，它们标志着人的存在状态的两极：

---

[1] 用何种术语指称马克思哲学并没有统一意见，"实践哲学""历史唯物主义""历史现象学"各自抓住了马克思哲学的一些重要方面。笔者喜欢"实践哲学"这一称谓，但它也不能完全涵盖马克思哲学的所有方面。

彼岸和此岸，应然状态和实然状态，自由王国和必然王国。这两个维度的内在根据最终来自人的本体论存在方式的分裂。古往今来，任何哲学体系的提出，都是为了解决人的存在方式的分裂，达到主观与客观的统一、人与自然界的和谐，铺设从实然到应然、从必然王国到自由王国的道路。这样，理想维度与现实维度就成为哲学理论的内在标尺。每一个哲学家都要对人类的应然状态做出思考和设计，并对实然状态进行分析、批判和超越，前者反映了理想维度，后者反映了现实维度。在每种哲学中，理想维度和现实维度在理论上都是联系在一起的，并且力求统一，这种理论上的统一，正是为了克服理想和现实实际上的分裂。哲学家的主要任务不是提出解决分裂的实际措施，而是为解决分裂提供价值上的评判标准。

马克思主义提供了人类真正克服自身内在分裂、统一理想与现实的理论可能性。马克思把人类的实践提升到前所未有的理论高度，通过对黑格尔和费尔巴哈哲学的扬弃，总结了自古希腊以来哲学思考的成果。马克思实践哲学的特色之一，就是把解决人的本体论分裂的途径从思辨理性的领域转移到实践和历史领域。马克思解释了人的解放不是自我意识或绝对精神的抽象的活动过程，而是现实的人的实践过程。在人类实践的基础上把理想维度与现实维度统一在一起，是马克思主义哲学的突出特征。

19世纪40年代黑格尔体系的解体，打开了通向现代哲学的大门。资本主义的新变化、社会主义运动的起伏跌宕、技术革命、世界大战……这一切变化都使人的问题以前所未有的迫切性和严重性显现出来，也使哲学在新的情境下反思自身，重新探索解决人的内在分裂问题的可能性，整个马克思主义思潮也经历了一个分化演变的过程。西方马克思主义思潮的出现，是马克思主义史上的重要事件，是马克思主义在新的情境下同西方哲学互相交流的产物。它的出现和发展，同"正统"马克思主义、现代西方哲学各流派始终处于互相影响、互相交锋的关系之中，既丰富和发展了马克思主义，也丰富和发展了西方哲学。

作为西方哲学和马克思主义哲学的交叉地带，西方马克思主义不是一个统一的整体，但其中每个流派都是对马克思思想某些侧面的阐发，体现了马克思主义的内在丰富性、开放性和发展的无限可能性。所以，应该把西方马克思主义视为对马克思主义的一种丰富和发展。

法兰克福学派作为西方马克思主义的重要组成部分，代表了西方马克思主义人本主义思潮的一个重要阶段。其代表人物众多，虽然他们的具体观点不一，但有一些基本的理论前提还是相同的，即都高扬马克思提出的实践哲学构想，以人自由自觉的全面发展作为理论的最终目标，都承认存在对意识、客体对主体的先在性。法兰克福学派不同于前人的特殊性在于：在20世纪资本主义发生重大变化的情况下，对马克思本人的许多重要理论及其前提进行改造，在理论上重新审视和考察马克思以前的哲学史、思想史，对马克思立于其上的整个近代西方思潮的基本精神进行彻底检讨。这样就导致在新的人类生存境况和新的思维高度上去审视人的存在方式，导致马克思主义在新的时代情境下的重构。

从理想和现实这两个维度出发，本文试图归纳法兰克福学派实践观的三种态度，下文尝试论之。

一 霍克海默和阿多诺：辩证的"彻底否定"

学界把法兰克福学派迄今为止的发展分为三代，霍克海默和阿多诺是第一代法兰克福学派中公认的中流砥柱。被冠以"批判理论"和"否定的辩证法"之名的理论著述代表了他们共同的态度：否定。二人把否定态度贯彻在对启蒙精神、技术理性、大众文化、意识形态、权威与家庭，以及近代哲学的深层传统等各方面的批判之中，因此可以把他们的理论倾向称为辩证的"彻底否定"。

同其他西方马克思主义者一样，霍克海默和阿多诺的理论工作首先表现为对马克思本人的批判工作的重新阐释和改造。霍克海默用"批判理论"称呼他心目中的马克思主义，同时用这个词来称呼他自己的理论。他认为，批判理论旨在解决人类实践的内在矛盾，即个人与社会、人与自然等一系列矛盾对立。① 这和马克思《1844年经济学哲学手稿》中的思想是一致的。但霍克海默所指的"批判"与马克思的"批判"的含义有所不同，后者指理论批判与实践批判相统一的过程，而前者主要指理论的批判。

理论批判与实践批判的分离是基于霍克海默的一种看法（这种看法在西方马克思主义者中很有代表性）：马克思设想的无产阶级革命的根基已经动摇，表现为工人阶级贫困化程度的减轻，无产阶级被融入资本主义的现存体制之中，无产阶级的革命冲动，早就变成了在社会框架内的现实主义行为。② 无产阶级之所以如此，是因为资本主义的控制形式又有了新的变化，这些新变化及其背后的深层根源，成了霍克海默和阿多诺理论批判的矛头所向。

霍克海默的理论批判工作主要在如下方面展开：重申马克思唯物史观的基本原则，对当代唯心主义进行批判，揭示资产阶级的意识形态对大众进行控制的方式和机制，批判启蒙精神的内核——技术理性，批判技术理性在哲学上的表现形态——实证主义，批判资本主义意识形态和技术理性的重要表现形式——文化工业和反犹主义。

霍克海默和阿多诺明白，批判理论的矛头不应仅限于晚近资本主义社会出现的新现象，换句话说，这些现象不是偶然发生的，现象的背后是深藏于思想底层的西方文化演进的逻辑。二人合著的《启蒙辩证法》一书分析了启蒙精神的演变轨迹：启蒙使理性和技术取代了神，人对神的崇拜和信仰变为对理性和技术的崇拜和信仰。阿多诺的《否定的辩证法》是霍克海默的批判理论在哲学层面的延伸和深化。阿多诺批判了德国古典哲学的两个特点——同一性和肯定性，并针锋相对地提出了"非同一性"和"彻底否定"的概念。

同一性是哲学的理想目标，在理论中表现为主客体的同一，意味着人

---

① 霍克海默：《批判理论》，李小兵等译，重庆出版社，1989，第200~201页。
② 霍克海默：《批判理论》，李小兵等译，序言。

克服内在分裂，与自然达到完全和谐，并完全占有自己的本质，从而达到自由。但人们总把理想的同一变为现实的同一，往往用客体吞并主体，或用主体吞并客体来达到同一性，前者是旧唯物主义，后者是旧唯心主义，尤指德国古典哲学的先验唯心主义。阿多诺对二者做了批驳，并着重批驳了后者。他认为黑格尔用哲学概念结合与概念相异质的东西——客体，概念只能反映客体片面的成分，客体全面的、丰富的内容被掩盖了，质的要素让位于量的要素。所以，黑格尔的同一性必然是虚假的同一性。在阿多诺的心目中，主体与客体的真实关系被描述为一个"星座"，即主客体互为中介，其间的张力形成一个"力场"。在这个"星座"中，客体具有优先地位，是"质的要素"、非同一的要素；客体优先于主体，质优先于量，非同一性、个体性、异质性优先于同一性、整体性、同质性。这就是阿多诺的"非同一性"思想。

阿多诺的"彻底否定"是针对哲学的肯定性而言的。所谓肯定性，指对现存秩序和现存事物的肯定和认同，具有非批判的含义。霍克海默指出，启蒙精神内在地含有肯定性的成分，到了发达资本主义时代，这种肯定性成分大大膨胀了，技术理性、文化工业、意识形态的一致性就是认同现存的资本主义社会秩序。他认为，实证主义的要害就是对现存的肯定。阿多诺指出，与同一性哲学肯定现存的倾向相反，非同一性哲学是要否定现存。黑格尔虽然极端重视"否定"概念，但他的"否定之否定"还是肯定性的表现，根源在于黑格尔的"绝对精神"概念是主体的虚假的自我肯定，黑格尔无法把理想与现实真正区分开来，从而犯了用主体吞并客体、用理想取代现实的错误。这证明黑格尔的哲学和启蒙精神、技术理性一样，是一种乌托邦历史设计。[①]

所谓乌托邦历史设计，是指一种历史哲学，即把人的历史当成神的历史来设计与创造。希伯来精神、技术理性主义都是乌托邦历史设计的表现。事

---

① 衣俊卿:《历史与乌托邦》，黑龙江教育出版社，1995，第35页。

实证明，乌托邦历史设计在现实中会导入误区，即人的主体性的最终丧失。正如希伯来精神最后将导致神权对人权的压制，技术理性主义最终会导致科学崇拜和技术崇拜，人最终异化为机器的奴隶。黑格尔的理性哲学也无法逃脱这个命运。

阿多诺的"彻底否定"正是打破乌托邦历史设计的武器。彻底否定并不像字面理解的那样不包含任何肯定，而是意味着对现实的任何肯定都不能绝对化，这样就消除了乌托邦历史设计的可能。与彻底否定相联系的不是悲观主义，而是对盲目乐观主义的警觉，它指出了现实实践的局限性。这是否说明他们只重视现实维度而不重视理想维度呢？实际上，一切对现实的批判，都必然有一个理想标准。在阿多诺那里，这个理想不是明确提出的、固定不变的、以肯定形式表达出来的，而是隐含的、变化的、以否定形式表达出来的，这就是人类的解放与自由。我们在现实中不能正面设计它具体的、最终的模式，换句话说，我们只能说它"不是什么"，而不能具体说它"是什么"。在霍克海默、阿多诺那里，理想维度和现实维度的统一以否定的面目出现。他们否定的不是理想，而是现存实践的失误。这种否定虽然是激进的、彻底的，但不是绝对的、盲目的，而是辩证的、包含肯定的。

二　马尔库塞和弗洛姆：乌托邦与批判

对弗洛伊德思想的批判改造是法兰克福学派对资本主义社会中人的性格结构和心理机制进行批判的主要理论基础。马尔库塞和弗洛姆的思想也因而被称为弗洛伊德主义的马克思主义。弗洛伊德主义和马克思主义之所以有融会的可能，有以下几个原因。第一，马克思主义哲学主要在社会生产方式和人的理性发展的宏观层面展开，弗洛伊德主义则主要在人的非理性结构和心理领域的微观层面展开，二者可以互相补充，对人和社会历史进行多层面的、比较全面的分析。第二，马克思在《1844年经济学哲学手稿》中表述的人的全面发展思想包含了对人的感性世界、性格结构和心理机制进行批判性重建的理论可能，而马克思对这一微观层面未做更多的拓展和发挥。马克思的中后期著述乃至恩格斯、列宁、斯大林和第二国际思想家以及各派马克思主义者的理论，都没有再回到这个问题上来。而弗洛伊德主义的马克思主义的出现，恰恰可以在理论上接续青年马克思的这一思路。

马克思关于人的全面发展思想的重新被关注，是与技术理性观的瓦解相伴随的。技术理性是近代启蒙精神的延伸，其弊端的全面暴露是在20世纪的两次世界大战之际。有识之士在批判技术理性的同时，必然提出与技术理性支配下的片面人格相对的全面人格，作为人格发展的理想目标。当代西方人本主义思潮之所以重视人的非理性成分，不是要用一种片面性去取代另一种片面性，而是为了高扬人的全面性。马尔库塞和弗洛姆等人对弗洛伊德思想加以改造，正是要从全面性人格这一理想维度出发，建立自己的批判理论。

马尔库塞的有关思想集中体现在《爱欲与文明》一书中，他首先讨论了弗洛伊德的思想。弗洛伊德认为，人的历史就是人的本能受压抑的历史。人的本能是可变的，但规定本能满足程度的现实却是社会的、历史的。文明把本能的直接满足变为延迟的满足，导致对快乐的限制，欢乐和消遣变为苦役和工作。这些变化被弗洛伊德称为从快乐原则到现实原则的改变。本来从这个论述中可以引申出批判异化的思路，但弗洛伊德把文明与对本能的压抑直接等同起来，认为不可能有非压抑的文明，这样就得出了完全悲观的结论。马尔库塞则认为，从弗洛伊德的理论中，也可能引申出相反的结论，即非压抑文明有可能出现。马尔库塞的任务就是揭示这个可能性。

马尔库塞把弗洛伊德的"压抑"概念区分为基本压抑和额外压抑两种，前者是人类发展所必需的，后者是不必要的、多余的。他又从"现实原则"的概念中区分出"操作原则"，这是工具理性、统治合理化和劳动异化的产物。马尔库塞把批判的矛头指向额外压抑和操作原则，认为非压抑社会的实现是和操作原则、额外压抑的取消联系在一起的。

接着，马尔库塞提出了"爱欲解放"的设想。爱欲的内涵比性欲更宽广，它是不以生殖为目的的、非功利的，是生命本能的表现。在非压抑性文明中，性欲升华为爱欲，劳动则摆脱了异化的强制特征，而转化为消遣，成为满足爱欲的手段，成为人的需要。爱欲的满足，包含着对异化的批判。作为人的全面发展的目标，爱欲的满足也具有审美方面的内涵。马尔库塞认为，爱欲解放就是康德"无目的的合目的性"的体现。爱欲解放使感性得到健康的满足，使感性与理性达到统一。马尔库塞承认，性欲变为爱欲的前提，是对巨大的工业设施和高度专门化的社会劳动的合理组织。这些思想与马克思的人的全面发展思想，存在一致之处。

弗洛姆则从另外一个角度来综合考量弗洛伊德与马克思。他的《逃避自由》一书的核心概念之一是性格结构，它是动态的而不是静态的。换言之，它和社会、历史处在动态的相互作用之中。在性格结构这一概念中，弗洛伊德尤为注重社会性格。社会性格是指某个团体中大多数人共有的性格结构。弗洛姆用这一概念揭示作为个人的领袖和作为整体的社会集团成员（如希特勒和他的追随者——德国下层中产阶级）的共性，从而揭示历史运动的性格结构根源。

弗洛姆考察了全书另一核心概念——自由——的历史演变，指出纳粹主义之所以盛行的一个重要原因是"逃避自由"的愿望，而这个愿望是一种极权主义社会性格的表现。这种性格源自人对自由的错误理解。人们往往把自由理解为消极的自由，即人们仅仅摆脱了动物界只靠本能决定行为的方式，而未真正摆脱和自然界的原始关联。这使人的主体性、独立性及征服自然的能力逐渐增强的同时，其孤独感、不安全感也与日俱增。人无法忍受这种不安全感，就产生了逃避自由、重新寻找安全感的心理需要，导致人服从某个外在的权威，丧失了独立性。这种方式显然无法真正解决个人与世界的关系问题。

弗洛姆认为问题的关键在于对自由的正确理解，即积极的自由，指个人完全独立、完全实践自我，创造力得到极大发挥，人的潜能得到全面发展，个人与世界、他人、自然融为一体。要达到这种积极的自由，途径在于"自发的爱和工作"，在于全面、总体的人格的自发性活动。弗洛姆在后来的《寻找自我》《健全的社会》等著作中对上述思想加以扩展。他承认积极自由的实现离不开经济和社会的变革，这也符合马克思主义的前提，并未背离马克思主义的精神。

马尔库塞和弗洛姆对理想进行设定的特色在于从精神分析学说的概念出发，来展开和阐发马克思主义的内在逻辑。但它带有浓厚的假说色彩、文学化特征和浪漫主义倾向，与马克思主义哲学的实践路径之间有着不小的距离。它具有过分的理想化色彩和乐观态度，在涉及具体操作时往往流于空想。这种统一理想与现实的尝试，提出了一种肯定的理想目标，似乎优于霍克海默、阿多诺的彻底否定。但过强的乌托邦色彩拉开了理想与现实的距离，导致对现实的绝对排斥和形而上学的"非此即彼"，结果削弱了批判的深刻性。

三　哈贝马斯：理想向现实的靠拢

哈贝马斯的学说与传统上理解的马克思主义已经相去甚远。因为马克思学说的基础如古典理性观、古典主体性学说在现代不断受到质疑，资本主义的运行机制、社会结构等自 20 世纪以来一直处在变化之中，这些原因使哈贝马斯对马克思学说中的许多主要论断都加以改变或重新解释。全面论述这些思想显然是本文无法做到的，这里只探讨与本文主旨有关的若干方面。

哈贝马斯吸纳了大量实证科学的成果，这使他的学说既不是纯粹哲学的，也不是纯粹实证科学的。他试图把哲学与实证科学、规范性与描述性、理想与现实融合在一起。他认为，以霍克海默、阿多诺的观点为代表的老一代批判理论有三个弱点：第一，否定过于彻底，排斥对社会状况的经验分析；第二，没有摆脱黑格尔式的真理概念和理性观；第三，低估了资产阶级民主法治国家传统的积极意义。[①] 因而，哈贝马斯着手扭转老一代批判理论的方向。

---

① 哈贝马斯：《我和法兰克福学派》，《哲学译丛》1984 年第 1 期。

　　为了重建理想维度，哈贝马斯提出了"交往合理性"概念，对古典理性观进行改造。他受韦伯的影响，提出了"工具合理性"与"交往合理性"两个概念。哈贝马斯认为，古典理性主要属于工具合理性，甚至马克思的劳动概念和生产力概念也是以工具合理性为主而忽视了交往合理性。他也不满意霍克海默和阿多诺彻底批判否定的态度，认为他们对工具理性进行批判时，没有对规范性的理性概念做出任何承诺，导致理性"丧失了任何立足之地"①。

　　交往合理性概念与交往行为概念有关。哈贝马斯认为，交往行为是主体之间以语言为媒介、以理解为目的的行为，它以言语的有效性要求为基础，包括真实性、真诚性、正确性和可领会性等四个标准，遵循一定规范，最终目的是达到社会的统一，实现个人同一性和社会化的统一。与交往行为相对的是目的合理行为，它和工具合理性相关，是一种旨在实现预设目的的行为。可见他的交往行为理论不是传统的主体性哲学，而是一种主体间性哲学。

　　哈贝马斯认为马克思的唯物史观与他的交往行为理论存在一致性，但他认为马克思主义的弱点在于：第一，马克思主义中的科学主义倾向浓厚；第二，马克思主义的社会理论的规范性基础不明确；第三，马克思主义把工具合理性摆在首位。这些批评与其说是针对马克思本人的，不如说是针对第二国际和苏联的马克思主义的。笔者认为，马克思的思想不能说是科学主义的，也不能说是人本主义的，而是扬弃了二者，包含了二者的合理成分。马克思哲学的规范性基础并非不明确，其实是他早期关于人的全面发展和人的解放的思想。哈贝马斯之所以说不明确，大概是因为这种表述带有德国古典哲学的思辨色彩，而哈贝马斯不太重视思辨哲学，所以打算重建马克思主义的规范性基础。

　　另外，马克思提出的生产力和生产关系概念与哈贝马斯提出的工具理性及交往合理性概念的内涵、外延不同，不能在两者之间简单地画等号。而且由于条件所限，马克思对许多问题并未着重展开论述。由于时代条件的变化

---

① 哈贝马斯：《我和法兰克福学派》，《哲学译丛》1984 年第 1 期。

和思想重点的转换，后人可以从不同方面对他的思想加以补充和阐释。所以笔者认为，哈贝马斯对经典马克思主义的批评不甚全面，但也有其价值，不应该简单粗暴地加以否定。

哈贝马斯另一个重要的理论改动，是把历史唯物主义改造为一种社会进化理论。他吸收了皮亚杰的发生学结构主义、帕森斯的社会学功能主义及其他实证科学成分，认为社会发展的核心是一个一般性的学习过程，其中有着内在的学习机制。这个学习过程的主体是社会主体，但社会主体与个体主体的学习过程具有一致性，并且统一在一起。他认为交往行为和生产关系在社会进化中处于更重要的地位。生产关系围绕着一个组织内核，这个内核规定着相应的社会一体化形式。社会一体化是指一个社会通过价值和规范来保障某种社会生活世界的统一。很显然，社会一体化形式取决于交往行为发展的水平，而交往行为的发展体现为一个学习过程，其内在的学习机制规定着技术和组织性有用知识的自发增长，以及向生产力的转换。在生产力和生产关系的发展相适应时，社会处于稳定状态，一旦生产力的发展打破了这种均衡，就导致现存生产关系的废除。这样一来，马克思的革命性批判理论就被哈贝马斯转变成带有浓厚实证色彩的社会进化理论。

由此看来，哈贝马斯被称为法兰克福学派的右翼代表是有道理的。他认为，资产阶级国家的民主法制传统有其积极意义，并把它作为一种交往行为形式和社会一体化形式。同时，他又把交往行为作为一种理想的标准，用这种方式来统一理想与现实。但是，对实证方法的过分依靠已使哈贝马斯不恰当地拉近了理想与现实的距离，使理想向现实靠拢。他也和马尔库塞、弗洛姆一样削弱了批判的深度，只不过是从另一个方向进行削弱，后者过于偏重乌托邦的理想，哈贝马斯则过于偏重现实层面。

四 结论：必要的张力

从马克思到哈贝马斯这将近一个半世纪的理论演变，是不是像科拉柯夫斯基所说的那样，是一个崩溃和衰败的过程，还是很难轻易下结论的。至少可以看到，马克思具有极强生命力和现实意义的思想，始终被不同的人在不同的国度、不同的时代境况之中被重新讨论、修正或改造。这些思想体现出强烈的差异性、开放性，也体现出一致性。如果要问，马克思本人立足其上的一些预设观念如古典理性、古典主体性、启蒙精神都面临解体或质疑时，马克思的思想为何仍具有如此顽强的生命力？答案恐怕在于：马克思哲学的主题——人的命运和人的解放——是永恒的、现实性极强的哲学主题，他的思维路向——通过实践追求人的全面发展——是解决问题的正确方法。

理想与现实之间的张力是永远无法消除的，一旦消除，人类的发展就会停止，但二者的统一是任何哲学家都为之苦思冥想的目标。认为现实就是理想的实现，这是霍克海默、阿多诺批评的肯定性思维；而如果把理想与现实绝对对立起来，认为二者之间是绝对否定的关系，那么理想就会成为无法企及的空想。只有承认理想与现实之间的张力，一方面提出理想性、规范性的标准，另一方面进行现实性、描述性的研究，把批判与超越结合在一起，才是正确的态度，也是马克思的态度。

法兰克福学派对理想维度和现实维度的探讨虽然有这样那样的不足，但给了我们极为丰富的理论启示。他们对马克思主义理论的拓展和阐发，毕竟为马克思主义在新时代的发展做了许多有益的探索。我们在任何时候都无权宣告马克思主义的结束，只要人的问题永远存在，理想与现实的冲突永远存在，马克思主义这种以人的实践为核心的理论就会永葆青春。

第四节　超越技术实践：法兰克福学派技术理性批判的困境与启示

法兰克福学派作为第二代西方马克思主义的代表，主要以技术理性批判、意识形态批判、大众文化批判以及心理意识、性格结构批判为理论内容，对20世纪资本主义的意识文化层面进行总的批判。这几个主要的批判方向有着内在的一致性。技术理性批判是法兰克福学派理论的重要内容之一。由于很多文章已经详细地描述了法兰克福学派技术理性批判的具体观点和思路，本节不打算过多地复述这些内容，而是试图基于其内在理路和理论困境，展开深层探讨，以此就教于方家。

一　技术理性批判的起源：理性的降格与分裂

新马克思主义流派众多，旨趣不一，对资本主义文化和意识形态的批判是其中影响最大的方向，技术理性批判就是这个方向上的一种理论表现。其范式起源，当在第一代新马克思主义者卢卡奇、葛兰西那里寻找。众所周知，经典马克思主义的目标是对资本主义社会进行全面的总批判。在19世纪，批判的方向主要侧重于经济、政治层面。在大规模的欧洲革命失败以后，第一代新马克思主义者发现以欧洲为代表的发达资本主义国家的经济和政治状况发生了明显变化，阶级矛盾缓和了，而且在经济和政治系统后面有庞大的文化系统。然而在经济政治领域发生革命，只是革命的第一步，文化系统的革命的艰难程度和持久性远远超过经济政治的革命。卢卡奇首先提出阶级意识的重要性，预示着理论和实践出现了分离的危险。对资产阶级意识进行批判第一次被提上日程。葛兰西随之提出了系统的文化批判和革命的思路。由此，文化批判和意识批判成为新马克思主义的一个重要内容和理论方向。

马克斯·韦伯的合理性理论对新马克思主义文化批判理论的影响和启示是非常明显的，技术理性这一概念就可以看作受他的理论影响而产生的。韦伯认为，合理化是现代思维方式的特点，西欧自宗教改革以来，经历了一个合理化的过程。他用"祛魅"（disenchantment）来说明这一合理化过程的实质："从原则上说，再也没有什么神秘莫测、无法计算的力量在起作用，人们可以通过计算掌握一切。而这就意味着为世界祛除巫魅。人们不必再像相信这种神秘力量存在的野蛮人那样，为了控制或祈求神灵而求助于魔法。技术和计算在发挥着这样的功效，而这比任何其他事情更明确地意味着理智化。"①理性是西方哲学中最为复杂的概念，也是最为核心的概念之一。如果说，以黑格尔为代表的西方传统哲学追求的是一种宏大的、无所不包的、整全统一的、大写的理性概念，那么这一理性概念在现代思想中已经崩塌。由此导致的结果就是人类精神的分化、大写的理性分化和缩减为小写的"合理性"。

韦伯的社会行为理论做了一个著名的区分，就是目的合理性（也称工具合理性）和价值合理性的区分。前者只关注行为的结果或目的，后者只关注信仰和价值。这两者都是片面的，前者在形式上是合理性的，但是又有着实质上的非理性一面，后者在实质上是合理性的，在形式上又是非理性的，二者互相补充、彼此平等、不可偏废。②技术理性批判从韦伯对合理性的二分法中发展而来，更精确的说法应该是"技术合理性批判"。

技术理性批判的兴起是和 20 世纪科学技术高度发展的现实相伴随的。对科学技术的崇拜渗入了西方社会的方方面面，不仅仅限于生产技术层面，也渗入管理体制、人文学科以及人类精神的诸多层面。一切问题都有着化约为、转换为技术问题的倾向。比如，作家奥威尔的寓言小说《1984》和扎米亚京的《我们》、小赫胥黎的《美丽新世界》一起被称为"反面乌托邦三部曲"，他们都设想了一个技术高度发达，以至于泯灭一切个体差异，在思想上高度整齐划一的未来社会。小说描摹的社会图景，是资本主义社会科学技术崇拜甚嚣尘上的表征。美国的控制论专家卡恩为将来可能出现的技术开了一张清单，其中包括大批控制个体行为的技术，比如：监视技术、控制个人和组织行为的技术、刺激大脑兴奋的技术、反暴动技术，以及控制疲劳、感情、情绪、幻想的药物等。③科学技术给人类精神带来的种种危害和对未来的想象，

①　马克斯·韦伯：《学术与政治》，冯克利译，生活·读书·新知三联书店，1998，第 29 页。

②　马克斯·韦伯：《经济与社会》，林荣远译，商务印书馆，1997，第 40、56 页。

③　哈贝马斯：《作为"意识形态"的技术与科学》，李黎、郭官义译，学林出版社，1999，第 75 页。

引起了哲学家对滥用科学技术的反思。整个科学技术批判思潮包括尼采、狄尔泰、柏格森等人的生命哲学，海德格尔、胡塞尔等人的现象学存在主义，伽达默尔等人的哲学解释学、弗洛伊德主义，斯宾格勒和汤因比的文化历史哲学，乃至后现代哲学。新马克思主义在这股趋势之中也占据了非常重要的地位。

二　技术理性批判的内在逻辑和理论误区

法兰克福学派的技术理性批判思想贯穿始终，但是思想家的具体表述不同，思路上也存在差异。主要代表有霍克海默和阿多诺合著的《启蒙辩证法》、霍克海默的《工具理性批判》、马尔库塞的《单向度的人》、哈贝马斯的《作为"意识形态"的技术与科学》等，其侧重点互有异同。

《启蒙辩证法》从启蒙和神话的关系开始，探讨现代文明的本质。启蒙的目的是"为世界祛魅、瓦解神话，用知识来替代幻想"[1]，但理性自身却取代了神话。他们从古希腊开始分析理性精神的源头，试图从源头寻找技术理性的本源。但是，这种寻找方式本身却是非历史性的，古希腊时代和 20 世纪之间的差异被忽视了，如果把古希腊理性和 20 世纪科学理性简单地画等号，就等于到前资本主义社会寻找资本主义社会的意识形态起源。这种探究方法已经明显地背离了马克思的历史分析方法。学者康纳顿指出，霍克海默和阿多诺把神话转变为理性、把前资本主义转变为资本主义，这两种转变联结在一起，实际上，前一个转变在苏格拉底那里就完成了，这两种转变过程相隔数千年。[2]霍克海默和阿多诺似乎认为，只有对意识形态进行理论上的批判，才能实现马克思主义的目标，这种理论批判本身的非历史特性，对马克思主义理论来讲，可能是致命的。

---

[1] Horkheimer and Adorno, *Dialectics of Enlightenment*. Continuum Publishing Company, 1988, p.3.

[2] Connerton, *The Tragedy of Enlightenment*. Cambridge, 1980, pp.110-111.

马尔库塞对技术理性的反思和批判，可能是法兰克福学派中最具有影响力和代表性的。他和霍克海默不同，不是把批判的矛头对准启蒙，而是对从启蒙运动到黑格尔的近代理性思潮加以充分肯定。他的理性观念来自黑格尔，认为理性是人类思维的基础，哲学的目标是理性的复归。但是他在近代理性的基础上加入了弗洛伊德的本能理论，把技术理性和对本能的压抑结合在一起，提出了爱欲解放论。他认为，发达工业社会技术至上的现实，造就了一种奴役人的力量，人们的需要表面上被满足了，但本来是全面的、多维度的人，在现实中却被异化为单向度的、一维的、片面的人。控制的力量无处不在，科学与技术越发达、越全面，个人打破这种奴役状态的手段和方法越不可想象。① 这种逻辑似乎必然得出比较悲观的理论。

马尔库塞对现代西方哲学也进行了批判，批判的矛头对准了形式逻辑、语言哲学和科学哲学等方面。他认为，为了进行普遍的控制和计算，产生了各种精神和物质的手段，形式逻辑也可以被视作手段之一。语言哲学和科学哲学因为采用了和自然科学相似的方法，也同样被马尔库塞指责为适应某种统治的形式，和技术理性有着内在的一体性。② 这种批判依然有着只攻一点、不计其余的特性，在一定程度上误解了被批判的对象。

哈贝马斯所撰写的《作为"意识形态"的科学与技术》对马尔库塞的技术理性批判重新进行了思考，并提出了不同意见。哈贝马斯的思考，为我们反思技术理性批判提供了一种很好的思路。他指出，技术的发展并不是绝对的、异化的力量，如果这样简单地对技术进行分析，很容易得出错误的结论。科学技术的进步形成了第一位的生产力，从而成为新的意识形态的基础，这种新的意识形态和旧的意识形态有着很大区别，它重新构造了统治的合法性基础。对这种合法性基础，我们不能进行简单的拒斥，而应当寻找其内在逻

---

① 马尔库塞：《单向度的人》，张峰、吕世平译，重庆出版社，1988。
② 麦金太尔：《马尔库塞》，邵一诞译，中国社会科学出版社，1989。

辑，加以深层批判。①

哈贝马斯把解决问题的路径建立在对历史唯物主义进行重建的基础上。他用劳动和相互作用（交往）的概念，取代了经典马克思主义的生产力和生产关系概念。这一区分与韦伯对工具合理性与价值合理性的区分有着密切的关系。从这个逻辑出发，技术的合理化（或合法化）属于生产力范畴，而制度的合理化（或合法化）却属于交往行为范畴。从表面上看，异化的根源是技术合理性，实际上真正的根源是制度的合理性、交往的合理性。由此，哈贝马斯把问题的解决路径引入交往行为合理化的理论建构之中。

哈贝马斯和霍克海默、阿多诺、马尔库塞最大的区别，是他放弃了对资本主义技术理性及其全面控制的彻底批判态度，而以一种改良主义的方式，把革命和批判问题转化为交往行为的合理性问题。对这一转变，不能简单地加以肯定或者否定，而应该看到，这正是对前者技术理性批判的局限性的认识。哈贝马斯把技术理性放在一个比较深刻的社会变革的框架中理解，这种理解方式相比他的前辈来说，有其合理成分。但是，他的解决方案仍然不那么令人满意。

法兰克福学派的技术理性批判始终没有逃脱某种决定论色彩。霍克海默、阿多诺和马尔库塞集中分析了一种肯定性的思维方式如何形成并掌控所有人，没有摆脱某一种技术决定论的形式。哈贝马斯则另辟蹊径，决定从交往合理化的理论建构中寻找解决技术合理性问题的道路，属于某种制度决定论和交往行为决定论的方式。这种决定论的思维模式，才是我们真正需要反思的东西。

我们必须到马克思那里寻找解决问题的办法。马克思本人的思想似乎不能归结为简单的技术决定论，因为生产力和生产关系、经济基础和上层建筑之间的相互作用是异常复杂的，不能简单机械地理解决定和被决定这样的理

---

① 哈贝马斯：《作为"意识形态"的技术与科学》，李黎、郭官义译，第69页。

论描述，但是法兰克福学派对资本主义意识形态和一体化控制形式的分析则相对简单。笔者认为，法兰克福学派这些不同的理论道路在一定程度上背离了马克思的分析框架。这种背离，有其合理的一面，也有不合理的一面。其合理之处在于，马克思似乎用一种类似于德国古典哲学的理性观来处理人类实践的演化过程，他的分析在宏观上无懈可击，但在具体的历史情境中和 20 世纪资本主义的新形态有着相当大的区别，法兰克福学派则抓住了 20 世纪资本主义的新问题加以评说。不合理之处在于，法兰克福学派采取技术理性决定论和制度决定论的框架来分析现实，简化了问题的复杂性。法兰克福学派的技术理性批判是一种文化的批判、理论的批判，将不可避免地导致抽象性的结果。这种误区，是我们应当警惕的。

三 实践的二元论：走出技术理性批判的困境

我们必须重新思考技术理性批判的起源，探讨韦伯的两种合理性思想的意义，以及超越决定论思路的途径。

韦伯的两种合理性思想在西方古典哲学内有其前身，就是实践概念的二元论。亚里士多德关于理论知识、创制知识、实践知识的三分法促成了实践的二元论思路，哲学上所谈论的实践概念主要分成两类，一类是以科学技术为主要内容的、人类改造自然的活动，它来自亚里士多德的"创制知识"，另一类是人的伦理行为、政治行为和经济行为等，它来自亚里士多德的"实践知识"。在一定意义上，技术理性和价值理性的分野从此肇始。[1] 在现代社会中，具有终极意义的传统理性概念土崩瓦解，技术合理性和价值合理性呈现出分化态势，二者的统一似乎遥不可及。这对包括马克思主义在内的许多哲学流派来说，都是不得不面对的问题。

在马克思本人的思考中，技术的两面性未能得到充分展现，这和 19 世

---

[1] 丁立群：《亚里士多德的实践哲学及其现代效应》，《哲学研究》2005 年第 1 期。

纪科学的高歌猛进和飞速发展有直接关系，马克思像所有 19 世纪中期的进步知识分子一样，相信科学技术能够提供解决人类困境的钥匙。他对生产力在人类社会中的决定性地位的论述，遭到了各种各样的误解。但不争的事实是，科学技术的进步成为推动生产力发展最为强劲的力量，这使大多数人都从技术的角度来理解马克思思想的核心——实践概念。我们熟悉的实践定义——生产实践、科学实验、阶级斗争——实际上大多是按照亚里士多德"创制知识"的思路来进行理解的，这种理解方式天然地为技术理性的思维方式铺设了道路。中国改革中有"两个文明一起抓"的提法，物质文明和精神文明正是技术合理性和价值合理性、"创制知识"和"实践知识"的另外一种提法。

现代社会中的这种实践的二元分裂，更深刻的根源在于人自身物质欲望和精神追求的分裂。技术进步实际上推进了人的物质欲望的无限增长，技术成为掌控人类欲望的最强大的力量。新时代的意识形态控制和技术革命紧紧联系在一起，成为"技术—意识形态"，只要人的欲望没有节制，意识形态控制就一直是威胁人类实现自由解放的力量。在哲学史上，自苏格拉底首次提出人生的意义在于追寻美德的时候起，物质欲望和精神追求的矛盾就已经纠缠在人类的意识之中。20 世纪的科技进步，只是把这个矛盾前所未有地放大了。从这个角度看，讨论技术合理性与价值合理性、劳动和交往行为谁是决定性力量，意义并不是很大。

实践的二元分裂与人自身的物质和精神的二元分裂能否被克服？技术合理性和价值合理性能否重新融合？这种克服和融合，一定要在人类实践的过程中加以解决，在全面发展的人的丰富性生成之前，这种克服和融合不可能最终完成。但是，我们不能因此停止对技术理性的批判，在批判的同时，需要避免法兰克福学派技术理性批判的偏颇之处。

首先，我们一定要遵循马克思的历史唯物主义方法，不能抽象地考察技术理性和人之异化的根源，必须深入现实问题内部，去挖掘人之异化的具体根源。那种动辄上溯到古希腊时期的问题探讨方式，一定要避免将不同时代和不同地域的经验事实加以错误的套用和不加区别的对待，否则就会犯"错置历史感"的谬误。

其次，我们一定要理解，生产力与生产关系、经济基础和上层建筑、技术合理性和价值合理性等概念之间的关系不能被简单地归结为决定与被决定的单向关系，而是复杂的彼此依存、互相影响的关系。描述这些概念之间的关系，必须慎重再慎重，避免简单化的理解方式。唯其如此，才能避免理论批判和文化批判所遇到的某种决定论困境。

最后，我们不能将技术合理性和价值合理性进行机械的分割和对立，不能认为技术理性就是异化的唯一原因，不能认为技术理性在价值上是完全错误的，同样也不能认为价值合理性本身是绝对正确的。我们要注意到：二者应该是人类实践不可分割的两个方面，不能用一方面来压倒和取代另一方面。按照韦伯本人的看法，二者都不是完全的、绝对的合理性，而是片面的合理性，从某个角度看是合理的，从另外的角度看却是非理性的。

技术理性问题反映了人类实践的有限性，为我们清醒地认识人类自身提供了一面镜子。人类的本能是要追求无限，成为自身命运的主宰，但是这种追求一定要借助某种手段，技术就是这样的手段，在追求无限的过程中，手段往往取代了目的本身，人对无限的追求，最后就变成了对技术的崇拜。人在追求技术的过程中，自信心往往会膨胀，并产生一种"理性的傲慢与僭妄"，结果可能导致人与人之间关系的恶化，技术合理性成为摧毁价值合理性的力量，这种危险情形在 20 世纪已经体现得很充分，从这个立场来看，我们需要技术理性批判，但它的作用毕竟不是唯一的。

人类实践的分裂、物质取量和精神追求的分裂、技术和价值的分裂，是我们无法否认的现实，它们的统一也是我们无法放弃的理想。我们一方面要立足于人的全面性的立场，始终把扬弃人的分裂和异化作为哲学的核心关怀，另一方面要对现实问题进行具体的、历史的分析和批判，这就是法兰克福学派技术理性批判给我们的理论启示。

第二章　实践哲学的西方视角

本章主要从西方哲学的脉络出发考察实践哲学的一些成果。西方的实践哲学是马克思主义实践哲学的一个理论来源。虽然马克思主义实践哲学是对西方实践哲学的一种扬弃，但是在马克思主义哲学诞生之后，西方实践哲学的传统依然存在，并按照自己的思想脉络和传统延续着。所谓"日月即出，而爝火不息"，西方实践哲学的传统也有其价值和生命力，出现了与马克思主义实践哲学互相交流的趋势。

第一节讨论马尔库塞《理性和革命》的个体概念和共同体思想。笔者在阅读了黑格尔和卢梭的作品之后，再回头来思考马尔库塞《理性与革命》的逻辑结构，发觉麦金太尔说马尔库塞实质上是新黑格尔主义者的说法是有一定道理的。因为马尔库塞的思路和黑格尔的思路相当接近，在此书中体现得尤其明显。虽然笔者把这部分内容放在了西方实践哲学的视角之下，但此书的内容恰恰是沟通实践哲学西方传统和马克思主义传统的中介。

第二节根据笔者阅读当代美国哲学家努斯鲍姆的《善的脆弱性》之后的一篇习作修改而成。该书是努斯鲍姆的成名作，从运气的角度考察古希腊哲学和戏剧中的伦理思想，其重要内容是解读亚里士多德的伦理学。亚里士多德的伦理学和很多哲学原典一样，如果没有导读性和研究性的作品，读者则很难形成问题意识，不得其门而入。努斯鲍姆对亚里士多德伦理学的研究给了读者一个非常好的切入点，能够引发读者对亚里士多德伦理学的浓厚兴趣。

第三节是笔者阅读文德尔班《哲学教程》伦理学部分的读后感，这部书使读者可以借此窥见 20 世纪初新康德主义者的哲学观，包括实践哲学思考。新康德主义哲学在现时代几乎被人遗忘，但是在百年前还是抓住了哲学的时代精神，在哲学史上也起到了承前启后的作用，而且对文化哲学的范式有着现实的影响，在 20 世纪的哲学范式转型中具有重要意义，理应得到更多的重视。

第一节　实践的共同体：《理性和革命》和黑格尔实践哲学

个体、社会与国家的关系是黑格尔实践哲学的一个核心问题，黑格尔的相关思想又深刻地影响了马克思主义以及 20 世纪的西方马克思主义。其中，法兰克福学派的代表人物马尔库塞的著作《理性和革命》就是解读黑格尔实践哲学的一部力作。本节尝试对该书中的实践哲学思想做一梳理及评论。笔者认为，在马尔库塞那里，个体、社会和国家的关系必须在共同体的基础上才能得到理解和重建，而共同体的哲学基础和普遍性概念又有着直接的关联，理解个体和共同体的关系，不仅仅是理解马尔库塞理性观的一把钥匙，也是贯通性地理解黑格尔实践哲学和马克思实践哲学的一把钥匙。

一　共同体高于个体和社会

黑格尔的政治哲学受到了法国大革命的深刻影响，而法国大革命的政治哲学根源又来自卢梭的政治学说，这一脉络的核心正是共同体思想。马尔库塞认为，从黑格尔到马克思的政治哲学中，共同体的思想是一脉相承的。卢梭在《社会契约论》中对"公意"（general will）和"众意"（will of all）这一对概念进行了区分，按照这一区分，众意是个体意志的简单相加，公意则是全体人民不可分割的统一的意志，"公意只着眼于公共的利益，而众意则着眼于私人的利益，众意只是个别意志的总和。但是，除掉这些个别意志间正负相抵消的部分而外，则剩下的总和仍然是公意"①。国家建立的基础是公意而不是众意，这样就奠定了"共同体高于个人和社会集团"的思路，这个思路一直延续到黑格尔和马克思。马尔库塞主要对黑格尔和马克思的共同体思想做了梳理。

共同体高于个人和社会集团的理由是：个体生存和社会集团是众意的代表，必然陷入矛盾冲突和无政府状态之中。这也是家庭和市民社会必然在国家中得到统一的理由。根据马尔库塞的研究，共同体的思想在黑格尔早期思想中就已经出现了。②在这里，共同体意味着一个整体性的社会，其中所有的特殊利益和个体利益都被合为一个整体，个体及个体的认识只有在它们同整体的联系中才有自己的意义，这无疑是黑格尔成熟时期思想的一个萌芽。按照这个思路，私有财产只能维护私人利益，而无法上升为公意，所以需要国家来对私人利益进行综合和扬弃。这也导致了逻辑上对自由主义意识形态的批判，因为后者仅仅强调个人利益优先，会不可避免地导致个体的原子化和社会的分裂。

马尔库塞指出，黑格尔在1802~1806年的"耶拿时期体系"中，把人类历史分成三个阶段，这三个阶段发展的线索是和共同体紧密联系在一起的。第一阶段是原始共同体阶段，个体意识没有觉醒，淹没在原始共同体之中，语言是主体和客体的媒介。第二阶段是个体和个体相互斗争阶段，劳动是主体和客体的媒介，在劳动基础上出现了家庭和市民社会。第三阶段是民族和国家出现的阶段，在第二阶段的基础上重建共同体。③人通过自身的劳动，一方面改造客体，一方面使自己由一个孤立的个体变为共同体的成员。马尔库

---

① 卢梭:《社会契约论》，何兆武译，商务印书馆，2006，第35页。
② 马尔库塞:《理性和革命》，程志民等译，上海人民出版社，2007，第59页。
③ 马尔库塞:《理性和革命》，程志民等译，第76~79页。

塞认定，这一思想表明黑格尔接近了马克思的抽象劳动和普遍劳动理论。① 他认为，马克思和黑格尔此处的共同点是重视劳动中的普遍性要素。只有普遍性才能使个体和共同体结合在一起，脱离原子化和相互对立、分裂的状态。马尔库塞指出，黑格尔在这里就已经开始批判抽象劳动和"被交换关系决定的社会的盲目和无政府状态"②，看来黑格尔的早期思想已经预示了马克思《资本论》对资产阶级生产的无政府状态的批判。当然，二者的思路存有一定差异，马克思的批判更重视经济学逻辑，而黑格尔和马尔库塞的批判更倾向于从哲学思辨的角度进行分析。

马尔库塞指出，个体经过家庭、市民社会到民族和国家的过程，实际上是个体性最终变成普遍性的过程。社会高于家庭，但也是"个体间矛盾斗争的基本结构"③，只有国家才能扬弃社会的矛盾特性，建立个体和普遍性的同一。马尔库塞指出，黑格尔的国家最终指向的是"人类最高的潜在存在"，它"存在于自由个体的合理统一体中……只有当个体是一个真正共同体的一个自由成员时，他才有希望实现其自身"④。这里，他又在黑格尔国家理论的目标和马克思"自由人的联合体"之间建立起隐秘的联系。黑格尔成熟时期的法哲学，是自由原则的体现。⑤ 自由的目标之一就是使个体获得普遍性，个体和共同体同一，这个历程从卢梭开始，到黑格尔和马克思达到完善，这就是马尔库塞的分析所得出的结论。

马尔库塞对黑格尔成熟时期的法哲学进行了详细的分析，并指出黑格尔对异化的发现和马克思是一致的。个体的矛盾使契约变得不可或缺，契约成为个体之间"相互承认"的形式，这也是法的确立过程，但是黑格尔再次否定了契约和私有财产，主张国家高于契约。⑥ 家庭和市民社会建立在契约的基

---

① 马尔库塞：《理性和革命》，程志民等译，第 79 页。
② 马尔库塞：《理性和革命》，程志民等译，第 80 页。
③ 马尔库塞：《理性和革命》，程志民等译，第 83 页。
④ 马尔库塞：《理性和革命》，程志民等译，第 89 页。
⑤ 马尔库塞：《理性和革命》，程志民等译，第 164 页。
⑥ 马尔库塞：《理性和革命》，程志民等译，第 173 页。

础上。市民社会的积极方面是维护私人利益，消极方面是私有财产带来了苦难，其内在的矛盾就是贫富分化。"在法律面前的抽象平等并不能控制实质上的不平等。"①市民社会依赖现存劳动的特殊方式，即异化的方式，绝不会产生完善的自由和理性，人类仍然屈从于未能被控制的经济规律，必然被国家所驯服，所以黑格尔的真理只能在绝对精神领域获取。②因而，资产阶级国家不能代表真理，必须超越黑格尔，进入马克思的"自由人联合体"中，才能达到个体和共同体的一致。

二 积极的个体：批判和否定的要素

只有超越消极的、经济学意义上的个体，进入积极的、批判否定的个体，才是马尔库塞心目中重建共同体的力量。共同体之所以成为共同体，就在于它不压制个体的批判本性，而是通过个体的批判性，最终重建共同体。

马尔库塞认为，黑格尔成熟时期的法哲学表达了这样的思想："个体的自由被置于普遍性之中的权威所掩盖，但合理的东西最终将在特定社会秩序的外表中表现出来……把自由变成必然，使理性成为权威。"③这就是从个体自由发展到理性获胜的动力学。"人类从根本上讲还是一个思维的主体。我们知道，恰恰是思想构成了普遍性"④，这是属于黑格尔主义的思辨理性原则，但马克思实践哲学的原则的确与这一思想有着莫大的联系。从历史和现实的角度看，普遍性不等于个体，但是从思想的角度看，普遍性又存在于个体的批判、否定的特性之中。个体的自由思想首先以抽象的形态出现，即苏格拉底以来的哲学家所奠定的思想的抽象自由。⑤但是，思想不能仅仅停留在抽象性中，只有在具体的、历史的实践过程中，抽象性才能变为具体性，从而获得更高

---

① 马尔库塞：《理性和革命》，程志民等译，第183页。
② 马尔库塞：《理性和革命》，程志民等译，第148页。
③ 马尔库塞：《理性和革命》，程志民等译，第159页。
④ 马尔库塞：《理性和革命》，程志民等译，第198页。
⑤ 马尔库塞：《理性和革命》，程志民等译，第211页。

层次的自由。思想必须经历从直接到间接再到二者统一的过程，也就是从抽象到具体的过程。抽象的普遍性和抽象的个体性是对立的，只有二者结合，扬弃各自的抽象性，才能达到具体的普遍性和具体的个体性的统一。这就是从古希腊哲学的抽象普遍性，经过黑格尔走向马克思实践哲学的过程。

突出个体的批判否定特性，强调个体和理性的一致，是马尔库塞用黑格尔解释马克思主义的策略。他认为，理性是人的潜能、目标，"使人的存在状态理性化是人的使命"[①]。马尔库塞认为，黑格尔的个体自由体现在两个方面：从普遍性方面讲，个体否定特殊性，回归到纯粹自我的绝对自由；从特殊性方面讲，个体在具体条件下肯定和限定自我。[②] 但是个体对自我的肯定会导致出现消极的自由概念，即法哲学中对私人财产权利的承认，这不是个体自由的全部意义。马尔库塞认为，积极的自由才是黑格尔意志的最终目的，积极自由的获得需要个体抛弃私人利益。[③] 英美自由主义者所谈论的自由只能是消极自由，建立在私人利益基础上的消极自由在逻辑上只能推导出"众意"，而不是"公意"。按照马尔库塞对黑格尔思想的解释，意志自由决定了所有权，但是不能简单停留在对私人所有权的承认上，而必然导致对私人所有权的进一步扬弃，也就是扬弃众意、走向公意。走向公意不仅仅是放弃个人利益，还要在共同体中重建公共利益。这种重建表现为个体对自我的批判、否定和扬弃，而这种扬弃的、否定的力量才是主体自由的真正根源。所以，认识个体自由，首先是认识其肯定方面，但不能停留在肯定方面，而必须进入否定方面，即个体的批判性。只有批判性才能使个体成为"普遍性"，只有个体具有了普遍性，才能实现共同体的重建。

个体的批判意识也体现在反对盲目必然性这一点上，马尔库塞和马克思在这一点上是一致的。法兰克福学派的第一代思想家把资本主义社会的意识

---

① 马尔库塞：《理性和革命》，程志民等译，第 125 页。
② 马尔库塞：《理性和革命》，程志民等译，第 164 页。
③ 马尔库塞：《理性和革命》，程志民等译，第 167 页。

形态看作"第二自然",代表着非历史的、绝对的、虚假的、颠倒的意识。①
他们用这一概念批判了现存秩序的盲目性和个体对现存秩序的永恒化倾向。
只有克服这种"第二自然",才能真正使个体的批判意识通向阶级意识,从而
最终实现自由。由此,马尔库塞指责实证社会科学过于承认现实,而忽视了
个体的否定特性,导致了批判性的丧失。马尔库塞对个体批判性的强调和其
他法兰克福学派代表人物(如阿多诺)也有相似之处。②但是,阿多诺认为,
个体的批判性仅仅停留在知识分子身上,知识分子并不参与大众的革命实践,
而是对任何实践进行批判。③马尔库塞并没有阿多诺的极端精英主义色彩,二
者的差别还是很明显的。

三 通往"自由人的联合体"之路

随着黑格尔哲学的解体,共同体思想也面临进一步的扬弃。虽然黑格尔
看到了资本主义社会的异化现象,但是无产阶级的存在还是使他的理性社会
失去了意义。④在马克思那里,共同体思想转变为无产阶级革命的目标,也就
是马克思所说的"自由人的联合体"。马尔库塞认为,无产阶级的解放成为理
性和自由的任务。与马克思同时代的一些哲学家背弃了共同体思想,走向了
个体主义的理论路线,如克尔凯郭尔反对普遍性、反对共同体概念,靠个
体实行拯救,这导致了反理性主义的后果。⑤费尔巴哈虽然是唯物主义者,
但是他否认自我的主动性,从而使个体的批判作用失去了根基,同时他也
忽视了劳动。⑥只有马克思同时继承了黑格尔的共同体思想和个体的批判
否定特性。

---

① Buck-Morss, *The Origin of Negative Dialectics*. Free Press,1979, p.554.
② 参见赵海峰《阿多诺"否定的辩证法"研究》,黑龙江人民出版社,2003,第 93 页。
③ 赵海峰:《阿多诺"否定的辩证法"研究》,第 104 页。
④ 马尔库塞:《理性和革命》,程志民等译,第 225 页。
⑤ 马尔库塞:《理性和革命》,程志民等译,第 227~230 页。
⑥ 马尔库塞:《理性和革命》,程志民等译,第 233~234 页。

马克思把人的类本质归结为劳动和实践，马尔库塞强调了这一思想所包含的普遍性要素。这一普遍性特征就是自由。马克思异化劳动思想的一个表现就是人的原子化，个体和个体之间的孤立化。马尔库塞使用了"物化"（verdinglichung）概念来分析这一现象。① 马克思在《资本论》里讨论的商品拜物教的实质，就在于把人与人之间的社会关系看作物与物之间的交换关系，这个分析和卢卡奇对物化的分析有着一致性。

马尔库塞认为，异化的扬弃必须恢复自由个体的批判性。"人类的真正历史将是自由个体的历史。"② 个体的批判性代表着人重新拥有了人类的"普遍本质"。阶级的废除代表着在每个个体的存在中实现了整体利益或普遍利益，这就是马克思所说的共产主义。马尔库塞指出，马克思提出的"扬弃劳动"的主张是重建普遍性的道路。按照他的解释，"自由人的联合体"的实质就是普遍性要素的重建。③ 按照马克思在《资本论》中的分析，资本主义既从人身依附关系中解放了个体，又剥夺了个体的批判特性，使无产阶级处于片面化和原子化的生存状态之中。其实质就是从个体身上剥夺了普遍性。

无产阶级所具有的普遍性是其他阶级没有的，这种普遍性首先表现为"否定的普遍性"，表明异化已经达到了"自我毁灭的程度"④。无产阶级的处境既是对本阶级自身潜能的否定，也是对整个人类的否定。无产阶级普遍性的进一步表现就是其担负着革命和批判的任务，"自由人的联合体"意味着从卢梭到黑格尔的政治哲学脉络中"共同体"的重建。要重建共同体，首先要去除无产阶级的原子化特性，使个体意识上升为阶级意识；其次要去除"意识对社会条件的盲目依靠"，即去除作为意识形态的"第二自然"⑤，然后才能

---

① 马尔库塞：《理性和革命》，第240页。中文译本中把 verdinglichung 这一概念错译为"对象化"，"对象化"应该是 vergegenstaendlichung 的中译，中文译本明显把这两个词译颠倒了。

② 马尔库塞：《理性和革命》，程志民等译，第243页。

③ 马尔库塞：《理性和革命》，程志民等译，第247页。

④ 马尔库塞：《理性和革命》，程志民等译，第249页。

⑤ 马尔库塞：《理性和革命》，程志民等译，第270页。

通过实践改造世界，使个体和共同体最终一致。

但是马尔库塞在具体解释"自由人的联合体"的时候，强调了"根据需要而满足每个个体"，他说："只有当生活的物质永恒性成为联合个体的幸福和能力的基础时，人类才变成自由的。"[1]他过于强调物质和幸福，这与他在整本书里论述的理性和批判精神不大一致。麦金太尔就这一点对马尔库塞进行了严厉的批评，认为在马克思那里"理性的思想已被幸福的思想所取代"这种观点，是歪曲了马克思对幸福的论述，"令人奇怪地把一种马克思从未有过的与黑格尔的决裂归于马克思"[2]。麦金太尔的意见有一定的合理性，马克思对幸福的看法也是辩证的，他肯定人类幸福是人的全面发展的内涵之一，但理性也是人的全面发展的内涵，二者的地位并无主次之分，在马克思的逻辑中也谈不上谁取代谁。马尔库塞对幸福的强调只有联系其《单向度的人》及《爱欲与文明》中的思想才能得到解释。

四　对实证主义、社会科学和法西斯主义的批判

马尔库塞撰写《理性和革命》的目的有二：一是对黑格尔哲学进行全面的研究，说清楚他和马克思之间的复杂关系；二是对黑格尔的政治哲学和法西斯主义的政治哲学做出"切割"，反对当时的一些人把二者混同在一起的观点，力辩法西斯主义的政治哲学不是来自黑格尔的政治哲学，而是来自黑格尔之后的实证主义及其影响下的社会学。正是对共同体的不同理解，造成了实证社会学和黑格尔哲学的一个重要分歧。

马尔库塞描述了黑格尔之后实证主义和社会学的兴起过程，描述了这一过程和法西斯主义的内在关联。实证主义兴起的一个主要动机就是反对近代理性主义的超验形而上学特性，孔德对"神学和形而上学"的拒斥就

---

[1]　马尔库塞：《理性和革命》，程志民等译，第251页。

[2]　参见麦金太尔《马尔库塞》，邵一诞译，第43页；马尔库塞《理性和革命》，程志民等译，第251页。

代表着这种思想动向。这一思想来自他的老师圣西门，后者本来以批判资本主义为特征，但在孔德这里，带有否定和批判意味的社会理论完全变成了肯定的。孔德以确定性来反对超验性的"幻想"，使社会科学和哲学分道扬镳。

社会学的实证主义倾向被马尔库塞贴上了"肯定思维"和"非批判"的标签。实证主义的社会科学肯定社会现状，肯定私有财产和自由主义的逻辑，重视事实而不重视价值。马尔库塞说："认识的真正领域不是既定的关于事物所是的事实，而是作为超越它们规定形式的一个超前的判断评价。"[①] 这揭示了他心目中的价值关怀和哲学家的立场。马克思作为一个哲学家，对经济现象的分析不同于普通社会科学的地方，正在于他把劳动、商品、资本等社会现象当作物化的现实，通过批判这些社会现象，揭示被掩盖的实质，即异化，仅此一点，他就超越了普通社会科学。

马尔库塞批评孔德的社会静力学，认为它宣扬了"强权庇护下的快乐"，强调了"和谐的社会秩序"和社会进化，而不是社会革命。[②] 他宣称："不存在任何市民社会的实证理论，除非无产阶级存在的事实能与进步的和谐秩序相一致。"[③] 在他看来，孔德心目中的国家必然和法西斯主义的独裁国家相似。在这种国家里面，个体完全被社会吞并了，这种社会学意义上的普遍性不是真正的哲学的普遍性。在实证主义的另一个代表人物斯泰尔那里，被统治者服从国家的权威，权威的意义就是使被统治者服从和接受统治者。[④] 而另一个社会学家斯坦恩则反对革命本身，他夸大了革命所带来的灾难（包括新的阶级对立和独裁等），从而彻底地倒向了实证的社会学。

马尔库塞指责实证主义者放弃人的潜能，因为后者重视现存的事实，而黑格尔的现实概念绝不等于现存的一切，"实证主义者攻击普遍概念，因为普遍概念不能被改变成可观察的事实"[⑤]。马尔库塞认为，黑格尔超越实证主义的

---

① 马尔库塞:《理性和革命》，程志民等译，第 134 页。
② 马尔库塞:《理性和革命》，程志民等译，第 294~295 页。
③ 马尔库塞:《理性和革命》，程志民等译，第 298 页。
④ 马尔库塞:《理性和革命》，程志民等译，第 311 页。
⑤ 马尔库塞:《理性和革命》，程志民等译，第 107 页。

地方在于揭示了思想与现实的一般关系，这种关系就是所谓的"思想与经验的一致"或"理性与现实的和解"[1]，即通过思想的自我否定和自我批判建立起来的思维与存在的同一性。黑格尔认为概念一定高于现实，通过自身的否定而演变为现实，并批判现存的一切，他的这一思想成为批判实证主义哲学的基础。[2] 实证主义的要害恰恰在于承认现实和思想的无差别，人的潜能的概念正好存在于思想与现实的差别之中。只有承认这种潜能，才会承认人将从不完善走向逐渐完善，从异化受动走向全面发展。

马尔库塞认为，法西斯主义由于主张秩序和个体对整体的绝对服从，而体现出实证主义特色。他指责法西斯主义否认普遍性，因而并不追求更高更合理的社会秩序，只是迫使个体接受现存状态。[3] 他指出，法西斯主义政权宣称自己是"人民共同体"，但是他们的"人民"并不是积极的批判力量，而是个体屈从于整体的"自然的现实"，这个共同体是伪共同体，不是批判的、理性的，而是非理性的、压制个体自由的。法西斯主义貌似建立在共同体基础之上，但是这种"伪共同体"既不能激活个体的活力，也无法代表批判性的力量。

从这个意义上看，黑格尔不是法西斯主义的来源，他的法哲学是为了捍卫国家，反对伪民主政体的意识形态。[4] 而正是这种伪民主使一部分人反对另一部分人，从而导致了国家的分裂，这就又回到了卢梭所反对的"众意"的立场上。法西斯的意识形态是反对共同体的。法西斯主义的市民社会统治着国家，黑格尔的国家统治着市民社会，而且是以自由个体的名义统治的。[5] 马尔库塞指出，后来的新黑格尔主义代表人物鲍桑葵的国家理论已经出现了"使个体成为国家的牺牲品"的法西斯主义特征。[6] 当然我们还不能把鲍桑葵

---

① 黑格尔:《小逻辑》，贺麟译，商务印书馆，1997，第43页。
② 马尔库塞:《理性和革命》，程志民等译，第142页。
③ 马尔库塞:《理性和革命》，程志民等译，第118页。
④ 马尔库塞:《理性和革命》，程志民等译，第160页。
⑤ 马尔库塞:《理性和革命》，程志民等译，第188页。
⑥ 马尔库塞:《理性和革命》，程志民等译，第329页。

称为法西斯主义的哲学家，而另一位意大利的新黑格尔主义者秦梯利则彻底成为法西斯主义的哲学家，其特点就是彻底肯定现存的一切，并丧失了批判性。① 面对这种状况，马尔库塞认为只能有两种选择，或者是维护现存社会秩序，或者是反对现存制度，后一种选择就包含在马克思主义的社会理论之中。他随之批判了第二国际的修正主义，认为后者也是用了实证主义社会学的标准，从而把批判的马克思主义哲学改造成了自然科学。②

由此可见，在马尔库塞的眼中，批判性的丧失表现在政治上就是个体对共同体的绝对服从，表现在理论上就是实证社会学的价值中立立场，这两种表现恰恰是法西斯主义所需要的。以往人们把法西斯主义和黑格尔联系起来，与黑格尔对作为共同体的国家的推崇有关。法西斯主义固然推崇国家，但推崇国家不一定等于法西斯主义。马尔库塞恰恰说明了黑格尔国家理论的优点正在于其内在的革命性、批判性，把个体的批判否定精神和共同体思想统一在一起，成为真正的共同体，这就使黑格尔哲学和马克思主义达到了精神上的一致。

从这一点出发，我们也有必要把黑格尔的政治哲学同真正的保守主义区别开来。传统上把黑格尔的政治哲学也作为保守主义思想的一种表现，但是只要把黑格尔和真正的保守主义者（如柏克）做比较，就可以说清楚这个问题。泰勒在对黑格尔的研究中指出，黑格尔和柏克对法国大革命的态度正好相反。柏克认为，人们应该拥护"实证的"国家制度，否认有更高的合理性存在，而黑格尔则维护普遍的合理性，由此对现存制度进行批判。③ 如此说来，近代保守主义（乃至自由主义）的一个面相是基于经验主义立场来维护现存的国家制度，也就是建立在"众意"而非"公意"基础上的资产阶级国家，这恰恰是卢梭—黑格尔—马克思的逻辑所要反对的。由此可以区分政治理论中左右两派对革命的不同观点和态度。从这个角度来看，黑格尔不是保

① 马尔库塞：《理性和革命》，程志民等译，第 337~341 页。
② 马尔库塞：《理性和革命》，程志民等译，第 334 页。
③ 泰勒：《黑格尔》，张国清等译，译林出版社，2002，第 650~651 页。

守主义，而是和革命派一致，柏克才是真正的保守主义。（当然，法西斯主义和柏克的英国式保守主义也有着本质区别，这就需要另文讨论了）

总体说来，马尔库塞对黑格尔思想的革命性的发掘，使马克思和黑格尔之间的一致性被突出了。他们的共同体思想和对普遍性的关注使他们的思想和任何承认社会现实的思想明显地区别开来。虽然关于自由人的联合体的设想是对异化的一个遥远的回应，虽然个体和共同体在现实中总显得不一致，但是共同体的革命性必须保持在个体之中，而不能被现存社会所磨灭，却是我们不能不承认的积极结论。马尔库塞虽然没有强调黑格尔和马克思的本质不同，其理论也具有用弗洛伊德学说来歪曲马克思哲学的弱点，但是他对共同体和个体批判精神的一致看法，抓住了黑格尔和马克思的共同点，使我们可以把黑格尔所代表的西方实践哲学思路和马克思主义实践哲学思路统一在一起。从这一点来看，马尔库塞的思路是非常值得肯定的。

第二节　实践智慧与好生活：努斯鲍姆对亚里士多德的阐释

20 世纪美德伦理学的复兴，是西方实践哲学领域的一件大事，这代表着伦理学界的两个主要流派——规范伦理学和元伦理学的某种困境。这种困境来自现代性问题的危机，或者说，伦理学困境来自无法解决现代人道德问题的危机。因此，美德伦理学家们开始回归古典，试图从古代经典中寻找解决问题的方案和思路。美国当代著名哲学家、古典学者玛莎·努斯鲍姆（也译为纳斯鲍姆）就是分享美德伦理学传统的一个重要学者。她的代表作《善的脆弱性》以"运气"（tuche）对"好生活"的影响为主线，探讨了希腊悲剧以及柏拉图与亚里士多德对这个问题的不同看法。她细致、严密地思考了亚里士多德为经验生活及其意义进行辩护的主要理据，对亚里士多德的伦理学和实践智慧思想进行了精彩的申辩。本节意图从努斯鲍姆对亚里士多德"实践智慧"思想及其相关问题的捍卫与论述出发，思索亚里士多德式的"好生活"对于实践哲学的意义。

亚里士多德和柏拉图在哲学价值取向上存在重大差别，此为后人所熟知，在以"好生活"（良善生活）为主要目的的实践哲学领域也是如此。柏拉图不仅强调理念世界的至高无上，在实践哲学领域还强调哲学家的统率作用，与之相比，亚里士多德的实践哲学更强调人类社会生活中经验主义立场和视角的重要性，这在以《尼各马可伦理学》为代表的伦理学著作中体现得尤为明显。努斯鲍姆从方法论入手，讨论了运气对实践智慧和好生活的影响。

一 方法论前提："拯救生活"与"拯救现象"

什么是好生活？人类的好生活是否具有不受外界因素影响的"自足"的特性？在上述问题上，亚里士多德和柏拉图有着根本分歧，后者认为人的好生活是自足的，前者则相反。努斯鲍姆用"运气"这一概念来指代人类无法预期、无法控制其发生，但又对好生活有重大影响的一切事件，包括人的偶然性、局限性、有死性以及重大的灾难等不可抗拒的因素。在运气的影响下，好生活遭到威胁，显示出其自身具有脆弱性的一面。这个问题成为努斯鲍姆的代表作《善的脆弱性》的核心主题。如何评估运气在好生活中的地位、如何对待这种脆弱性之于伦理行为的意义，就成为亟待解决的问题。从柏拉图的理念论来看，运气与脆弱性不过是至善的缺乏，人的好生活应该尽力避免也能够避免运气的影响，保留理性的自足性成为其伦理学的核心取向。亚里士多德则重视人的有限性，认为人不可能脱离有限性而生存。努斯鲍姆比较认同亚里士多德的观点，把亚里士多德的"善与运气"观和实践智慧思想放在全书的后半部分加以辩护。

"人类繁荣很容易受到运气的影响，这是后亚里士多德古希腊哲学从未怀疑过的一个核心主题。"① 人类繁荣是努斯鲍姆对 eudaimonia 一词的翻译，此概念一般都翻译成"幸福"，晚近的研究者则多采用"人类繁荣"这种翻译方式。② 这种翻译特别注重亚里士多德对这个词的理解，即重视经验生活中杂多的幸福及其伦理意义。这一点和柏拉图有着明显区别，在哲学观方面体现得更明显。

柏拉图持有一种"拯救生活"的哲学观，哲学的任务就要成为拯救生活的技艺，通过这种技艺，人类能够超越日常的人类状况而产生决定性的进步。③ 按照柏拉图的看法，数学和科学推理具有最高的稳定性，其目的在于获得真理。柏拉图追求的是那种"彻底的、坚决的、完美的和自足的人类生活"④。柏拉图推崇数学和科学，因为这具有最高的稳定性，并表达了"人类征服境遇"的雄心。同样，其伦理学的目标也是追求完美意义的精神的"自足"，所以显得特别"不食人间烟火"。努斯鲍姆也称这种哲学观为"神目观"，即以完美的神的眼光和视角来看待一切。

相比之下，亚里士多德的哲学观和伦理学则是以"拯救现象"作为重要特点。努斯鲍姆引用了亚里士多德对自己方法的说明，"首先要摆出现象并指出疑难所在"，然后来证明我们所持有的意见或信念都是真的，至少要证明大部分权威的东西都为真。⑤ 从这个表述出发，努斯鲍姆分析了亚里士多德拯救现象的内涵。"现象"既包括被观察到的资料，也指我们的日常信念。拯救现象的方法，即"完全诉诸人类经验的材料，并把它们当作方法的限度"⑥。余纪元总结了研究者的观点，把拯救现象分成了三个步骤，首先是把和问题相关的所有现象和观点都列举出来，其次是分析这些现象和观点之间是否有冲突，

① 纳斯鲍姆：《善的脆弱性》，徐向东等译，译林出版社，2007，序言第 3 页。
② 参见周濂《后形而上学视阈下的西方权利理论》，《中国社会科学》2012 年第 6 期。
③ 纳斯鲍姆：《善的脆弱性》，徐向东等译，第 320 页。
④ 纳斯鲍姆：《善的脆弱性》，徐向东等译，第 113 页。
⑤ 参见亚里士多德《尼各马可伦理学》（注释导读本），邓安庆译，人民出版社，2010，第 1145b1 页。
⑥ Nussbaum, *The Fragility of Goodness*. Cambridge University Press, 2001, p.245.

有什么样的困难，最后是把这些现象和观点中的合理因素都保留下来。[①]他的解释和努斯鲍姆的解释有一致性。

努斯鲍姆将亚里士多德的"拯救现象"方法进行了更深入的分析。首先，哲学家要摆出的现象在每个领域是不同的，但亚里士多德主要关心的是人的经验世界。在伦理立场上，亚里士多德的现象观代表了一种"伦理的人类中心论"，这样就离开了柏拉图式的"神目观"。在亚里士多德看来，现象给人带来并造成了种种难题和困境，"运气"显然是这些现象和困境中最为重要的部分，在某一语境下，运气就是这些难题和困境的代名词。亚里士多德用经验主义立场来反对柏拉图主义将经验世界和理念世界截然二分，反对柏拉图把理念世界绝对凌驾于经验世界之上的看法。亚里士多德认为现象和真理并非对立地处于两个世界，只有在现象的圈子里才有真理。努斯鲍姆主张，亚里士多德表达了一种实在论观点。[②]由此可以看出，这种实在论不同于柏拉图的理念论，它更加"接地气"，不会轻易地否定经验，不会把经验世界都看作理念世界模糊的影子。从某种角度说，柏拉图的思想是"以神为本"，试图让人的理性超出感官世界，提高到神的位置，而亚里士多德的思想才是真正地"以人为本"，因为他表达了对经验世界的尊重。

从此出发，亚里士多德拒绝柏拉图主义从现象之外寻找一个绝对超然的理念世界，认为这种做法既是徒劳的，也是对人类尊严的蔑视。努斯鲍姆曾引用亚里士多德《形而上学》中的第一句话"所有人天生都渴望理解"，提请读者注意这句话中包含的经验主义和人类中心论的逻辑。在她看来，理解世界的欲望会导致柏拉图式的世界观，却可能因此忽视了日常生活，亚里士多德正好能够弥补这种缺陷。这也就是回归现象的好处。[③]当然，努斯鲍姆对亚里士多德这句话的解释与众不同，也许有过度解读的嫌疑。传统上都把这句话翻译成"求知是人的本性"，重点是理论科学而不是实践科学。努斯鲍姆则

---

① 余纪元：《亚里士多德伦理学》，中国人民大学出版社，2011，第27~30页。

② 纳斯鲍姆：《善的脆弱性》，徐向东等译，第349页。

③ 纳斯鲍姆：《善的脆弱性》，徐向东等译，第353页。

把这句话理解为实践科学。这也说明了当代哲学家不再关注知识问题和理论哲学问题，而把工作重心都放在实践哲学上的普遍倾向。

努斯鲍姆区分了亚里士多德"现象方法"的两重任务：肯定的、正面的（positive）任务和否定的、负面的（negative）任务。后者指"摧毁纸糊的房屋"，即摧毁虚幻的柏拉图式的宏大结构，而保留具体的、经验世界中的意义结构；前者则指正面的教化（paideia）。① 在努斯鲍姆看来，亚里士多德的教化概念就是在"火炉旁"的日常生活境遇中，在"有序和无序、雄心和放弃、过度和不及、超人和纯粹动物"的来回摆动中寻找中庸之道。这两重任务互相依存，彰显了亚里士多德的方法论特征。在她看来，现象中的真理，就是人们所必须面对的一切，想要超出现象，结果只能适得其反。②

熟悉柏拉图或康德式道德哲学的人，初次阅读《尼各马可伦理学》时可能会有一种不适应感，和柏拉图超凡脱俗、以简驭繁的气质相比，亚里士多德道德哲学的内容细微、杂多而琐碎，不那么体系严整而有条理。这也许就是"拯救现象"的道德哲学观的表现。

二 实践智慧："非科学的慎思"

努斯鲍姆强调了亚里士多德的一个重要思想：人和一切动物都一样，不是完全自足的，这种自足性的缺乏是一切动物生活的本质特征；人处于没有活动性的物体和完全自足的诸神之间，人的活动既不是完全被动的，也不是完全自发的。③ 要理解亚里士多德的实践智慧思想，就要从这个基础出发。这个思想也表明了亚里士多德和柏拉图之间的差异。努斯鲍姆指出，实践智慧的特点在于，首先，它不是科学的，如果是科学的，那就和柏拉图的"神目观"完全一样；其次，它的标准在于具有实践智慧的人本身，而不是神或超

---

① Nussbaum, *The Fragility of Goodness*. Cambridge University Press, 2001, pp.260-263.

② Nussbaum, *The Fragility of Goodness*. Cambridge University Press, 2001, p.291.

③ 纳斯鲍姆:《善的脆弱性》，徐向东等译，第 395~396 页。

人①，实践智慧之为善，是人所特有的善，而不是一般性的善。在这里，努斯鲍姆用"非科学"代表一种反对柏拉图中期思想的特性，柏拉图追求的是普遍科学，亚里士多德的实践哲学则强调人类经验的特殊性，所以可以称之为"非科学"。努斯鲍姆还说："与柏拉图的看法相比，最好的生活本身在不受管制的运气面前更为脆弱，但也更开放，更没有控制运气的野心。"② 既然柏拉图要把伦理学转变为一门技艺（techne），就必然把控制并征服运气作为好生活的内在要求，但这种好生活在亚里士多德看来是可遇不可求的，是以神为中心，而非以人为中心。人的生活最终无法控制运气，只能在面对运气的时候，选择自己最佳的应对策略，这就必须依靠实践智慧。

实践中的慎思必定以人类为中心，因为它是立足于人类经验的。努斯鲍姆指出，亚里士多德对于实践中善的"人本性"提出了一个功能性的论证，这个论证的意义在于以下几点。首先，善的概念是"语境化"的、多元的。柏拉图认为真正有价值的东西是内在的、和语境无关的。但是亚里士多德认为："对于所有有生命的存在者都适用的共同善，不只是有一门科学，而是对于每种有生命的存在者都有一门不同的科学。"③ 亚里士多德所要寻求的人类的善，并非所有生命的善。人类的善不是普遍的，而是特殊的，与具体的民族、国家、地区特定的文化传统相关。因此，实践的善必须奠基于特殊性"语境"之中，否则就会发生"南橘北枳"的困境。所以，好生活或者好价值之所以好，"是一个相对于语境的问题"④。

其次，柏拉图追求的目标是"美德即知识"，即达到实践和理论的统一。在他那里，实践科学基于理论科学，而亚里士多德所追求的是实践目的而非理论目的，在理论上可以设想一个无缺陷的认识者，但在实践中的人都是有

---

① 纳斯鲍姆：《善的脆弱性》，徐向东等译，第 397~398 页。
② Nussbaum, *The Fragility of Goodness*. Cambridge University Press, 2001, pp.290-291.
③ 亚里士多德：《尼各马可伦理学》（注释导读本），邓安庆译，第 1141a31 页。
④ 纳斯鲍姆：《善的脆弱性》，徐向东等译，第 402 页。

限的。实践智慧（phronesis）作为一种实践慎思，其真正目的是要选择一种对人来说合适的生活，而不是神的生活或动物的生活。这种生活必然是有限的，它和理论有相关性，但并非完全一致。康德对纯粹理性和实践理性的划分，就是亚里士多德这一思想的遥远回响。

最后，"好"的意义和相应的活动功能相关，一种手艺的好坏，和这种手艺的功能联系在一起，同理，人的好生活自然和人的活动功能有关。这种功能论证直接导出了目的论，对后世影响非常大。可以说，目的论是古代和中世纪哲学的一个重要理论特点。柏拉图《理想国》中也有功能论证，但是真正全面论述目的论的哲学家还是亚里士多德。

努斯鲍姆指出，柏拉图把好生活看作一种技艺，具有普遍性和可通约性的特征，亚里士多德针锋相对地提出，构成一种好的人类生活的诸价值具有多元性和不可通约性，因为在道德判断中最为优先的还是"对具体情境的知觉"[1]。这种对具体情境的直觉就是实践智慧的组成部分，它只有在长期的经验和阅历积累中才能培养出来。

努斯鲍姆考察了亚里士多德对快乐的分析，以此证明好生活的非普遍性和不可通约性。快乐通常被看作具有普遍性和可通约性的标准，但是亚里士多德认为快乐不具备这些特性。快乐既具有种类上的差别，也缺乏包容性。即使有些活动不能带来快乐，人也会费力去做。[2] 所以，不能把快乐当成可通约的标准，其他标准就更不用说了。其实，快乐本身就是善的一个"殊相"，"在荣誉，明智和快乐这些善目里，善的概念每次都是不一样的，是不同类的"[3]（明智，即实践智慧）。

在努斯鲍姆看来，亚里士多德的好生活概念包含着一些不同的构成要素，其中每个要素都不依赖于其他要素来定义，而是基于其自身的原因被看重。生活中的每种卓越品格都被定义为自身具有价值的东西，这些品格之间是有

---

① 纳斯鲍姆：《善的脆弱性》，徐向东等译，第 403 页。
② 亚里士多德：《尼各马可伦理学》（注释导读本），邓安庆译，第 1174a4 页。
③ 亚里士多德：《尼各马可伦理学》（注释导读本），邓安庆译，第 1096b25 页。

差异的，并非像柏拉图那样分有某种超越而同质的理念。① 借用以赛亚·伯林提出的狐狸和刺猬的比喻就是，柏拉图是刺猬，主张用一条简单原则来涵盖众多事物，而亚里士多德是狐狸，拒绝单一化的原则，承认事物的差异，让众多事物保持内在的张力和复杂的结构。

努斯鲍姆认为，实践智慧中包含着"普遍规则"和"特殊知觉"，二者相互作用。柏拉图为了避免伦理学上的特殊性，提出了一种科学式的普遍性思维。努斯鲍姆认为，亚里士多德意义上的普遍规则是一种相对"弱"的普遍性，其实质是对好的判断进行经验性、描述性的总结。② 这种意义的普遍规则不能避免偶然的运气及其带来的脆弱感。亚里士多德非常重视特殊情境下的知觉、感知，即对特殊事物的辨别能力。在特殊情境下，柏拉图的普遍原则缺乏具体性和灵活性，而好的判断能够克服上述缺点，既尊重事物的复杂性，又有强烈的回应性和灵活性，就像用有弹性的金属尺来测量曲线一样。③ 努斯鲍姆又分析了实践问题的三个特点：易变性、不确定性和特殊性。对于易变性，亚里士多德用医学和航海术来进行类比，因为这两个例子都必须面对复杂多变的具体情境。不确定性的例子在于讲笑话，笑话是否好笑，关键在于接受者能否接受；实践问题的特殊性在于其不可重复的特点。

实践智慧需要漫长的经验作为基础，它拥有一种类似于直觉的洞察力，涉及的是最终具体的事情。努斯鲍姆认为，这种洞察力是非推理性、非演绎性的，它就是识别、承认、回应和挑选出一个复杂境况的某些突出特点的能力。④ 具有实践智慧的人经过长时间的经验训练，其洞察力已经养成，把伦理价值和好生活的观念内化在自己的行为之中，在行动中体现出高度的连续性。⑤ 这样，就实现了普遍规则和具体经验感知的统一与相互作用，也就类似于孔子所说的"从心所欲不逾矩"了。

---

① 纳斯鲍姆：《善的脆弱性》，徐向东等译，第406页。
② 纳斯鲍姆：《善的脆弱性》，徐向东等译，第411页。
③ 纳斯鲍姆：《善的脆弱性》，徐向东等译，第414页。
④ 纳斯鲍姆：《善的脆弱性》，徐向东等译，第420页。
⑤ 纳斯鲍姆：《善的脆弱性》，徐向东等译，第421页。

在努斯鲍姆看来，柏拉图伦理学的特点是排除或削弱激情在人心中的力量，使人类生活免于运气的摆布，但亚里士多德通过对柏拉图伦理学中普遍性和可通约性的攻击，拯救了情感的作用。努斯鲍姆分析了情感回应在好的实践慎思中的意义。在她看来，亚里士多德把情感对运气的回应，看作实践智慧的慎思活动之重要和必然的部分。[①] 首先，受过经验训练的激情和欲望并非完全消极，而是具有一种选择性，它们引导着理性，在回应性的实践智慧中占据着非常主动的位置。[②] 其次，在最好的人类生活中，欲望活动具有了完整的内在价值，所以欲望本身也不能离开实践智慧。最后，知觉作为对人的实践合理性最有价值的显现，是完整个性的一种复杂反应，是一种恰当的方式承认行动所要立足的境况的特点，即对具体事物的识别。[③] 激情本身具有的这些选择和识别的功能使人想起爱比克泰德著名的"运用表象"的思想。[④] 主体的自由选择能力是被外在环境激发出来的，道德勇气和道德决断不能离开情感因素。换言之，实践智慧必须要有"非理性"的部分。

进一步来说，实践智慧所要求的推论方式也有"非理性"的一面。努斯鲍姆指出，在这种实践推论（practical reasoning）的概念中，"灵活应对偶然具体事件的接受性及服从能力，和对多元价值、稳定品格以及品格中内化的道德教育的尊重结合在一起"[⑤]。柏拉图的伦理学首先不会承认多元价值观，其次对运气和突发事件的接受性和灵活性也不是柏拉图强调的对象，另外，道德教育在柏拉图的理想国中所扮演的角色和在亚里士多德伦理学中并不一样。道德洞察力固然在柏拉图和亚里士多德那里非常重要，都是在经验中培养出来的，但柏拉图显然不那么重视经验。努斯鲍姆承认，亚里士多德重视经验的后果就是实践问题的论述达不到精确性的要求，而必须由品格和经验来填

---

① 纳斯鲍姆：《善的脆弱性》，徐向东等译，第 422 页。
② 纳斯鲍姆：《善的脆弱性》，徐向东等译，第 423 页。
③ 纳斯鲍姆：《善的脆弱性》，徐向东等译，第 425 页。
④ 杨适：《古希腊哲学探本》，商务印书馆，2003，第 683~684 页。
⑤ Nussbaum, *The Fragility of Goodness*. Cambridge University Press, 2001, pp.309-310.

补细节。①

努斯鲍姆以欧里庇德斯的悲剧《特洛伊妇女》中的赫卡柏为例说明亚里士多德式慎思的特点。赫卡柏哀悼她在战斗中被杀的儿子和孙子，其中包含着慎思的内容，这和她对好生活的认识有着直接的关系。对她来说，好生活意味着对家人的爱、对城邦的职责、视死如归的态度，并了解这些标准之间不可通约的特性。② 这就类似于中国人所讲的"忠孝难以两全"，当她知道孙子的死已经无法挽回的时候，表现出来的悲痛恰好证明了实践智慧的回应性，如果面对亲人的死亡不表现出悲痛，而看起来是一种超然的态度，未免显得不近人情，因而不符合亚里士多德的中庸之道的要求。命运无常，但当飞来横祸降临时，恰当的回应正表明了善本身的脆弱，也彰显了人的"好生活"的尊严。

三　好生活的脆弱性与实践智慧

努斯鲍姆提出了这样的问题：人的幸福（人类繁荣）在多大程度上是脆弱的？什么样的外在事件能够破坏人的幸福？幸福如何保障自身及在多大程度上得到保障？她把这些问题看作亚里士多德伦理学的基本问题之一。③ 在亚里士多德看来，好生活必须依赖外部环境和资源，在受到剥夺或者遭受不幸时，好生活具有脆弱性。实践智慧本身就包含着对这种脆弱性之本质的考量与回应。

关于运气与善（好生活）的关系，有几种观点，第一种认为好生活等于运气，这种观点可以称为运气至上论；第二种认为善不受运气的影响，外在事件不能影响好生活，这种观点类似于柏拉图主义和斯多葛主义。努斯鲍姆考察了亚里士多德对运气至上论的反驳意见：一个人的运气给他的一切，不

① 纳斯鲍姆：《善的脆弱性》，徐向东等译，第 430 页。
② 纳斯鲍姆：《善的脆弱性》，徐向东等译，第 433 页。
③ 纳斯鲍姆：《善的脆弱性》，徐向东等译，第 437 页。

足以使人选择活下去而不是结束自己的生命，^①一个人活下去的理由不是运气，而是人的自愿选择，即人的主动性。实践智慧正体现在这种主动性里。关于人的主动选择的观念，柏拉图也曾经讨论过，如《理想国》结尾的厄尔神话，就包含了灵魂主动选择自己命运的观点。^②柏拉图和亚里士多德关于主动选择的理论，可以看作西方哲学史上自由概念的最早来源之一。

　　努斯鲍姆把持有上述第二种观点的人称为"好条件理论家"，起这个名字出于如下立场：幸福或人类繁荣不受运气影响，因为它仅仅在于具有一个好的伦理状态或条件。^③相反，如果一个人具有了善良的条件，但是他成年之后就一睡不起，或者根本不做任何事情，按照亚里士多德的看法，这样的生活根本就算不得好生活。^④所以，好生活一定奠基在人的活动基础之上。但是当活动受到阻碍的时候，就会显现出脆弱性。运气可能剥夺实践活动的手段或资源，也可能影响其对象来干扰好的实践活动。^⑤但亚里士多德认为，具有稳定的好品格的人不会因为运气不好而违背自己的品格。即使遭遇不幸，具有好品格和实践智慧的人仍然能够抵抗命运的损害。因此，好条件并不一定带来善，好人的脆弱性也不是无限制的，但实践智慧会指引人如何应对才能达到好的生活。具有实践智慧的人在极端不幸面前可以抵抗损害，美德一方面像花朵一样美丽，另一方面也像花朵一样脆弱。^⑥人的尊严正表现为即使身处逆境，也要力争实现自己的目标，这也是实践智慧的目标。这就是亚里士多德和"好条件理论家"的区别。

　　除了灾难性的运气与逆境之外，好生活之脆弱性的另外一重表现就是"关系性的善"，也就是说，有一些善必须在人的关系中显现出来，而不能单独显现，如一些政治生活的美德、爱和友谊。这种关系性的善和个体美德所

---

① 《优台谟伦理学》，第 1215b27~1215b31 页。
② 柏拉图：《理想国》，郭斌和等译，商务印书馆，2017，第 618A 页。
③ Nussbaum, *The Fragility of Goodness*. Cambridge University Press, 2001, p.322.
④ 纳斯鲍姆：《善的脆弱性》，徐向东等译，第 445 页。
⑤ 纳斯鲍姆：《善的脆弱性》，徐向东等译，第 451 页。
⑥ 纳斯鲍姆：《善的脆弱性》，徐向东等译，第 471 页。

要求的自足性之间，具有强大的张力。努斯鲍姆指出，既然亚里士多德承认人本来就是政治性的动物，最好的人类生活所拥有的自足性便不再是个体的、孤独的自足性，而是群体的自足性。① 维护这些关系性的善非常重要，这不仅仅具有工具的、手段的价值，也具有内在的价值。在努斯鲍姆看来，即使人和人之间发生冲突，他们之间的关系也是正义的内在要求，没有关系也就没有正义，美德本身也具有关系性的本质。即使是忍受冲突带来的后果，也要维持社会关系，因为一旦社会关系不存在了，人的价值也就被取消了。② 在她看来，人本来是政治的动物，共同的城邦生活是人类社会的内在要求，善必须在人和人的关系中显现。

政治领域的脆弱性也体现为政治局势的动荡，使旧有的城邦体制解体，让人们感到无所适从。以皮浪为代表的哲学家主张摆脱政治关怀，进入超然的沉思生活，但亚里士多德拒绝这种"孤独的好生活"，他强调公民体制对私人教育的重要性。努斯鲍姆指出，这种重要性表现在以下几个方面：首先，善的价值的共同性只有城邦生活能够提供；其次，具有实践智慧的立法者奠定的公共体制能够更好地把握人类生活的价值；最后，每个公民不仅属于自己，而且属于城邦，这样的观念只有在公共体制中才能得到贯彻。③ 但这种公共教育体制是脆弱而难以实现的。实践智慧在很大程度上来自经验，而且公共政治生活的经验尤为重要，这也许可以解释为什么现代的社群主义和公民共和主义都从亚里士多德的思想中寻找资源。柏拉图式的个人的好生活可以从自足的哲学沉思中寻找，亚里士多德的思想则复杂得多。他固然主张沉思生活的重要性，但不仅仅止于沉思生活，公共生活也同样重要，或许更重要。这两种生活都应该是好生活的要件。

友爱是亚里士多德提出的另一个重要主题，古代伦理学家中，可能只有他如此充分地谈论友爱，这也是"关系性的善"的重要内容，很显然，友爱

---

① 纳斯鲍姆：《善的脆弱性》，徐向东等译，第 476 页。
② 纳斯鲍姆：《善的脆弱性》，徐向东等译，第 486~489 页。
③ 纳斯鲍姆：《善的脆弱性》，徐向东等译，第 479 页。

也包含着脆弱性，因为友爱必须是两个人相互依存，而友爱的对象必须是独立于爱者的存在。换言之，友爱的双方是两个具有独立性的个体之间的关系。努斯鲍姆强调了友爱本身所具有的不完全性，区分了柏拉图和亚里士多德的友爱观。亚里士多德认为友爱不能在人和神之间发生，而只能在有限的人之间发生。[①] 友爱的双方会受运气的影响，友爱会受到严峻的考验，但实践智慧对运气的应对，有力地保证了友爱的工具价值和内在价值的实现。

同城邦政治生活一样，友爱也和人的品格和美德有着直接关系，"低劣者的友谊是低劣的，高贵者的友谊是高尚的……每个人都把别人身上他所喜爱的品质当作楷模而接受到自身中来"[②]。努斯鲍姆指出，友爱者通过互相劝说、互相分享而互相影响，通过互相模仿来增进美德。[③] 友爱的作用就在于增强情感的回应力，增强对另一个人的品格和行为方式的知觉和回应能力，也就是洞察力。这是实践智慧必不可少的成分。

综上所述，关系性的善，一方面是脆弱的，因为伦理关系、社会关系等所形成的条件不是始终完善的；另一方面也符合亚里士多德伦理学以人类生活为中心的特性，因为人类生活不同于神性生活，它的自足性必须在人与人的诸关系中得到显现，实践智慧之慎思必须面对有限的经验世界。正如努斯鲍姆所说，"具有实践智慧的人就在人的世界之中，并不力图超越这个世界"[④]。人类的美德不能达到完美无缺，而必然和种种不完美的处境打交道。这可能就是亚里士多德伦理学给人最重要的启示。

亚里士多德的思想，乃至伦理学，都是一个巨大而复杂的存在。努斯鲍姆对其思想的解读可以说抓住了一个非常重要的特点，即人的局限性对伦理学的意义，以及在此局限性影响下的实践智慧之于好生活的意义。正如她所说，核心的人类价值是不能在一个没有短缺、没有冒险、没有需要、没有限

① 纳斯鲍姆：《善的脆弱性》，徐向东等译，第 494 页。

② 亚里士多德：《尼各马可伦理学》（注释导读本），邓安庆译，第 1172a10 页。

③ 纳斯鲍姆：《善的脆弱性》，徐向东等译，第 503 页。

④ 纳斯鲍姆：《善的脆弱性》，徐向东等译，第 432 页。

制的生活中发现的。[①] 换言之，柏拉图那种完美的"神目观"，无法理解人类价值所特有的善与美。

努斯鲍姆对亚里士多德的理解也有不足之处，比如，她在强调实践智慧的重要性时，忽视了亚里士多德本身的逻辑，即理论知识毕竟优于实践知识的基本立场。出于对实践知识的强调，她没有过多地论述《尼各马可伦理学》第十卷中亚里士多德对沉思生活是最大幸福的强调，这也表明了亚里士多德思想的巨大张力：一方面是神学取向，另一方面是人类中心取向，显示出不同于柏拉图的另一种"深刻的复杂"。因而，我们还是要厘清努斯鲍姆对亚里士多德的解释和亚里士多德思想的差异所在。

第三节　实践与道德原则：从文德尔班的视角看

新康德主义是 19 世纪与 20 世纪之交的哲学流派。这个流派是在黑格尔哲学解体之后，西方哲学范式转型过程中出现的一个重要哲学流派。它对文化科学和自然科学的区分，对价值哲学的关注，证明人类精神已经意识到，追求黑格尔式的整全的无限的理论知识体系尚未成功，自然科学和人文社会科学的分离已经是不争的事实。哲学家开始考虑放弃对"自然科学何以可能"这个问题的追求，而把哲学的核心从"理解全宇宙"转到"理解人"上来。人的社会实践和文化，越来越成为哲学探讨的核心。在这个观念转换中，新康德主义哲学家做了重要的工作。

新康德主义的代表人物文德尔班的《哲学导论》(*Einleitung in Die Philosophie*)出版于 1914 年，全书体系严整，言简意赅，从中可以大致领会到 19 世纪末 20 世纪初，人们对哲学问题的理解方式。全书分为两个部分：第一部分为

---

① 纳斯鲍姆：《善的脆弱性》，徐向东等译，第 472 页。

"理论问题"，包括本体论问题、发生论问题、知识论问题；第二部分是"价值论问题"，包括伦理学问题、美学问题、宗教问题。伦理学问题作为其中的一章，又包括"道德原则""公共意志""历史"三个部分。本节考察文德尔班对"道德原则"的论述，试图从此入手探索其道德哲学观，并借此一窥新康德主义在 20 世纪初哲学思考的某些特性。

文德尔班的道德哲学建立在其价值论基础上，他从道德原则的界定入手，考察了幸福论、功利主义、至善论、义务论等道德学说的理据，分别揭示了各自的合理性和局限性。同时，他承认了自由意志和经验生活的合理性，认为伦理学必定在各种张力中存在，无法使各种学说统一起来。文德尔班的伦理学，是 20 世纪文化哲学思维范式的先驱。

一 价值论问题的起源

对"理论问题"与"价值论问题"的区分，是文德尔班哲学的一个基本前提。在哲学观问题上，他承认理论与实践应该是统一的："哲学在理论和实践上都很重要。哲学必须既是关于世界的智慧又是关于人生的智慧……两者的统一才是哲学的特征。"[1] 理论问题属于"存在问题"，它和"价值问题"之间有着密切的关联。所以他认为："价值的存在与存在的价值之间的关系触及所有哲学问题中的最高问题。"[2]

文德尔班认为，理论和实践统一的思路建基于人的本性。人的本性"不仅仅是知觉的存在，他还是意志和行动的存在"[3]。知识离不开判断，而判断本身包含着表象活动和意志活动。理论的认知和意志的活动是紧密联系在一起的，它们是"同一个不可分割的存在和生命的无法分开、彼此相连的两个方

---

① 《文德尔班哲学导论》，施璇译，北京联合出版公司，2016，第 22 页。
② 《文德尔班哲学导论》，施璇译，第 25 页。
③ 《文德尔班哲学导论》，施璇译，第 22 页。

面，我们只有在心理的反思层面上才能将它们区分开来"①。

但是，两个问题紧密相连，不等于两个问题有同一个对象，也不意味着有统一的方法。实际上，就是科学本身也没有统一方法。文德尔班说："很早以前，在方法论中，我们就已经放弃适用于所有科学的普世方法，并视之为错误的方法。我们意识到，对象的不同要求科学进程的不同……我们无法把丰富多彩的人类思想压缩为一个抽象公式。"②因而，他对理论问题和价值论问题进行了如下区分：理论命题是判断，而价值论命题是裁定。在判断中，主语和谓语的关系是"我们心灵中理论上相关联的两个内容之间的关系，这种关系要么赞同这种内容，要么否定它们"，而在裁定中，"谓语并不代表意识中任何理论上的内容，而是与目的或价值相关"。③价值命题的特点是："快乐"或者"美"这样的谓语并不是事物本身的性质，而是在事物存在和心灵的标准的关联中形成的。每个人心中的价值标准是不一样的，它缺乏知识的普遍有效性。

普遍的知识是理论问题的核心，价值则是实践问题的核心。文德尔班说："价值是具有实践功能的普遍观念。"④虽然每个人的价值观有所不同，但是价值本身又具有某种普遍性，或者说，价值问题就处于普遍和特殊之间的张力中。

文德尔班分析了价值观念的两个来源：情感和意志。源自情感的价值定义较为宽泛，源自意志的价值定义较为狭窄。⑤从这两个来源出发，演绎出意志主义心理学和情感主义心理学。他认为，这两种心理学都有一定的片面性。虽然文德尔班的伦理学更接近康德的意志主义，但是他也承认情感主义伦理学的价值。

文德尔班认为来自意志的价值评价和来自情感的价值评价是相互作用的，

---

① 《文德尔班哲学导论》，施璇译，第 22 页。
② 《文德尔班哲学导论》，施璇译，第 153 页。
③ 《文德尔班哲学导论》，施璇译，第 156 页。
④ 《文德尔班哲学导论》，施璇译，第 157 页。
⑤ 《文德尔班哲学导论》，施璇译，第 157 页。

"这两种情况都有一类功能是原初的并构成另一类功能的前提条件"①。许多情感价值可以追溯到意志或者需要，所有的快乐和痛苦都预设了意愿活动，它是"无意识的意志的形式"②，由此开启了有关情感的意志主义理论。另外，还有对意志的情感主义解释，即认为所有意愿活动都来自经验的快乐和痛苦的情感。"在日常生活中，情感和意志的价值评价总是相互交织"③，文德尔班认为这就是价值问题的发生地。

价值问题之所以令人困惑，有两个深层原因：其一在于情感和意志的交织，我们不能完全把价值归于意志，也不能仅仅把它归于情感；其二在于不同的人的价值观存在巨大的差异，以至于难以获得普遍认同的价值标准。一般来说，道德代表着普遍认同的道德标准，但是普遍价值或者普世价值又是令人争论不休的东西，大家往往无法达成一致意见。因为普通人的道德意识往往来自个人对于内外经验的认识，它无法摆脱个人欲望、情感、意愿等方面的影响。个人容易犯错，"道德本身在其裁定中也容易犯错"，所谓的良知，其实是个人心灵和普遍心灵的关系的一种形式，本身"并不是某种终极的东西"。因而，文德尔班认为，"价值理论就是质疑价值的有效性或合理性"，"这里的哲学问题就是要研究并确立各种价值的价值"。④ 他把这称为真正的哲学价值论问题的开端。

二　道德原则的界定

文德尔班把道德原则问题看作伦理学最重要的问题，并把道德原则问题分解为四个具体问题，其中最重要的是道德原则的界定。在这个问题上有着理论和实践的困难，他列举了这些困难的具体表现，以及幸福论和至善论在这个问题上的主张及理由。

---

① 《文德尔班哲学导论》，施璇译，第 159 页。
② 《文德尔班哲学导论》，施璇译，第 158 页。
③ 《文德尔班哲学导论》，施璇译，第 160 页。
④ 《文德尔班哲学导论》，施璇译，第 160、161 页。

（一）道德原则界定的困难

文德尔班认为，伦理学问题有两个前提假设。第一，存在自愿行为，人身体的运动具有目的性，这些运动由意志所引发，并且会在环境中造成某种结果。这种结果就是意志所追寻的作为价值或者目标的东西。第二，人对行为有喜欢和不喜欢的态度，这就是善恶观念的来源。[①]

在文德尔班看来，价值论问题在伦理学上的表现被简化为一个问题：是否存在一条基本的道德规律（道德律）？这个问题是有不同答案的，一种答案是道德的命令式，偏重于理想性，另一种答案是经验的、实际的规范。他认为二者之间的关系是相互交织的。康德归纳的道德律也要和普通人的观念保持一致，"从这个意义上来说，即使是命令式的伦理道德也有着描述性的特征"[②]。而描述性的道德伦理也不只是东拼西凑地把来源庞杂的经验规范杂糅在一起，而是要"整合出一套简洁紧凑的体系"。

文德尔班把道德原则问题看作伦理学的基本问题，认为道德原则具有四重含义。第一，道德律的界定，即是否存在一个普遍的道德律。第二，我们关于道德的知识来源，即普遍道德律的应用到底"基于我们的何种知识"[③]，良知概念到底意味着什么。第三，道德裁决，即人有什么权利可以用道德律来反对人的自然冲动和意志活动。第四，道德的动机，即人如何服从并执行道德命令的理由。在这其中，最首要也最困难的是道德原则的内容，也即道德的实质定义。

在现代社会的语境下，我们界定道德的困难和历史困境有关，这个困境在于：一方面我们认为"现代人在道德上也高于原始人"，另一方面，我们又抱怨"文明剥夺了人最初的简单和纯粹，生活条件的复杂化也不利于道德法

---

① 《文德尔班哲学导论》，施璇译，第 165、166 页。

② 《文德尔班哲学导论》，施璇译，第 167 页。

③ 《文德尔班哲学导论》，施璇译，第 167 页。

则"①。这个悖论正是启蒙的悖论，前一种意见为伏尔泰和百科全书派所支持，这是启蒙思想的主流，后一种意见为卢梭所支持，也是启蒙思想中影响很大的一派。这两派可以说是现代启蒙思潮中文化进步主义和文化保守主义的代表。卢梭虽然主张自由，但不能简单地归结为文化保守主义，他对文化传统和道德自律的重视说明启蒙思想内部也存在矛盾和张力。可以说，卢梭思想中的保守主义成分是法国启蒙思潮内部的一种反思力量，和英国的保守主义代表埃德蒙·柏克正好互相呼应。而且应该注意的是，卢梭思想中的"积极自由"，恰恰是康德义务论伦理学的一个来源。

　　另外一个界定道德的困难是来自两种有效性的冲突。文德尔班认为，道德在各民族和历史中是多样的，我们可以从中发现一些普遍因素，但依然"无法从现存的个别道德律中归纳出任何普遍道德律"②。因为我们从归纳出来的道德律中得到的只是"人类历史中的道德规则的实际有效性"，而不是绝对有效性。绝对有效性和目的有关，尤其是古代哲学家所谈的最终目的。我们知道，康德的绝对命令背后是有目的论思想做支撑的。文德尔班承认这一点，并指出如果存在目的链条，即一件事的目的是另一件事，那么这个链条是否存在最终极的环节，也就是"所有价值的价值，这个价值使所有其他价值成为价值"③。如果这个最终价值存在，那么道德律的内容就是如何确定这个最终价值。

（二）幸福论的几种表现形式及局限

　　文德尔班列举了几种主要的伦理学思想，他认为"我们如何领会这个所有意愿的终极目的在心理机制中所具有的被认可的有效性"是一个重要问题。④涉及伦理学的心理机制，就不能不谈到幸福论。文德尔班认为，幸福论

---

① 《文德尔班哲学导论》，施璇译，第169页。
② 《文德尔班哲学导论》，施璇译，第169页。
③ 《文德尔班哲学导论》，施璇译，第170页。
④ 《文德尔班哲学导论》，施璇译，第170页。

是一种心理上的道德理论，即认为每个人的本性就是寻找幸福，人把寻找幸福作为目的，人可能在手段上犯错，但目的是无错的。这是一种关于幸福的心理假设。

但是必须注意，文德尔班在这里没有区分古典幸福论和现代幸福论的区别。古典幸福论的核心概念是 eudaimonia，它不同于现代人所讲的 happiness，其内涵要广泛得多，现代有学者主张译为 flourishing 或 well-being，是一种客观的优秀状态。① 亚里士多德在《尼各马可伦理学》中指出，幸福有三种意义——快乐、政治的生活、沉思的生活，其特点是完满和自足，"完满的善必定是自足的"。② 这种幸福论是古典美德伦理学的一部分。文德尔班对幸福论的内涵没有具体界定，但是从其论述上看，他似乎更倾向于近代以来的幸福论。

文德尔班认为，幸福作为伦理学的重要内容，如果简单加以拒斥，是不符合人的具体生活的。但是他详细列举了对这种心理上的幸福论的几种反驳意见。第一，幸福的心理学假设似乎不合理，实际上也是错的。因为快乐是愿望实现的结果，但欲求快乐不能是意志的一般动机，幸福也不是终极目的。而且，我们无法从幸福的欲望中演绎出获得幸福的方式。③ 这个反驳实际上和康德反对幸福论的理由是相呼应的。康德认为，幸福命令本身是不具体的，如果大自然把幸福作为人的目的，那应该赋予人用本能获得幸福的理由，但人的本能并不能令人找到幸福，也就是说，追求幸福不是人的目的。④

第二，关于幸福的心理学假设表明幸福作为道德原则的不可实现性。一方面，假如有两个人，一个人更喜欢吃喝，一个人更喜欢投身于社会问题，这两个人的幸福在质上是同等的，便只能在量上进行比较，其结果是导致边沁式的量化的幸福观。另一方面，因为人要的东西越多，就越不幸福，那么

① 余纪元：《亚里士多德伦理学》，中国人民大学出版社，2011，第36页。
② 亚里士多德：《尼各马可伦理学》，邓安庆译，第 1095b15~1095b20、1097b5~1097b10 页。
③ 《文德尔班哲学导论》，施璇译，第 171 页。
④ 康德：《道德形而上学的奠基》，载《康德著作全集》第 4 卷，李秋零译，中国人民大学出版社，2005，第 401~402、425~426 页。

合理的结论就是减少欲望，"尽可能少地向世界和人生提出要求"①。

　　文德尔班反对幸福论的另一个重要理由是，谁的幸福才算是幸福？对这个问题的回答直接导向了个人主义伦理学（利己主义伦理学）和利他主义伦理学的分野。文德尔班把个人主义伦理学的逻辑后果分为以下几种：第一种是享乐主义，把感官享受放在第一位，代表人物是古希腊的阿里斯提波；第二种是伊壁鸠鲁主义，把理智和心灵的享受放在感官享受之上，近代的沙夫茨伯里也是这种观点；第三种是带有宗教色彩的幸福论伦理学，即"超越感官和心灵这两类享受，而把灵魂的拯救看作道德观念的终极对象"②，也可以叫作超世俗的幸福论或超越的幸福论。

　　和上述的利己主义幸福论相对应的是利他主义的幸福论，即"把共同体而非个人的幸福看作义务的道德理论"③。在文德尔班看来，这种幸福论的代表是18世纪的功利主义。但这种利他主义的问题在于，它关注的依然是可以被量化的幸福概念，这就使其无法超越对物质的低级欲求，无法超越趋乐避苦的层次而上升到宗教层次。

（三）至善论和人格

　　和幸福论相对的伦理学说是至善论，它和幸福论也有一定的关系，但是二者基础不同，后者建立在人的心理机制的基础之上，而前者建立在形而上学基础之上，它把至善当作终极标准。至善论也包括个人主义和集体主义两种形式。其形而上学基础的一个表现就是目的论，文德尔班简短地梳理了从亚里士多德到近代唯理论直至德国观念论的目的论传统，重点还是探讨康德的伦理学。

　　从幸福论的角度看，大多数人都从道德行为的后果中寻找道德原则问题的答案，因而无法发现道德原则的一般内容，因为道德行为的后果都是经验

① 《文德尔班哲学导论》，施璇译，第171~172页。
② 《文德尔班哲学导论》，施璇译，第173页。
③ 《文德尔班哲学导论》，施璇译，第174页。

世界的，具有特殊性。与此相比，康德伦理学则具有三个非常明显的特征：第一，重视动机，把道德与"植根于行为的倾向"联系起来；第二，对道德律只给出了形式定义；[①] 第三，建立了意志自律和绝对命令的理论关联，由此超越了幸福论的各种经验根据。前文讨论幸福论和道德的经验心理学时说明了从经验中找不到普遍的道德原则。康德的意志自律具有超越所有经验意志的特质和尊严。[②]

康德的伦理学关于道德原则的纯粹形式定义，只有超越人类经验世界的理性秩序才能够完成。这是一种强调人格完善的伦理学，人格指向一种最高目的概念，"在理性的一般规律的统治中，人格要高于个人意志"[③]。文德尔班在此也分析了康德伦理学的局限性，如果说幸福论会把个体性的保存当作终极道德价值，那么康德伦理学则似乎把个体性看作实际上要被消灭的东西。

这个分析是准确而深刻的，因为康德伦理学恰恰是卢梭"公意"（the general will）概念在道德领域的补充。按照卢梭的观点，在政治生活中，个体要服从公意，康德则在道德领域深化了这个思想，他的绝对命令和自律是和卢梭的公意相匹配的，他们追求的是一种普遍性的东西，而这种普遍性的根源，正是一种政治的神学和道德的形而上学。

综上所述，幸福论和至善论对道德原则的界定不尽相同，反映了各自的道德哲学基础不同。文德尔班的立场接近康德，并对康德的理由表现出更多的理解和同情，但是，他也不完全排斥幸福论的原则。

三　道德知识的来源、道德裁决和道德动机

道德原则的后三个问题是道德的知识来源、道德裁决和道德动机，属于

---

① 《文德尔班哲学导论》，施璇译，第178页。
② 《文德尔班哲学导论》，施璇译，第179页。
③ 《文德尔班哲学导论》，施璇译，第180页。

道德原则的认知方面和实践应用方面。在这个层面，文德尔班也顾及形而上和形而下两个层次，尤其体现出他的道德哲学既关注意志自由又关注具体实践的特色。

（一）道德原则的知识来源：情感与理性的交织

这是文德尔班谈到的道德原则的第二个问题。他认为，道德知识的来源无非是经验和理性两种，经验的道德来源是后天的，理性的道德来源是先天的，他认为二者的对立并不尖锐。[1] 如果经验主义伦理学家要尽可能地靠近普遍的道德标准，就不得不"筛选并比较各种事实"；如果理性主义伦理学家要制定普遍的道德命令，就必须在本质上把自己"限定在实际的道德人文意识之中"，二者实际上是互相渗透的关系。

文德尔班认为，经验主义如果带有心理色彩，就会走向幸福论，如果带有历史色彩，就会从历史经验中寻找道德原则，最后产生出类似于斯多亚学派的"普遍同意"理论，现代的生物进化论也类似这种思路。而康德要通过"把人格的尊严和高贵逐渐应用到生活的经验条件"的方式，将形式的道德命令"下降"为实质的道德命令。[2]

因此，就上述对经验与理性互相渗透的分析而言，文德尔班又不能算是简单照搬康德的绝对命令。他认为，日常生活中，道德原则的认识来源更多的是情感而非知识。在这一点上，他对苏格兰启蒙哲学家是有一定程度的认同的，后者"把情感当作良知的本质和所有道德意识的来源"[3]，并把启蒙这些道德情感作为道德哲学的唯一任务。苏格兰启蒙哲学家认为，只有在日常生活中出现复杂情况时，才会使用理智来应对困境，即使是这样，理性也必须借助于道德情感。

情感与理性的交织是道德知识来源的特点，文德尔班指出，在经验中

① 《文德尔班哲学导论》，施璇译，第181页。
② 《文德尔班哲学导论》，施璇译，第182页。
③ 《文德尔班哲学导论》，施璇译，第182页。

的规则意识最后会变成一种直观，这种直观的最终局限依然是经验的相对性。这种经验凝结而成的直观，类似于亚里士多德的实践智慧。在亚里士多德看来，实践智慧不属于形而上学，也不属于理论知识，其本身具有经验特色。康德要想将经验上升为理性来克服这种经验的相对性，只能把道德限制在形而上领域。这种悖论是无法消除的，所以道德知识的来源离不开情感。

（二）道德裁决：意志的主导地位

道德裁决是道德原则的第三个问题。文德尔班认为，道德知识的来源都依赖于情感，但是在道德裁决中，意志占有主导地位。[1] 意志对道德行为进行裁决的根据不是人的自然本性，否则幸福论就是唯一的道德理论，人和动物就没有实质区别了。在这里，文德尔班重复了康德在《道德形而上学奠基》中的论证。[2] 只有意志才能发出普遍的绝对命令，才能有超越生物本能的力量，从而也就超越了幸福论。

同时，这也为权威主义伦理学奠定了哲学基础。在文德尔班看来，权威主义伦理学是这样一种理论，它"在某种比人的意志更高、更有权威的意志中去寻找道德律的裁决"[3]。政治上的权威主义可能为大众所诟病，但是伦理学上的权威主义还是有充足的理由。文德尔班根据权威的来源，把权威主义伦理学分为三种表现形式：神学伦理学、国家主义伦理学和社会共同体的权威伦理学。

因为权威主义伦理学毕竟以道德上的"他律"为基础，和康德的自律有本质区别，这也正是政治和伦理道德的区别。现实的政治必须依靠某种外在的权威，除非是卢梭高度道德化的政治哲学，但卢梭的社会契约具有强烈的理想特质，难以在现实中实施。所以文德尔班认为，康德的伦理学基于人格

---

① 《文德尔班哲学导论》，施璇译，第 183 页。
② 《文德尔班哲学导论》，施璇译，第 184 页。
③ 《文德尔班哲学导论》，施璇译，第 184 页。

的高贵和尊严，本身等同于道德律，它使一切外在的道德权威和道德裁决变得多余了。[①] 这说明文德尔班还是一个康德主义者。

（三）道德动机和意志自由问题

道德动机是道德原则的第四个问题，它依然和道德律以及人的自然本性之冲突分不开。利己主义伦理学认为道德行为的动机是人的自然本性，权威主义伦理学则认为道德行为的动机来自上帝、国家或社会的外在权威，但是这些动机背后需要有更深层的根据。文德尔班认为，"如果符合道德律的行动建基其上的动机完全没有任何道德价值，那么它们的价值就仅仅具有合法性"[②]，而真正的道德价值要高于合法性。

关于道德之合法性概念的界定，我们大致可以把它等同于在经验中得到证明的道德动机的来源。为了获得超过这种合法性的更坚实的基础，一些哲学家提出了"自然的社会倾向"的思路，如人的自然倾向中有同情心和道德心等，包括苏格兰启蒙学派在内的近代伦理学家就是这样认为的。叔本华的悲观主义伦理学认为，人的同情心即分担苦难之心是道德动机；费尔巴哈的乐观主义伦理学则认为，同情就是分享快乐。文德尔班认为，这种思路并没有超越上述合法性。在笔者看来，这只不过是把道德的理由变为内在于生物本能的理由。只有康德的伦理学才最终超越了把人的生物本能作为道德基础的思路。

文德尔班遵从康德的道德哲学，认为真正的道德价值必须是和意志自由联系在一起的，并分析了意志自由的各种含义。意志自由首先意味着行动的自由，即"有能力把意志的决定转变为身体的有目的的活动"[③]。其次，意志自由意味着选择的自由，这就会带来严重的理论困难，因为人的诸种动机之间会发生冲突。这些动机既包括当下的刺激，也包括"个人成长过程形成的

① 《文德尔班哲学导论》，施璇译，第 185 页。
② 《文德尔班哲学导论》，施璇译，第 186~187 页。
③ 《文德尔班哲学导论》，施璇译，第 189 页。

意志的恒常倾向"①，也就是人的性格。如何看待动机和这些因素的关系，取决于人们如何界定动机。如果把短暂的刺激当作动机，就会产生动机的非决定论，即认为人的性格独立于这些欲望的动机；如果把性格、恒常的意志当作动机，就会产生动机的决定论，即认为人的意志是由这些性格的动机所决定的。

意志自由的另外一个关键词是责任，文德尔班认为，这也是使意志自由问题产生混乱的一个重要原因。根据前文的分析，决定论者认为人相对稳定的性格是行为的原因，所以人要为自己的行为负责。但是，责任还有实践意义，即"行为令人痛苦的后果会以某种方式作用于行为主体使他承受痛苦"②。当做坏事的人受到惩罚后，他心中也因而生发出责任观念和规则意识。文德尔班认为，这个过程本来很简单，但人们却认为责任概念假设我们不那么做，并且把这种假设命名为自由。这样的话，人们就会认为自由是无原因的，即使是康德也这么认为，并最终导致了"几乎无解的混乱局面"。在这里，文德尔班的立场似乎离开了康德的伦理学，而进入某种后果主义的思路中。我们知道，后果主义基于经验的因果关系，并不涉及形而上学。

文德尔班认为道德责任和因果关系是联系在一起的。从因果关系的角度看道德责任，他区分了三种情况，第一种是从神学形而上学角度，把上帝看作人的本性的原因，这样就把道德责任归于神；第二种是沿着社会学思路，把社会结构当作人之本性的原因，因而道德责任就会归于社会环境；第三种是把人的个体性当作终极原因，"形而上学的来源和人的责任才得以保留。这类理论为各种形而上学的奇思妙想打开了大门，这些奇思妙想无法与任何形式的形而上学唯一论或神学唯一论相调和"③。

结合前文的分析似乎可以得出如下推论：意志自由是一种因果的非决

---

① 《文德尔班哲学导论》，施璇译，第 189 页。
② 《文德尔班哲学导论》，施璇译，第 190 页。
③ 《文德尔班哲学导论》，施璇译，第 191 页。

定论，经验主义是一种因果决定论，意志自由论会导致形而上学的混乱，人为地把简单的事情搞复杂了。形而上学脱离了自然的因果性，但又导致了各种形而上学体系的不统一。文德尔班把分析引入更深层次：如果世上只有自然因果性，那么人类社会就不可能在自然之外引入新的东西，但是人类社会实际上引入了新的东西，这样"我们似乎可以推论出，人类行为必定会开辟出新的因果序列并把它们纳入现存的一般因果进程"①。这种新的因果序列的引入，恰恰是以形而上学的形式得到表述的，这就是伊壁鸠鲁的自由理论。

所以在文德尔班看来，意志自由是一个无法用理论解决的问题，但在实践中又是绝对不可或缺的。"事实上，我们只有从实践的立场出发，才能处理责任问题的实践方面。"②在实践中，人必须为自己的行为承担责任，责任必须来自对自由意志的肯定，但自由意志又是不符合因果规律的，它本身没有原因，或者用形而上学的语言来说，它是自因（causa sui）。文德尔班也认为康德的思路是有意义的，把个体责任归结到形而上学层次，具有自我教育的重要意义，因为它"启发了反面动机或肯定了正面动机"。

但是文德尔班和康德还是有不同之处的，他在这里并没有像康德那样在伦理学中拒斥因果律和经验因素，而是顾及了道德的社会实践意义。这个实践意义并非自在之物意义上的，他也并不坚守康德对现象和自在之物的区分。他说："我们必须把问题当作实践过程来看待，我们无法以任何方式将这个实践过程追溯到对形而上学本性的一般理论思考。"③在他看来，实践的伦理问题独立于"意志的无因果性这个形而上学问题"，所以理论就没有必要把简单的事情变得复杂。

---

① 《文德尔班哲学导论》，施璇译，第 191 页。
② 《文德尔班哲学导论》，施璇译，第 192 页。
③ 《文德尔班哲学导论》，施璇译，第 192 页。

四 简短的小结和反思

文德尔班的《哲学导论》是一部导论性著作，但是内容深入浅出。本文对此书一个章节的分析，很有管中窥豹的效果。在此提出几点小结。

第一，本书作为导论不是某一学派的教义性作品，问题的体系性和逻辑性是本书所追求的，但并非面面俱到，而是抓住重点问题进行深入分析。从分析中可以看出，文德尔班的价值论哲学和道德哲学绝非一种简单的独断论，也并非死守康德主义的"教义"，而是注意到各种学说的长处和局限性，从各种学说的理据入手进行分析，展示它们之间的张力。

第二，文德尔班对康德式伦理学有着深刻的认同，对其他流派的道德哲学也有深入的了解。笔者认为，他试图实现义务论伦理学与幸福论伦理学的整合，在康德式的道德哲学框架中融入幸福论的合理成分。从这个思路延伸出去，似乎可以实现道德形而上学和道德"形而下学"的某种综合。

他重视伦理道德的具体实践方面、道德的心理学因素，以及功利主义的现实基础，这一点很有启示意义。从某种角度来说，文德尔班也是文化哲学的先驱之一。文化哲学是 21 世纪哲学界的新生长点之一，它重视的不是宏观思辨的理论推演，而是深入人的日常生活实践和具体的文化模式的演进和分析，是"形而上"与"形而下"两个层面的综合。文化哲学一方面注重对人的行为模式的理性分析，一方面拒斥纯粹理论思辨的、纯粹理想化的理论推演。文德尔班关注人的具体的经验思维方式，也了解康德的道德形而上学理想性的弱点，表现了 20 世纪初哲学界对思辨哲学模式的一种反思，为文化哲学的转型提供了理论支持。

第三，关于普遍价值问题，文德尔班的思考是很有深度的。他认为伦理学的目标之一是追求道德原则的普遍性，但是他又深刻地认识到这一任务的难度。从更广义的角度来讲，价值论问题涵盖面很广，它以伦理学为出发点，涉及道德问题、社会历史问题，最终通过审美领域走向宗教领域。但是在文德尔班看来，宗教领域的问题也充满了矛盾，价值世界是"具有永恒性和有效性的"，事实世界则是充满了暂存事物的，二者之间的关系依然问题重重。①

　　文德尔班最后认为，二元论问题是终极的无法解决的问题，它表现为事实与价值的矛盾、价值观层面的乐观主义和悲观主义的矛盾。② 这个问题代表着知识的界限，但是现实的价值二元性又是意志活动不可或缺的条件。从这个结论中，我们依然可以看到康德的某种影响。普遍价值是否存在，事实和价值是否统一，依然是一个无解的问题。但哲学问题的重要性并不意味着它一定有固定的答案，也许没有答案才是哲学问题的答案。哲学家的重要性在于，他会给我们以思考问题的方向，揭示问题的复杂性和张力结构。和哲学一样，伦理学也只能在张力中存在，这也许就是文德尔班伦理学给我们最重要的启示。

---

① 《文德尔班哲学导论》，施璇译，第 273 页。
② 《文德尔班哲学导论》，施璇译，第 276~279 页。

第三章　多维视野中的实践哲学

本章试图在更广的论域内思考实践哲学问题，涉及政治哲学、历史哲学和经济哲学，这些既可以看作实践哲学的延伸，也可以看作实践哲学的一部分。当然，因为实践哲学本身包含的内容、涉及的领域特别广泛，所以一个人很难把它的方方面面都研究一遍。由于现代专业学科分工的限制，笔者只能浅层次地接触一些领域，提供一些个人化的思考。

第一节试图从实践哲学角度，对现代化视野中的意识形态问题提出一些宏观的思考。当然因为学力未逮，笔者只是提出了一些问题，而没有深入地进行分析，如果深入下去，应该能够变成一系列的文章或著作。现代社会是意识形态先行的社会，意识形态的领导权（hegemony）是一个非常重要的实践哲学问题，它不仅是一个政治哲学问题，也是一个生活方式问题。

第二节是从历史哲学角度进行的思考。历史哲学应该是实践哲学的一个理论展开，从人的历史维度和社会的历史进程方面来理解人类实践。革命也是实践的一个重要部分，是实践的突进状态。狭义的革命就是暴力革命，但是邓小平拓展了革命的内涵，他指出改革也是革命。从某种角度看，改革可能是更深刻的革命。因而，既然改革还在路上，那么包括改革在内的革命问题在当代依然是一个重要的实践哲学问题。

第三节则是探索实践哲学和经济哲学可能的交集。经济学一直是中国社会科学界中的"显学"，2000年前后的思想界更是掀起了新一轮的"经济学热"。哲学界也日益关注马克思主义哲学和经济学之间的联系，经济哲学研究开始缓慢起步，至今已得到了长足的发展。经济学也属于人类实践范畴，马克思把哲学和经济学熔为一炉，是哲学家关注实践问题的典范。如果不理解人的经济行为，实践哲学就缺少了一种很重要的知识背景。相信经济哲学维度的引入会使实践哲学思考更为丰富厚重，本节的研究也许能为此提供某些启发。

第一节　现代化视野下的意识形态问题：从实践哲学的观点看

从16世纪开始的现代化进程，造就了一个全新的世界，其特点之一就是理性化。在这个启蒙和理性的时代，人试图做自己命运的主宰，观念的力量比以往各个时期更加突出。人们通过理性论证，来形成某些主导性的观念形态，现代性意识形态由此走在现代性的制度建设之前。意识形态问题在现代化进程中的重要性毋庸置疑，本节试图从实践哲学角度出发，对现代化进程中的意识形态问题和两难困境做一梳理。现代人遇到的意识形态两难困境能否解决，是决定现代性能否持续发展的一个重要因素。

一　实践哲学中的意识形态问题

从亚里士多德开始，实践哲学便成为一个不同于理论哲学的哲学部门。什么是"好生活"，如何达到"好生活"，是实践哲学最为关注的核心问题。亚里士多德提出了实践的二分法，即技术实践（创制的知识）和伦理政治实践（实践的知识），在近代西方科学大发展的背景下，技术实践的思想同科学结合起来，造成了西方文明中"技术合理性"和"价值合理性"的分离。从马克思开始，一些现代哲学家就试图终结技术实践和伦理政治实践的分裂状态。随着罗尔斯《正义论》的发表，实践哲学掀起了一个新的高潮，它迫使人们重新思索现代化背景下的"好生活"如何可能的问题。继形而上学、知识论之后，实践哲学似乎成为新时期哲学的另一种"时代精神"。

现代性最重要的特点之一就是理性化。启蒙时代的特点，就是人从传统、经验、习俗和权威的庇护下走出来，用理性来审视一切，理性成为评判一切的工具，也是评判"好生活"之所以为"好生活"的标准。因此，就有了康德的实践理性批判，以及黑格尔从绝对精神出发对实践理性（法哲学）的推演。当黑格尔在《法哲学原理》中按照家庭、市民社会和国家的顺序推导"好生活"的所有要素，经由王权政体进入世界历史，最终到达终极的、绝对的精神王国时，也就意味着"好生活"不能在世俗经验的世界里完全呈现，而只能在绝对理性的世界里显形。此后，绝对完善的理性被证明是不可能实现的，因而也就被哲学家所放弃。所以，黑格尔之后，无限的理性概念变成了有限的理性概念，实践哲学也转入对人具体生存其间的生活世界的探索。①

理性的历程告诉我们，近代理性的发展本来就是一个观念构建的过程，只不过，按照理性原则构建起来的观念体系，比以往任何一个基于经验、习俗、传统和权威建构的观念体系更加严密和自洽，但是，理性的观念体系终究不是绝对真理。没有了绝对真理的现代性，就表现为一系列意识形态的集合。现代性是建立在一整套经过严密论证的观念体系之上的，它必然表现为一系列意识形态②。现代化生活方式的建立，必须经历一系列的意识形态论证，唯如此才能有坚实的基础。可以说，意识形态问题是现代实践哲学的一个根本问题。现代性必须经过一系列严密的意识形态论证，才能成为坚不可摧的。

----

① 20世纪哲学的一个重要主题，就是哲学向实践和生活世界的回归。参见赵海峰《阿多诺"否定的辩证法"研究》，黑龙江人民出版社，2003，第46页。

② 意识形态这个概念比较复杂。笔者采取了一种比较广义的用法，既包括政治性的，也包括非政治性的。意识形态的特点是经过理性论证和广泛宣传，成为深入人心的观念形态。

　　由于现代人生活的世界已经不是一个基于传统、习俗、权威的世界，"好生活"的意义和根据就必须从理性论证中寻找。建立一个什么样的理性生活图景，是现代意识形态必须解决的重要问题。现代性意识形态必须为自己做出强有力的证明，否则"好生活"就不会有根基。意识形态的自我论证，就成为现代实践哲学应许给人类的"好生活"的根据。但问题在于，现代性意识形态不再具有传统意识形态那种深厚坚实的特性。"上帝之死"的危机就表明了这一问题，原因之一就是现代性意识形态内部不是铁板一块，而是有着深刻的分歧和内在矛盾，意识形态领域呈现出多种理念相互分化和分离的态势。

　　现代性带来的文化冲突，是意识形态分化的一个重要原因。现代性是一个世界历史进程，现代化使世界上诸地域之间不再处于各自分离、闭关锁国的状态，而是进入频繁交流的状态，这种状态使诸种关于"好生活"的价值体系发生了直接的冲突。我们常说的"中西古今问题"就是其中的一个重要表现。中国文化在现代化进程中面临着古代与现代的冲突、中国传统和西方文化的冲突，这使"古今之争"和"中西之争"纠缠在一起，难以疏解。这不仅仅是中国的问题，所有东方的后发现代化国家都存在类似的问题，只不过名称不同，如俄国的问题可以表述为"俄西古今问题"，印度的问题为"印西古今问题"，日本的问题则是"日西古今问题"。而这只是现代化的意识形态问题在东方世界的一些表现而已，现代化在西方引起的意识形态之争并不比东方少。

　　我们可以将文明体系分为三个层面：物质层面、制度层面、精神层面。现代化同样可以大致分为物质层面的现代化、制度层面的现代化、精神层面的现代化。现代化在物质文明方面的成就，是没有人否认的，这一点成为现代化自我辩护的最强的理由，物质文明的发展是现代化"最硬的"道理。"为了人类福祉"是现代化最不可抗拒的理由。人类福祉包含的内容中，物质文明肯定是列在第一位的，也是最容易实现的。在实践中，人对物质的追求可能取代和掩盖其他的价值追求，导致物质文明不受制约的畸形发展。至于制度文明和精神文明都包括哪些内容，人类社会还远未达成共识，并产生了许多分歧和冲突。这些也使现代化进程在不同领域呈现出不同的面貌，表现为物质文明和制度文明、精神文明发展的不协调，往往是前者发展了，后者依然在原地踏步。对"什么是现代化的好生活"这一问题，依然没有找到令所有人都满意的答案。

二 现代化进程中的意识形态两难

由于种种原因，现代化进程中出现了很多具有明显差异，甚至互相冲突的意识形态目标，这些目标反映了现代性问题的复杂性。笔者试举几例来加以简单分析和描述。

其一，自由和民主的两难。

实践哲学意义上的自由，即意志的自我决定，大致可以分为"去做……的自由"（free to do something）和"不被干扰的自由"（free from doing something）。以赛亚·伯林后来加以发挥，区分了"积极自由"和"消极自由"，前者是人可以主动去做某事的自由，后者是人能够不受外力干扰的自由。例如，政治上的选举权属于前者，而人身自由、财产权利则属于后者。双方的关系是互相补充、缺一不可的。

自由属于现代化的核心价值之一。现代化开始于封建社会中人身依附关系的解放，个人自由是现代文明的基石，其哲学根据是个人基于理性的自觉和自律。康德的道德哲学给出了在实践哲学领域对自由概念最深刻的论证，其"绝对命令"的根基就是意志自由，这种自由不可避免地属于积极自由。英美哲学家对自由的论证以洛克为代表，基本上聚焦于消极自由，着重列举现代个人所需的各项权利，但是在自由的哲学根据的开掘上达不到康德的深度，并逐渐和情感主义、功利主义合流，这就使个人幸福成为英美式自由的重要的内在根据。现代物质文明的昌盛，带来的是康德式的个体自律要求的逐渐衰减。自由最终成为各种亚文化群体维护自己权益的根据，如各种"非正常"的性行为模式就以个人自由为理据，为自己的行为辩护①。这种自由权利的过度伸张，会对社会道德共识和公序良俗造成破坏。而从康德的逻辑来看，自由是道德的基础，如果没有出于自律的自由（积极自由），道德就不是真道德，就会失去标准，导致伪善横行。从这个例子来看，"消极自由"和"积极自由"有着相互冲突的一面。维持二者的界限，需要审慎和实践智慧。

　　民主是现代化的另外一个核心价值，其精义在于：政事由多数民众自决，而非由少数精英专断。现代国家超越了封建社会"小国寡民"的状态，使直接民主不再可能。而间接民主的形式和程序，又需要很长时间的磨合与博弈才能完善。代议制民主至今已经有几百年的历史，但是其中的弊端又绝非朝夕之间可以克服。比如，政治议题的技术化，使政治事务必须由精英操控，民众对政事的自决，表现在他们对议员的选择权上，然而这种选择权的实施必定有种种限制。重要政事可以由全民公决，但是重要政事的复杂性往往超出民众的理解范围，使民众难以判断②。何种事务可以由精英裁断，何种事务必须诉诸民众抉择，其间的界限和分寸也很难把握，一不小心，民主就有可能在纯粹的精英政治或者极端的民粹主义之间来回震荡。不发达的国家和地区中发生的"民主乱象"，实与上述现象有关。

　　民主与自由之间也有可能发生冲突，尤其在把二者当成纯粹意识形态口号的情况下。由于意识形态的力量，任何国家、地区建设民主自由体制（institutions）时，必须进行意识形态的论证和宣传，而这种论证作为思想运作的特点，往往具有"片面的深刻性"或者诉诸人的情感，这会导致对相关问题的简化处理。当人们按照观念体系建立制度时，则可能把这种简化的特

---

① 当代中国思想界可以李银河为换妻行为辩护为例。她认为，小范围的换妻行为符合"私密性"和"当事人全部同意"的条件，并不会对社会秩序造成影响，这种辩护就是援引个人自由权利的极端例子。在这个例子中，李银河完全混淆了"消极自由"和"积极自由"的概念，她为换妻行为所做的辩护是基于"消极自由"的立场。但在笔者看来，性行为的自由不属于"消极自由"，而是属于"积极自由"，因为这会对其他当事人造成影响，至于这种影响是否是良性的，则完全由当事人的内心感受来决定，而当事人的内心感受可能是多变的，难以观测和评估，"当事人全部同意"似乎是一个太理想化的理由。

② 如美国总统奥巴马的医保改革，其复杂程度，普通民众未必理解。

性带进制度的实际运作中。当面临复杂情况时，最简便的办法是活用当地传统的制度资源，与新制度进行转化和嫁接。在这种情况下，所谓民主和自由的冲突（往往表现为用民主程序立法剥夺个人若干的自由权利）便由此发生。解决这一系列的问题，必须运用实践智慧，而这种实践智慧必须建立在现代化的若干底线共识之上。笔者认为，人类福祉和自由是不可否认的现代化的底线共识。关于人类福祉的具体内容，在物质生活以外很难达成共识。自由的具体内容，由利益各方自己表述。

因此，民主和自由之间往往形成两难抉择，这种两难抉择不仅是在民主和自由之间进行简单的二选一，而且民主和自由这两个概念自身内部也有着种种复杂的问题，如民主和自由的理念如何落实在具体的制度安排上，与各个民族、国家的传统如何调适，民主和民粹如何区分，民主如何变为少数人的精英政治，自由如何才能不被滥用等。

其二，平等和效率的两难。

平等和效率是经济领域的意识形态目标，也是社会主义和资本主义两种生产方式的重要根据。马克思主义者将社会主义和资本主义作为两种先后出现的社会制度和社会形态，在实际的历史进程中，资本主义和社会主义不是相继出现的两类社会形态，而是先后或者同时出现在不同国家的生产方式和经济、政治组织形式，二者有互相渗透、互相影响的一面。从经济政策上来看，社会主义（左翼）代表着高税收、高福利、国企主导、大政府；资本主义（右翼）则代表着低税收、有限福利①、私营经济主导、小政府、大社会（社会组织发达）。通常认为社会主义重视平等，而资本主义重视效率和自由。

平等和效率的冲突是典型的现代化内部的冲突。平等是针对多数人的权利要求。在前现代社会中，不平等是制度化的，而现代化首先在经济上要求个人的平等，其次要求政治平等。平等的要求会掩盖人和人之间不平等的现

---

① 一些被视为"比较纯粹的"发达资本主义国家，如美国，其福利水平可能并不低，但是社会福利的来源、构成、受益人群及具体特点与被视为"社会主义"的国家（如北欧国家）相比有很大区别。

实，个体之间的不平等包括资质的不平等，如某人有体育天赋、某人有音乐天赋，也包括出身、教育条件、成长环境的差异，前者属于先天性的差别，是无法改变或很难改变的，后者属于后天环境的差别，可以通过教育和社会流动而部分改变。人们要求经济上的机会和政治上的权利都实现平等，但是由于平等的条件难以满足，现代社会还是充斥着各种不平等的现象。有些不平等在一定限度内可以容忍，另一些则难以容忍，如教育权利的不平等。即便在美国这样的发达国家，有的学区在传统上属于富人区，其中私立学校的质量会比公立学校的质量要好。而在一些社会主义国家，也存在地区经济文化发展水平不平等，以及教育资源不平等、不平衡的现象。

在经济上，一些传统的社会主义国家的国有企业，因为过度重视平等而导致低效率的现象出现，最后使经济增长缓慢，如苏联和改革开放以前的中国。在资本主义阵营中的一些国家采取高福利高税收的"社会主义"政策，比如，一些北欧国家也出现了经济增长缓慢的现象和债务危机，这些后果会严重影响民生。另一个极端是过于重视效率，可能导致严重的不平等。协调平等和效率的关系需要找到一个限度来平衡二者，使不平等或无效率都被控制在可容忍的范围之内，重要的是要保证社会的活力，这就需要个人自由得到一定程度的发挥，但又不会导致社会解体。

其三，阶级、民族与国家认同的两难。

阶级与民族是现代化进程中两个重要的意识形态主题，它们天然地具有意识形态特点，是形成社会认同、动员社会群体、组织社会运动的主要力量。马克思主义政治哲学采取阶级分析的方法，将社会主义运动推向高潮，其后的社会主义流派也有许多通过阶级立场和相关方法来动员民众、推进变革的力量。列宁主义将政党理论和阶级意识紧密联系在一起，无产阶级政党成为无产阶级意识的宣传者和领导核心。卢卡奇在《历史与阶级意识》①

---

① 此书开创了"新马克思主义"思潮，但是在阶级意识的问题上，笔者认为卢卡奇和列宁有着一定的共性，只是卢卡奇的思路更具有黑格尔哲学的意味。请参见卢卡奇《历史和阶级意识》，杜章智等译，商务印书馆，1996，第 60、70、93~95、104~106、129~131 页。

一书中，从黑格尔哲学的角度重新解读了列宁主义。卢卡奇认为，必须从总体性的方法出发，才能形成无产阶级的阶级意识。所谓总体性方法，就是无产阶级必须持有的辩证方法，其特点是理论与实践统一、阶级意识决定革命行动、具体的革命目标和无产阶级解放的总体计划相统一等。虽然欧洲国家的社会主义革命大多数没有成功，但是阶级意识成为形形色色的原教旨社会主义政党发动群众的工具，在当今的一些欠发达国家（如东南亚、拉美一些国家）依然有号召力，因为贫富分化在相当范围内并未消除。

民族主义也是现代化的产物。随着封建社会的解体，民族国家的出现成为现代化的一个重要现象。民族国家作为"想象的共同体"，其自我认同的来源有二，一是经济、政治、文化的一致性，如长期共同居住、有共同的文化心理结构等，二是人为构造的文化—政治认同。这两个来源很可能交织在一起，互相强化，形成互动的循环结构。民族认同和国家认同有重合之处，也有不一致的地方。在单一民族国家，民族认同和国家认同可以互相支持；在多民族国家，国家认同应该高于民族认同，否则就可能激化民族矛盾。比如，中华民族是由 56 个民族组成的，中华民族的民族认同不能简单地等同于汉族的民族认同，而是各个民族共同的国家认同。

阶级认同和民族、国家认同并不完全一致。政治派别中的"左右之争"，在现实的政治运作中可能分别采取上述不同的意识形态，左翼往往坚持阶级认同，而右翼往往坚持民族国家认同。在第一次世界大战期间，阶级认同和民族国家认同出现冲突，第二国际内部存在"工人无祖国"和"工人有祖国"的分歧，列宁则主张将帝国主义之间的战争变成社会主义革命的契机，由此指责第二国际走机会主义道路。后来各国的工人阶级及社会主义政党分别参加自己国家的战争，客观上导致了社会主义运动的分裂和第二国际的解体。21 世纪初，在发达国家的意识形态中，民族—国家认同占据优势地位。以美国为代表的多民族国家采取消解内部各族群认同的方针，多年来，美国一直采取"大熔炉"的民族融合政策，并不强调内部各族群的自我认同，而是强调以自由、民主、人权为主要内容的意识形态认同，其结果是种族问题得到了缓解。奥巴马成为总统，代表美国的少数族群问题已经进入一个新的阶段，这个阶段的族群冲突可能更加缓和，各个族群更多地在国家利益和政治认同的考量中被整合起来。但是美国的种族问题并没有完全解决，可见美国的实践也有其局限性。

其四，进步主义和保守主义的冲突。

现代化的核心是进步主义立场，即相信人的物质、制度和精神文明都必然走向进步、得到提升，这是现代化内在的观念基础，它作为牢不可破的信念被大多数人所接受。进步主义的尺度依然可以分为物质、制度和精神三个层面。物质进步和人类幸福感的提升，是基本上得到所有人公认的现代化目标。即使是对现代化批判得最猛烈的人也无法抗拒现代生活的舒适和便利，无法想象没有机器、电力、现代交通的世界。制度的现代化，也就是民主、自由、法治、人权、世俗化、政教分离等方面的进步，虽然已被大多数人所认可，但是对这些制度目标的具体理解也有着分歧。因为后发现代化国家和地区对这些制度的实践并未采取一致模式，也并不是所有国家和地区都在同一种意义上认同这些目标，有的地方有相当的保留。

而人的精神层面的现代化，基本上以人的主体性为核心，在实践哲学上基本离不开功利主义和康德哲学所描绘的道德主体，前者从情感和功利计算出发，推导出道德情感和利他主义逻辑，后者从自律的自由意志出发进行推论。但是在现实中，必须承认人性无所谓善恶，也不存在进步。现代人的善性，并不比古代人更善良。现代社会中民众表现出的公共性的善，主要是制度之善，以及"礼乐教化"的结果，包括传统文化的影响。不得不承认的是，上述三个层面的进步并不是同步的，而是在相当程度上存在不匹配的现象。更吊诡的是，物质的进步反而可能诱发人性之恶，使三个层面呈现出相当不平衡乃至扭曲的态势。

现代化从开始的那一天起，就遇到反对的力量。保守主义作为一种思潮，是对现代化的反思乃至批判①。英国思想家柏克发表的《法国革命论》被认为是保守主义出现的标志，迄今为止，现代意义上的保守主义已经有二百余年的历史，依然有着不可忽视的影响。保守主义不是一个哲学流派，而是一些倾向的集合。其主要特点是：认为现代化不是人类唯一可取的道路，反对激进的理性主义，持温和的经验主义立场，认为人类的缺陷不可克服，人性在原则上不能改善，人类的理性是不完全的，必须承认传统和习俗有不可替代的重要性，重视社会的道德秩序，不把平等当作可欲求的目标等。保守主义抓住了现代化进程中一些深层次的问题，它提出的解决问题的方案可能不现实，但抓住了一些问题的本质。其核心是进步观念以及自由、民主等意识形态架构如何可能的问题，这个问题也直接关系着现代化的"好生活"能否实现。

回到本文一开始提出的问题，现代化必须自我辩护，而自我辩护是否成功，既取决于上文提到的自由/民主、平等/效率、阶级/民族/国家这些存在差异的意识形态架构之间如何调适、如何划界，也取决于现代化如何回应保守主义的挑战。这些彼此不同乃至互相冲突的目标和理念，有着各自的基础和根据。这些基础和根据，就扎根在生活世界和生活形式之中。现代化能否成功，最终取决于我们选择什么样的生活形式和生活世界。意识形态问题必须回到生活世界中，才能得到现实的解决。

三　意识形态和生活世界关系的重建

综上所述，现代世界是一个"意识形态先行"的世界，正是意识形态塑造了现代世界的制度和观念结构，从根本上决定了现代世界的大致走向，这

---

① 对现代化的反思和批判可以从两个方向进行，新马克思主义和后现代主义主要是从"左"的方面对现代化进行批判，即认为现代化未能完成自己的目标，要超越既有的现代化模式，将现代化向前推进；一些保守主义者则是从"右"的方面来批判现代化，即认为现代化本身的问题是无法解决的，或者无法彻底解决。

一局面的根源就是现代性的核心特点——理性化。绝对理性主义产生了各种绝对性的意识形态，黑格尔哲学解体之后，绝对理性日益没落，人类明白了自身的理性化运作其实是有局限性的，由绝对理性变为相对理性，各种复数形式的意识形态也就成为"片面的深刻"和"深刻的片面"。有鉴于此，意识形态必须消解其神圣不可侵犯的特性。现代人离不开意识形态，但意识形态又不一定是唯一的，还可以是多元的；不是绝对不可置疑的，而是可以演进和调适的。要找出为意识形态"祛魅"之路，就必须回归生活世界。

意识形态来自生活世界，所以，解决意识形态的问题，首要的是厘清它和生活世界的关系。意识形态体系的建立，是生活实践观念化的结果，人类思维将生活世界中的现象总结为观念体系，用理性的方式将其彻底化、哲学化。意识形态的绝对化，就是将上述过程变为一个唯一、普遍而不可置疑的终极信念，具体的个人又从小我的利益出发，借用或者滥用意识形态的名义，造成一种意识形态的控制。这样，意识形态就变成了福柯意义上的"话语霸权"，在这种权力话语之下，个体的生存意义便失落了，因为他除了服从意识形态之外，别无其他的生存意义。人的自由、平等、幸福、解放的具体内容都被掏空，生存意义最终丧失，这就是福柯所说的"人之死"。现代人和意识形态的关系，就由"我在说话"变成了"话在说我"。

意识形态要重建自身和生活世界的关系，首先要"去绝对化"，即消除自身的绝对化色彩，明确自身的限度，不能用一种意识形态去清除和排斥另一种意识形态，而是要加强不同思想、立场、观点、方法之间的对话、交流和互动。要了解"好生活"不是一元的、排他的，而是多元化的；要了解意识形态本身的有限性和非唯一性，不能将它绝对化。

其次，要改变"观念先行"的做法，承认意识形态和观念体系是从生活中来，不能完全割裂观念体系和生活世界的关系，不能将二者的关系完全倒置，也不能用意识形态决定生活世界，而是要用生活世界定义意识形态。如"讲好中国故事"这个命题，就是要去除意识形态之"魅"，去除"滥用大词"的现代性弊病，用生活世界的丰富多彩来填充"意识形态空场"。

再次，调和进步与保守主义，承认在现代化的世界里，传统、习俗、经验等依然有其合理性，不能完全拒斥。这要求我们反思现代性所包含的激进的"进步"观念，改变物质文明突飞猛进、精神文明和制度文明停滞不前的困境，改变物质文明和制度文明、精神文明不同步的畸形状态，在肯定进步的价值的前提下吸收保守主义的合理成分。

最后，激活微观视域。近年来学术界活跃的微观历史学、微观政治哲学[①]等思潮，是反抗启蒙主义意识形态"宏大叙事"的利器，可以加以借鉴，尽量消除意识形态的僵化特性，改变滥用"大概念"而漠视个体生存的具体处境的倾向。

从哲学层面看，理性观的变革是 20 世纪的趋势，即从绝对理性的立场转变为"相对理性"的立场。从历史唯物主义的角度看，还要持有"演进的理性"的立场。因为理性既然是相对的，就意味着它不是一次完成的，而是演进的、历史性的。可以借用经济学术语"路径依赖性"（path dependence，即人以前的选择影响以后的选择，现在的选择受以前的路径制约）来理解理性演进的具体路径。从而，理解意识形态也必须遵循具体的历史分析的方法，不能随意泛化意识形态，也不能不顾国家、民族、地区的具体情况而随意地移植、挪用。

现代意识形态面临着冲突和困境，上文列举的仅仅是意识形态冲突及困境的一部分表现，其根源在于人类生活世界和生活形式的冲突和困境。解决上述问题，必须从克服生活世界和生活形式的冲突入手。由于人类分成不同民族、国家和地区的态势将长期存在，意识形态的冲突也将长期存在，但随着人类交流的日益深入，不可调和的冲突也有着逐渐变得可以调和的希望，本着求同存异的精神，各种意识形态也有共存的可能。笔者相信，随着上述思维方式的转换，"祛魅"之后的意识形态将逐渐褪去它咄咄逼人的色彩。人是一种观念动物，这就决定了完全摆脱意识形态是不可能的，但是摆脱绝对

① 参见彼得·伯克《法国史学革命：年鉴学派，1929~1989》，北京大学出版社，2006；衣俊卿《论微观政治哲学的研究范式》，《中国社会科学》2006 年第 6 期。

意识形态的控制，实现意识形态之间的交流，及不同意识形态目标的调适，则是可能的。这也使我们对未来的、属于现代化的、既有民族性又有世界性的"好生活"抱有期待的理由。

第二节　实践的突进和延续：论革命的历史哲学内涵

马克思主义是革命的理论，它脱胎于马克思的革命要求，最终导致了现实的革命。马克思的哲学思考使革命问题成为实践哲学的核心问题之一，这个变革本来就是对实践哲学传统的一次革命、一次突进。在这一节里，笔者将从历史哲学的视角出发，考察中西哲学和20世纪马克思主义哲学对革命概念的思考，探索革命在实践哲学传统中的意义。

一　革命观念的演变与内涵

按照阿伦特的说法，革命一词最初是一个天文学术语，指的是一种循环往复的周期性运动。[①]卡尔佛特认为，革命在意大利语中的最初含义是指行星到达某个交接位置的突然变化。[②]这两种说法预示了革命一词的两个似乎互相冲突的内涵：一为循环，一为突变。这两种看法的背后实际上代表着两种不一样的历史观：循环论和目的论。我们所熟悉的革命历史观来自一种目的论的历史观，关于这种历史观的起源，还需要另外加以梳理。

阿伦特认为，革命一词在政治上的使用，应该从1688年的"光荣革命"开始，它的表面意义是王权的复辟，是君主权力恢复了以往的荣光。[③]但是，

---

① 阿伦特：《论革命》，陈周旺译，译林出版社，2007，第31页。

② 卡尔佛特：《革命与反革命》，张长东等译，吉林人民出版社，2005，第3页。

③ 阿伦特：《论革命》，陈周旺译，第32页。

在王权复辟之前的内战中，平等派的出现，以及一个全部由下层民众组成的政党、激进的行动纲领、革命领袖之间的激烈冲突，都预示着法国大革命模式的即将出现。[①] 这种模式体现了激进暴力、推翻旧制度、国家机器和旧观念，以及采用卢梭倡导的普遍民主制等一系列特点。这种革命观念的历史哲学背景是一种与过去决裂的进步观，而且是一种为了某种目的的进步观。这种进步观认为历史的规律是上升的，人的自由和解放是历史的终点。雨果在《悲惨世界》中借助革命者安灼拉之口说出了这样一番道理：

> 公民们，你们展望过未来的世界没有？城市的街道上光明普照，门前树木苍翠，各族人民亲如兄弟，人们大公无私，老人祝福儿童，以往赞美今朝，思想家自由自在，信仰绝对平等……
>
> 公民们，十九世纪是伟大的，但二十世纪将是幸福的。那时就没有与旧历史相似的东西了……革命是付一次通行税。
>
> 弟兄们，谁在这儿死去就是死在未来的光明中，我们将进入一个充满曙光的坟墓。[②]

这段话体现了鲜明的目的论思想，这种目的论思想在哲学上可以上溯到亚里士多德，并在基督教历史观中被发扬光大。弥赛亚主义、末世论、乌托邦精神的一脉相承，为革命思想提供了丰富的资源，关于现代性的历史哲学起源于这种革命思想。换句话说，正是18世纪的法国革命，而不是英国革命，为现代性叙事提供了经典意义的模板和发源地。

也正是在法国大革命中，革命所隐含的另一层含义得到了显现，这就是不可抗拒性。不可抗拒性的理念来自天道的循环运动规律，但是人们普遍认为，采取这个意义就意味着旧的名词具有了新的政治意义。[③] 这种不

---

① 阿伦特：《论革命》，陈周旺译，第32页。
② 雨果：《悲惨世界》，李丹、方于译，人民文学出版社，1992，第1452~1455页。
③ 阿伦特：《论革命》，陈周旺译，第36页。

可抗拒的观念后来演变为历史的决定论。我们可以注意到，法国大革命之后，历史哲学获得了长足的发展，黑格尔的历史理性主义是法国大革命历史观的一个理论结果。"从理论上说，法国大革命意义最为深远的后果，就是黑格尔哲学中现代历史概念的诞生。"①黑格尔哲学的现代历史观念，结合了历史决定论和历史目的论。这种历史观念以人的世界历史为某种绝对精神或者神的意志的表现，它通过反复曲折的系列运动来实现自身，目的是普遍意志的最终实现，这种历史的终点往往被表述为一个开放的无限过程。

决定论的革命观念通过马克思主义的理论与实践再次得到了强化。俄国十月革命成功以后，斯大林对历史唯物主义的发挥，强化了历史进程的决定论性质，他把社会五大形态的演变看作"铁的必然规律"，把历史唯物主义的社会变革模式看作绝对必然的。革命的不可抗拒性使自身成为绝对目的，而忽视了马克思的人的全面发展思想的人道主义特性。最终结果正如大家对马克思主义教科书的批评一样，只见"物"而不见"人"，只见必然的历史规律而不见人的实践的主体性、能动性。人们把革命看作一个必然过程，个体仅仅是必然过程的牺牲品。这在中国社会主义建设的过程中，表现为革命话语的扩大化和终极化，"革命无罪、造反有理"这一口号正代表了"革命"取代"人的发展"成为历史的唯一目的，作为一种手段的革命终于成为目的本身。真正的目的——包括中国社会的转型、官僚制的批判、生产力的发展、人的发展——反而被搁置和遮蔽了。

正是在法国大革命中，革命和改良的矛盾首次凸显出来。政治思想上的"左""右"派别之分最初就是来自雅各宾派和吉伦特派在国民公会中的座次之分。实际上，二者都是革命派，分歧在于对革命方式和目标的理解不同。吉伦特派和雅各宾派的革命思想，大致对应着对"革命"概念的英国理解方式和法国理解方式，"左右之争"的实质是革命道路的英法之争、改良与激进

---

① 阿伦特：《论革命》，陈周旺译，第40页。

之争。对这个问题，时贤多有论述。但是在 20 世纪 90 年代，学界"告别革命"之风骤起，人们往往认为英法两条道路是不能共存的，这种理解未免过于简单。革命和改良的分歧不是革命与不革命（或者反革命）的分歧，而是如何革命的问题，是通过相对激进的暴力形式革命还是通过相对和缓的非暴力形式革命的问题。

当然，我们不能把所有的变革都称为革命，只有社会结构发生重大变化或者本质变化的变革才能称为革命，如 1688 年的"光荣革命"虽然是很少流血的革命，但其本质上确立了资本主义的君主立宪政体，这个政体和《大宪章》时期的政体有着本质区别。而中国历史上的多次王朝更迭、政权更迭虽然给社会带来了巨大创伤，但并不涉及政体的变化和社会结构的变化，所以不能把农民战争、改朝换代统统误认为是革命。革命彻底与否的标准不在于流血，而在于是否带来了社会结构的深层次变革。

与之相关的另外一个误区就是认为非暴力形式不是革命。对这一误区的批评实际上已经被邓小平提出，他的名言"改革也是一场革命"最为人称道。这一论断的实质是对革命一词进行新的界定和拓展。中国改革按照"摸着石头过河"的试错模式，目标和具体内容几经转换：20 世纪 70 年代末的家庭联产承包责任制实现了解放生产力、激发农民的生产积极性、缓解财政危机的目标；80 年代以来，城市的金融体制改革、财政体制改革、户籍制度改革、国企改革等措施进一步将改革推向纵深；目前改革的方向正在向更深刻的社会结构转型挺进。这一系列的体制改革实际上触及了中国社会结构的深刻变革，从这个角度看，目前的改革不仅仅是社会主义国家内部的改革，还是中国 2000 多年来的社会结构、文化模式的转变。改革开放的过程和中国现代化的过程是同一个过程，中国现代化一旦完成，改革也就实现了它的目标。从这个角度来讲，中国的改革是革命，而且是最彻底的革命，其彻底程度其实已经超过了简单的暴力革命。

二　中国传统革命观的误区

在谈论革命的时候，中国传统的革命观也是不可忽视的因素。要理解中国传统的革命观，就不能不理解传统的历史观。中国传统的历史观是一种道德历史观，评价历史的标准是道德化的。儒家的历史观以历史退化论为主要特色，之所以做出历史退化的判断，是因为历史的建构是掺杂着道德标准的，从道德标准出发，自然是上古三代最好，因为上古三代的经验都是文字所建构的，已经成为投射想象的对象。这种道德史学观至少从孔子作《春秋》时就开始了，如法家代表人物韩非说："上古竞于道德，中世逐于智谋，当今争于气力。"[①]可见这种历史退化论不仅仅是儒家的主张，道家和法家也有类似的主张。

在历史退化论之外，儒家历史观还有循环论的特色。西汉董仲舒提出的三统说，就是一种历史的循环论。他提出了一种神秘主义的循环史观，认为每个相继的朝代都要改正朔、易服色，就起居饮食和制度的具体形式做一些改变，自成一统，以应天命。每年 12 个月中，有 3 个月可以作为岁首（正月），即子月（现时农历十一月）、丑月（农历十二月）和寅月（农历正月）。一个朝代以某月为岁首（正朔），就要确定相应的朝服、车马仪仗等的颜色。夏代以寅月为正月，其时"天统，气始通化物，物见萌达，其色黑"，于是夏朝的朝服、车马仪仗等都尚黑，是黑统。商朝以丑月为正月，其时"物始芽，其色白"，因而商朝尚白，是白统。周朝以子月为正月，其时"物始动，其色赤"，于是周朝一切尚赤，是赤统。这就是"三统"。董仲舒认为三统循环是天意的显示，每个朝代的新统治者受天命为王，都必须按照在三统中循环的位置，相应地确定和改变正朔、服色等。否则就是"不显不明"，违背天志。董仲舒强调，"王者有改制之名，无易道之实"，认为正朔、服色随朝代的改变可做必要的改变，

①《韩非子·五蠹》。

但作为社会的根本大"道"，诸如三纲五常，是永远不能改变的。

儒家历史观中也有循环进化的说法，以公羊学的三世说为代表，东汉的公羊学家何休把历史分为三个阶段——据乱世、升平世和太平世，认为它们是依次进化的关系。康有为后来举起公羊学的大旗，重新解释三世说。《中庸》引用了三部文献来说明道德修养不断提升的道理：其一，成汤《盘铭》中的"苟日新、日日新、又日新"；其二，《康诰》中的"作新民"；其三，《诗经·大雅·文王》中的"文王在上，于昭于天，周虽旧邦，其命维新"。在最后一个例子中，"命"主要解释为使命，但这也是天命所要求的变革。

不管历史观是进化、退化还是循环，中国的古人都认为天命需要变革，即使董仲舒主张天道不变，也不能否认天道的具体变化。中文"革命"一词的原始含义就是指天命的变革。《周易》"革"卦云："天地革而四时成，汤武革命，顺乎天而应乎人，革之时大矣哉！"汤武革命的例子成为改朝换代的经典例子，"革命"一词也成为改朝换代的理论依据。在汉代，道家学者黄生与儒家学者辕固生发生过一场争论：

> 清河王太傅辕固生者，齐人也。以治诗，孝景时为博士。与黄生争论景帝前。黄生曰："汤武非受命，乃弑也。"辕固生曰："不然。夫桀纣虐乱，天下之心皆归汤武，汤武与天下之心而诛桀纣，桀纣之民不为之使而归汤武，汤武不得已而立，非受命为何？"黄生曰："冠虽敝，必加于首；履虽新，必关于足。何者？上下之分也。今桀纣虽失道，然君上也；汤武虽圣，臣下也。夫主有失行，臣下不能正言匡过以尊天子，反因过而诛之，代立践南面，非弑而何也？"辕固生曰："必若所云，是高帝代秦即天子之位，非邪？"于是景帝曰："食肉不食马肝，不为不知味；言学者无言汤武受命，不为愚。"遂罢。是后学者莫敢明受命放杀者。①

---

① 《史记·儒林列传》。

这段争论说明，汤武革命的合法性虽然在儒家经典里存在，但是也有不利于统治者维持秩序的一面，所以统治者在论证自己的王朝取代上一个王朝的合法性时，才利用"汤武革命论"，而在强调统治秩序的不变性时，一般不会用"汤武革命论"。

中国传统革命观的误区还在于：天命的变革是没有标准的，既然每个朝代的变换都可以用天命的变革来形容，其结果一定是"天命无常""天命难测"。这种对于天命的看法和道德历史观结合在一起，内在地赋予了天命以道德的尺度，认为道德修养是符合天命的。这种革命观和西方革命观不同，它的局限性是不能理解社会结构的变化。中国思想家通过对历代政治得失的研究，也会涉及政治体制、社会结构的变化，如对封建制与郡县制的思考（以柳宗元《封建论》为代表）等。但是这种研究在某种意义上大多是经验性的总结，没有上升到更深的理论层面。所以，改朝换代虽发生了许多次，但是对社会形态意义上的革命缺乏研究。例如，现代学者对中国封建制的研究也是一个一直没有解决的老问题，秦代以后的中央集权制算不算封建制还存在争议。

三　对中国社会革命的历史哲学思考

自鸦片战争以来，中国社会的变革逐渐融入世界历史，彻底地改变了中国历史的面貌。传统的改朝换代的革命话语就此失灵，中国社会的变迁必须纳入世界历史中去加以考虑和研究。

最早用"革命"一词翻译 revolution 的是 19 世纪的日本人，梁启超等人对此进行了挪用。1902 年，梁启超撰写《释革》一文，区分了 revolution 和 reform。他认为，前者是激进的变革，后者是缓慢的改良；前者是整体的变革，后者是部分的变革。他指出王朝的更替并不是革命，只有 1688 年的英国革命、1776 年的美国革命、1789 年的法国革命才称得上革命，这篇文章可以说是近代人论述革命概念的力作。梁启超的理解，已经非常接近社会结构和社会形态革命的意义。

马克思主义的传播，给了革命理论以新的思想资源。辛亥革命以后，清末革命派的理论转变为国民党的革命理论。马克思主义传入中国以后，中国共产党建立，马克思主义的革命理论和中国具体实际相结合开启了马克思主义中国化的历程，毛泽东提出了新民主主义革命理论。1949年新中国成立，1953年确定了社会主义过渡时期总路线，开始在农业、手工业、资本主义工商业中进行社会主义改造。1956年社会主义改造宣告完成。

邓小平的"改革是第二次革命"的说法，在革命观上具有重大的理论创新意义。通常对这句话的解释集中在解放生产力、发展生产力上，但是这句话还有着更为丰富的内涵，政治体制的改革、城乡二元体系的改变、贫富分化的消除、民主与法治建设等内容都在其中。改革的最终目标必然是整个社会的现代化和人的现代化。中国的社会结构、政治体制、公民权利等，都有着大量的前现代残余，例如：在社会结构方面，按照职业、身份确定人的社会等级，整个中国社会残留的等级观念还有很大市场，强势群体占据着过多的社会资源，城乡二元对立的现实使农民和城市低收入者的权益受到损害；在政治体制方面，政府决策在很大程度上还是"一把手"说了算，政府权限过大，基本还是保持着"大政府、小社会"的格局，在一定程度上阻碍了市场经济的发展；在公民权利方面，法治建设不完善，使法律对弱势群体的利益保护不太到位，很多人寄希望于"清官"的良心发现。这些问题都是改革所必须解决的问题，而且必须以非暴力方式渐进地解决。邓小平丰富了革命一词的内涵，承认暴力不是革命的唯一途径，渐进有时也是革命的形式。

综上所述，中国的改革是一种非暴力意义上的渐进革命。无论改革采取什么样的具体路径，改革的目标始终不能变。在某种程度上，社会舆论对改革的评价已经出现了分歧，这种分歧是改革过程中出现的某种误区导致的。改革过程中出现了一定程度的两极分化和贫富不均现象，这可能导致相当严重的社会危机。对这种现象的不同评价是所谓"新左派"和"自由主义"之间的一个重要分歧，前者认为，两极分化现象是市场经济和资本主义生产方式的必然结果，改革已经背离了社会主义方向；后者认为，两极分化现象恰恰是市场经济不健全的表现，如果有了完善的市场经济，就可以避免两极分化，所以现在的改革应该深化，而不是停止。笔者认为，把改革看作第二次革命，看作革命的深化形态，正是理解改革实质的关键。只有明确了改革的目标和路线，才能真正理解我们的改革应该朝什么方向走，以及改革进程中的种种现象。

第三节　实践哲学视野中的经济学与经济哲学

经济哲学是经济学与哲学的交叉学科，实践哲学与经济哲学具有本质上的联系，马克思第一次使经济学有了哲学的含义，使经济哲学深入哲学的基础。经济哲学的产生也来自现实问题的要求，其本身的发展代表了哲学向实践、文化和生活世界的转型。马克思主义经济哲学对人的本质的特殊方面做了独特的探讨，统一了规范性与描述性，超出了通常理解的狭义的政治经济学的范畴。

经济学是现在的"显学"，哲学则是过去的"显学"。作为经济学与哲学交叉学科的经济哲学的兴起，反映了人们对这两门学科认识的深化。

马克思所开创的实践哲学，可以为我们理解经济学和经济哲学提供一个独特的视角。实践是马克思哲学的核心，是人类自由自觉的活动，作为人类不同于动物的本质规定，它的核心就是人的主体性；作为人的具体的、现实的行为，它表现为人在日常生活和非日常生活领域的一切活动。人的现实经济行为是实践非常重要的外在表现，也是人类实践的一个本质向度，这就为马克思主义哲学和经济学建立了逻辑上的联系。因此，下文所论述的一切内容都与马克思实践哲学的内在规定有关，经济哲学的产生和发展都可以放在实践哲学的视角下来观照。

一 实践哲学与经济学的本质联系

经济哲学不是哲学在经济领域的简单应用，也不只是对经济学方法论的复述与简单提升。哲学以具体科学为对象，进行"元"(meta) 理论的研究，作为元理论的哲学虽然可以以某一学科或领域为对象，但其原则、方法、结论并不局限于它所研究的对象，而是具有更普遍的意义。经济哲学同样取得了"philosophy of x"的形式，虽然不能深入传统哲学的核心和基础，但是作为部门哲学，也越来越成为实践哲学不可或缺的一部分。笔者认为，马克思的哲学与传统哲学的不同之一恰恰在于，从经济学角度和经济领域出发对人的研究已经进入了哲学的基础和核心。马克思关注的实践概念正是以人的现实的生产劳动作为基础和核心，其哲学革命跨出了哲学的传统界限，使"卑微的犹太人的活动"受到哲学前所未有的关注。如果说有人使经济哲学具有了普遍的意义，那么这个人就是马克思。

在马克思以前，也存在经济学与哲学联合的现象，但不是哲学的主流，人们常把哲学当作不食人间烟火的形上玄思，从此种观点来看，哲学和经济学当然没有直接联系，但马克思创立实践哲学代表了哲学视点的"下移"，哲学被证明是关注人类现实生存状况和解放的学科，哲学的领土已从天国下降到人间，必然和经济学产生直接联系。马克思的经济学研究为世人提供了光辉典范。

探索人的本质是哲学的任务和特色。人的本质在现实中不是一个点，而是一个复杂的多面体。就像人在社会中同时扮演着许多社会角色一样，人的本质在不同的现实生活领域也表现为不同的侧面，法律、经济、政治、宗教、艺术各学科研究的对象分别是"法律的人""经济的人""政治的人""宗教的人""艺术的人"等，这些具体的人的概念虽然视角和研究领域不同，但它们都包含在人的本质规定性中，不研究这些具体的"人"，就不能深刻了解人的本质。对这些具体的"人"的研究，可以拓展和深化我们对人的本质的研究和理解。马克思的实践哲学认为，我们无法离开人的现实规定性的具体侧面来考察人的本质。经济学所探讨的人性，是人的现实本质的一个最为重要的侧面。即便是从规范性的角度出发，我们也不能使人的理想脱离其现实生存，总要在现实性中寻找它实现的基础。过去的哲学家总是在设想整全的人格和理想的境界，但由于对现实性的理解与理想性的理解相差太大，不能在两者之间建立正确的联系，反而在此岸和彼岸间划出一道不可逾越的鸿沟，使理想的实现也成为不可能。所以，马克思的工作的重大意义在于：借助经济学研究，把规范性和现实性统一在一起。

从实践哲学的角度讲，人最根本的行为之一就是经济行为，它是其他一切行为的最终决定性力量。这样，经济学就成为实践哲学的一个内在尺度。以往哲学考察人的本质的方法和角度，基本以规范性为主要特色；但是，探讨人的现实生存状况，就需要把握描述性尺度。笔者承认，哲学与经济学不同，必须以规范性为主要特色，但实践哲学的特殊性之一就在于它不为传统哲学所重视的描述性尺度。

经济学家迈尔森认为，经济学是关于人的理性选择的一门科学。[1] 这一定义是有道理的，它基于新古典经济学的核心假设，即"理性经济人"假说。经济学中使用的"理性"概念基本是一个描述性概念，而哲学的"理性"概念则带有规范性的意味，实践哲学的核心概念是人的实践；它把理性和非理性统一起来，也把理性的规范意义和描述意义统一起来。经济哲学所研讨的人和理性的概念也应建立在上述统一的基础上，它是对人的经济行为的哲学审视。

马克思主义政治经济学本来就有经济哲学的性质，它一方面是对人的历史性存在的哲学反思，另一方面是现实的经济学研究，是我们现在建立经济哲学的典范，但经济哲学并不仅限于政治经济学。现在对经济哲学的建构，应在马克思主义政治经济学的基础上，广泛吸收现代经济学的成果，对它的

---

[1]　张维迎：《经济学：理性选择的科学》，《读书》2000 年第 6 期。

问题与方法进行反思，把这两种不同的经济学方法熔为一炉。经济学的发展要求经济哲学也随之发展，但迄今为止，这种发展经济哲学的任务主要由经济学家来承担。在经济学史上，许多经济学家从经济学角度出发，对经济学方法论和经济学的哲学问题做出思考，如亚当·斯密、约翰·内维尔·凯恩斯、罗宾逊夫人、马克·布劳格等，笔者希望有更多的哲学家能像马克思那样，对经济哲学展开深入的研究并做出贡献。

二　经济学内部的哲学转型

纵观经济学思想的演变历程，可以发现其内在的哲学视角的变化，这种变化实际上与 19~20 世纪的哲学转型有关。这种转型可以归结为哲学向实践、文化与生活世界的回归，这种回归从马克思开始，在西方现当代哲学的不同流派中得到了不同角度和方向的体现，其主要的表现是：无限理性转为有限理性和非理性、绝对主体变为有限主体和交往主体、文化和人的具体生存方式受到重视、形上学的衰落等。这一哲学转型反映在经济学领域，就有了一些不同于哲学本身的特点和表现。

由古典政治经济学到马克思的政治经济学，其中发生的哲学视角的变化，在张一兵的《回到马克思》一书中已经有了精彩的说明。张一兵认为，资产阶级早期政治经济学中已经存在一种在社会生活中肯定物质生产和客观经济关系的唯物主义观点，它既不同于自然唯物主义，也不同于马克思的历史唯物主义，而是一种社会唯物主义，是马克思实践哲学的最初来源。[①]这种社会唯物主义向历史唯物主义的转化是经济学发生的最大的几个转变之一。

"边际革命"是对经济学发展影响重大的另一个变革。它离开了古典经济学关于价值的客观性理论，把客观价值论转变为主观价值论，在马克思主义政治经济学之外另辟蹊径。主观价值论的优点在于，它离开了客观价值论的

---

① 张一兵：《回到马克思》，江苏人民出版社，1999。

形上学预设。客观价值论隐藏着一个形上学预设：纷繁复杂的现象背后，一定有一个不变的本质，即现象的内在根据。从古典政治经济学到马克思，都试图为商品的价格找到一个不变的内在承担者，他们找到了人的劳动。马克思关于物化劳动和活劳动的严格区分，对这个内在的承担者做了更为严格的限定。这个区分在马克思的时代是非常有道理的，但在科学技术革命以后的当代社会，"科学技术是第一生产力"的观念已经深入人心，物化劳动已被证明是价值的一个重要来源。

从实践哲学的角度看，物化劳动也是人的实践的重要组成部分，是人的活动表现为物的形态。更重要的是，价格的变动是必要的，它反映的供求关系表征着商品的短缺程度，人们面对相同的产品，愿意支付的价格却有所不同，这是必然的。客观价值论的缺陷在于，它不注重对商品在现实中短缺程度的衡量。价值如何确定、价值与劳动是否有直接关系、商品能否完全按价值出售等一系列问题实际上都涉及经济学的规范性质。马克思的规范性诉求使他设想了一个关于未来的经济形态，在这种经济形态中，产品可以按价值分配，但这样的一种规范经济学并不能排斥其他类型的经济学的存在根据。

在市场经济越来越发达的历史背景下，主观价值论不会失去用武之地，它主要用描述的方法而不是规范的方法来分析问题，处理市场经济条件下的价格决定方式。它对价值由谁决定的问题并不是不回答，而是认为在现实的市场经济条件下，追究决定价值的原因不如追究决定价格的原因更有意义。由于市场经济在社会主义社会依然存在，用它分析现代中国的经济发展状况也是可行的。主观价值论绕开抽象的价值决定的争论，其实是否定了现象与本质绝对二分的哲学思考模式。

主观价值论的另一个优点在于，它从描述的角度关注主体，从另一个角度确认了马克思主义关注的个体主体性。在古典理性观中，个体主体的需要是不被重视的，总是被当作微不足道的特殊性而被忽略。马克思的哲学反对这一理性观，把有生命的个人的存在，即把特殊性当作哲学的前提。但马克思和他的后继者总是无法摆脱普遍性诉求，马克思主义哲学后来又出现了忽视个体的倾向。这是因为个体是特殊的、有限的，谈个体总是离不开描述性，马克思主义内在的规范性倾向使它不能长久地停留在描述性的尺度之上。从终极角度来看，马克思主义作为一种以人类实践为中心的哲学，必然关注"此时此地"具体的历史的经济基础和经济行为。

主观价值论集中讨论价格的决定和变动方面，因为这表现了个体的不同偏好，正因为人们有着千变万化的偏好，交换才有可能继续存在。客观价值论重视价值决定的客观方面，而忽略了主观方面，忽略了个体的偏好、欲望、需要等主观要求，在马克思的唯物史观中，人的需要是历史和实践的前提，主观性一旦上升为客观性，个体的地位就丧失了。客观价值论产生的上述问题，必须由主观价值论来加以补足。劳动价值论并非不可变动的教条，也不是没有约束条件、适用于任何语境的，而应随着具体的经济基础的变化，做相应的调整和补充。

理性是经济学和哲学都非常重视的一个核心概念。现代经济学中的许多变化，都反映了理性观的变化。现代主流经济学的"经济人假设"源于亚当·斯密，认为经济人是自利的，能根据自己的市场处境判断自身的利益，从而实现利益的最大化。这种理性观认为存在一个无限的理性，假定个人的理性是完善的，个人理性和集体的理性没有差异。西蒙提出"有限理性"的概念，认为人的认识能力是有限的，客观环境是复杂的、不确定的，信息具有不完全性，获得信息要付出成本，这些原因导致人的理性是不完善的。从经济学的描述性尺度讲，理性是指追求约束条件下的最大化。问题不在于，人们主观认识到的约束条件和所拥有的信息是否符合客观情况，而在于人们是否根据所认识到的约束条件和信息结构寻求约束条件下的最大化。[①] 人的行为的最终根源是自利行为，正如马克思的实践哲学所揭示的那样：有生命的人的存在构成历史的前提，为了维持生命，人必须首先吃、喝、住、穿，满足生存的需要，为了满足生存需要，才有生活资料和生产资料的生产，而生

---

① 谢作诗：《关于最优、次优以及理性的再思考》，《经济学消息报》2000 年 12 月 15 日。

产必须是有组织的，这就需要人和人的交往，在交往活动中结成的关系就是生产关系。历史就是这样创造出来的。马克思还认为，人是在具体的条件下创造自己的历史，而这个具体条件，用经济学的术语来说，即在既定的约束条件下追求自身利益的最大化。

理性的不完善性还表现在个体与整体的冲突中。哲学中个体与整体的矛盾在经济学中再现，而且将逐渐成为推动经济学理论范式转换的重要力量。博弈论中的"囚徒困境"就说明了个人的理性行为如何演变为集体的非理性。个体是有限的，并只为自己的利益着想。对整体有利的事情，未必符合个人的最大化利益。信息经济学的出现，也可以被视为解决个人理性与集体理性矛盾的一种探索。委托—代理理论的核心问题其实就是如何设计一种制度，能够达到个体之间、个体与集体之间的"激励相容"，使各利益主体的策略协调一致。这就和制度经济学联系在了一起。

制度经济学的兴起也是理性观变革的一个标志，其哲学根据是交往理论。制度是一种交往形式，在经典唯物史观中属于生产关系的范畴。经济学对制度的重视始于对"经济人假定"的质疑，如果个人行为都是完全理性的，能够自动实现市场的均衡，那么，在某种意义上，制度就显得多余了，正因为个人的理性是有限的，制度才是必要的。从发生学角度讲，制度是许多个人行为多次博弈的结果，是交往行为的产物。这样一来，从单个的或统一的理性到交往理性，从单一主体到交互主体性的转变不仅是哲学的转型，也是经济学的转型。交往问题不仅是一个哲学问题，也是一个经济学、政治学、文化学和社会学的问题，如果局限在哲学家所划定的圈子里谈交往，就不能充分了解交往的重要意义；从经济学领域考察交往，才能更好地理解马克思主义哲学的实践本性和对哲学范式的变革作用。

经济学领域的这些变化，标志着经济学方法论方面的自我反思，也意味着经济哲学视域的转换，它和19~20世纪的哲学转型相伴随，但不只是前者的简单表现，而是推进哲学转型的一种力量，这种力量来自现实中的经济哲学问题。

三　现实问题中的经济哲学

经济哲学对许多问题有发言权，许多问题也可以归入经济哲学范畴，经济哲学疆域的扩展其实意味着经济学和马克思主义哲学各自的发展、交流、融会，三者是紧密联系在一起的。它们的发展和协作根植于千变万化的现实问题。

中国目前正处于体制转型的过程中，建立适应社会主义市场经济的制度体系是改革的重心所在，关于制度的研究越来越受到人们的关注，这使制度经济学派在中国受到了欢迎。制度与传统的关联会带来"路径依赖"(path dependence) 效应，对新的制度体系的建立有着重要影响。制度的关键是建立一个激励机制，只有满足"参与约束"和"激励相容约束"，才是一个好的制度，才能建立一个完善的、不同于传统的新的激励机制，从而避免"路径依赖"带来的负面效应。这个问题并不仅仅是一个经济学问题，也是一个哲学问题和文化学问题。制度的建设不能脱离人的现实存在方式，否则就会失败，而理解人的现实存在，是经济学、哲学、文化学等各门学科合作的结果。

自加入 WTO 以来，关于全球化的话题由于中国经济的深度国际化而倍受关注，这也引起了学界对马克思主义政治经济学的重新思考。马克思主义政治经济学的一个重要结论就是，帝国主义阶段的世界经济会造成资本主义大国对不发达国家的经济剥削。这一结论在当代又被加进了文化剥削和文化侵略的内容，引起了许多人的担忧。它固然是一个纯经济学问题，但也是政治治理问题和文化问题。马克思主义的实践哲学并不回避这个问题。经济行为作为实践的核心部分，必然具有政治性的一面，马克思主义的经济学虽然叫作"政治经济学"，但并不只是"政治的"经济学，而是关于人类具体的历史的行为的科学。经济的跨国交流是市场经济的题中应有之义，市场经济也就是开放经济。经济的全球化与政治、文化的殖民主义在实践中是两个不同的问题，虽然它们有着一定的联系，但不能混为一谈。不管中国和西方世界的关系是合作还是竞争，全球化只能进、不能退，我们不能走封闭僵化的老路，也不能走改旗易帜的邪路。马克思主义的经济哲学必须对此发言。

知识经济的问题也是经济学近年来的重要话题，这一问题虽然自比尔·盖茨倡导新经济以来才出现，但关于知识的性质和限度的问题却是经济学本身的一个元问题。以哈耶克为代表的经济学家们都非常重视这个问题，汪丁丁也受哈耶克的启发，就此问题发表过言论，他在《读书》杂志上发表了《论经济学的关键词》等一系列文章，对知识的性质进行了讨论。知识的性质涉及一系列普遍性的经济哲学问题，对知识性质的深入探讨可以有力地促进经济学理论的发展。

知识作为信息是经济活动中一个非常重要的约束变量，以前的经济学关于信息的假定是：信息是完全的，获得信息的成本是微小的，可以被忽略在经济模型之外，信息是对称的。实际上，这只是抽象的假定，信息是不对称、不完全、有成本的，信息经济学主要解决和信息的这种属性有关的问题。信息从对称的到不对称的，从完全的到有限的，从无成本的到有成本的，从可忽略的到不可忽略的，表明了人类实践在现实中的有限性。人对这种有限性的认识越是深刻和全面，实践就越能在不断的自我批判和自我否定中向前发展。信息经济学的兴起说明人们对信息的性质的认识正在深化。

对知识和信息的性质的看法也将对马克思主义在新时代的发展产生深刻影响，哈耶克是计划经济最著名的反对者，其最重要的理由就和信息及知识的性质有关。中央计划经济的理论预设是假定中央计划机构能迅速掌握关于市场供求状况的任何即时信息，其成本、误差都可以忽略。但是，知识的性质恰恰证明这是不可能的，现代经济学证明，社会分工是不可能彻底消除的，因为每个人都不可能知道所有的知识和信息。分工的作用在于增强效率，专业化程度越来越深广的现实证明了这一点。杨小凯的一个贡献就是把分工当作经济增长的一个重要源泉，扩展了分工理论。分工的必然性和信息的不完全、不对称性紧密相关，这两点是对经典马克思主义政治经济学的质疑，事实证明它们是成立的。马克思主义对中央计划经济的设想是规范性的，历史上实行计划经济的国家，如苏联和 1949~1978 年的中国，都被证明是缺乏活力、必须改革的。认识了计划经济之局限性的马克思主义依然是马克思主义，它将修正和补充劳动价值论、分工理论、知识理论、帝国主义理论等一系列被我们过去当作绝对真理来尊崇的学说。在习近平新时代中国特色社会主义思想的指引之下，发展马克思主义，共同寻求新时代经济问题的答案。

综上所述，实践哲学和经济学、经济哲学的通力合作、互相促进，是发展马克思主义的必经之路。经济学和经济哲学的发展给我们最大的启示是，实践是具体的、历史的、与时俱进的，在谈论什么是放之四海而皆准的"金科玉律"的时候，务必慎重。我们对经济规律的认识还远没有达到穷尽真理的地步，实践哲学视野下的经济哲学研究必将促进我们对实践哲学的总体把握和整体认识，并消除我们对形而上学概念推演的迷恋，把人类实践放在更为具体的尺度下来认识，真正实现马克思主义对人类具体实践的关注。

第二部分

 文化哲学：实践哲学的延伸和开展

第四章　文化哲学和后现代主义问题

　　本章从文化哲学角度探讨后现代主义问题。文化哲学是实践哲学的延伸，是实践哲学的一种出场方式，二者的内在精神是相通的。狭义的文化概念代表着人类实践的精神内核。从传统到现代的文化模式变迁，是理解现代化的一把钥匙。人类从远古走来，经历了以经验和传统为中心的前现代文化，以及以理性自主自觉为核心的现代文化，晚近又出现了反思现代文化模式的后现代文化。后现代文化如何定位？它是现代文化之后的文化形态和文化模式，还是现代文化中的一种次生文化形态和文化模式？学者对此问题有不同意见。笔者大体上认为后现代文化不是和现代文化相对立的，而是现代文化自我反思的一种表现。因此，有了下文的一系列思考。

　　本章分为两节，第一节从后现代文化的发生梳理 20 世纪哲学范式变革的内在逻辑，认为后现代文化是从 19 世纪中后期开始对现代文化进行反思的一系列哲学运动的必然结果。第二节论述了一个笔者非常喜欢谈论的话题：文化整合。一种强劲而有生命力的文化模式，必然在长期的文化交流中整合外来文化元素，熔铸成全新的文化形态，这就是文化整合。笔者认为后现代主义不是哲学的终结，而是未来文化整合的一个重要基础。

　　在笔者看来，实践哲学在海内外学界的兴盛不衰，恰恰是后现代主义哲学风潮不能持久的一个表现。后现代主义的积极成果就是对现代性的迷思进行了大力的"破除"，其后的哲学必将学习、借鉴后现代主义的成果。哲学不会终结，后现代主义代表的是人类文化中自我批判、自我怀疑的一面，这也是理性精神必不可少的一面。

第一节 "拒斥形而上学"和后现代文化的发生

"拒斥形而上学"是现代西方哲学的出发点之一，也是后现代主义运动的出发点。怀特在《分析的时代》中指出，任何现代西方哲学流派都是从反对黑格尔开始的。拒斥形而上学，不仅是实证主义的一个口号，而且是贯穿整个现代西方哲学的一条主线。也许有人会说，现代哲学由于内容分散、流派众多，本来就没有主线，笔者则认为，现代哲学相比古代哲学和近代哲学而言，虽然主线不那么清晰，但是对形而上学的拒斥和重建，却构成了现代西方哲学隐秘的动机。从开始的"拒斥形而上学"的口号，到后现代主义对经典形而上学理论的解构，形而上学成为现代哲学家背景中的一个重要主题，不管哲学家对它的态度是赞成还是反对，它都持续在场，并对哲学家产生了重要影响。在这一节，笔者将从历史考察入手，梳理"拒斥形而上学"与后现代文化之间的种种关联。

一 实证主义和语言分析哲学：经验、逻辑和语言

现代哲学家为什么要拒斥形而上学？在这个问题上，实证主义的理由和后现代主义的理由是不一样的。实证主义和分析哲学的理由是：形而上学命题不能证实，也不能证伪，其实质是语言的误用。实证主义的鼻祖孔德提出了精神发展的三阶段理论，认为精神的发展是沿着神学、形而上学、实证科学的路径，实证科学是精神的成熟形态。这种观点把形而上学看作不成熟的精神发展形态，虽然这一思想在当时是前所未有的，但有着深刻的理论渊源。

近代的认识论范式形成以后，形而上学的处境便有了一个大的变化，这种变化的实质，正如陈康先生所说的"由万有论变为唯心论"，由以实体为中心的形而上学变为以主体为中心的形而上学，这就是近代形而上学的主要特点之一。以前的实体形而上学并没有被取消，而是有了新的基础和前提，一切关于实体形而上学的论说都必须以主体的认识能力为基础，即以自我意识或精神为基础。

17~18世纪的认识论分为以笛卡尔代表的理性主义派和以洛克为代表的经验主义派。两派争论的核心在于如下问题：如果说形而上学的基础是主体、意识、精神，那么究竟主体意识的哪一部分才是确定无疑的基础呢？是后天经验还是某种先天的认识能力？对这些问题的不同回答导致了一次影响深远的大分裂，直接影响了欧洲大陆哲学和英美哲学的区分，这个区分并未因康德而结束。康德的批判哲学，在理论上整合了经验主义和理性主义的成分，为新的主体形而上学提供了坚实的基础和充分的论证。但是在康德之后，英国哲学的经验主义并未彻底消失。

康德的哲学向来被称为折中主义，后人对康德融合两派哲学的解决方案多有不满。由费希特到黑格尔的哲学发展，不仅没有弥合经验主义和理性主义的分裂，反而造成了理性主义哲学的膨胀。我们惯常接受的思想是黑格尔解决了以往所有的哲学问题，成为欧洲哲学史上的集大成者。但是这个集大成的哲学在黑格尔去世以后迅速解体，造成了整个欧洲哲学更为严重的分裂。这就证明德国古典哲学有关17~18世纪形而上学问题的解决方案，也许不是最佳的。

黑格尔体系的解体，说明形而上学问题找不到一个大家公认的解决办法，所有的形而上学体系都面临崩塌。在这个背景下，实证主义者和分析哲学家提出把形而上学"开除"出哲学的方案，似乎是一个釜底抽薪的办法。

实证主义的来源是英国的经验主义，尤其是休谟的经验主义。拒斥形而上学的口号和休谟哲学的关系，为人所熟知。19世纪实证主义出现并得以发展的条件，首先是对形而上学的失望，其次是近代以来科学技术的飞速发展，科学技术的发展是现代西方哲学发生发展的一个极其重要的背景。众所周知，近代哲学的发展始终是和自然科学的发展相伴随的，但是近代科学发展最迅速的时期不是在 17 世纪，而是从 19 世纪中后期开始的，这个时期既是马克思和恩格斯活动的时期，也是现代西方哲学诸多流派开始出现的时期。这个时期是人们对科学最有信心的时期，也是各种形式的激进主义盛行、对宗教批判最为猛烈的时期。

自然科学的发展和对形而上学的失望，使实证主义以科学的模式为样板来构造哲学。自孔德和斯宾塞之后，马赫在物理学领域向形而上学发难，提出了现象主义，自我概念和物自体概念都成为要素的复合体。[1] 马赫的思想在哲学界影响甚大，与此同时，出现了阿芬那留斯的经验批判主义、冯特等人的心理主义、奥斯特瓦尔德的唯能论、舒佩的内在哲学、科利尼乌斯的经验主义等流派。[2] 这些流派大多受马赫的影响。

随着心理学、物理学逐渐侵占哲学领地，形而上学被拒斥的命运进一步加剧。相对论和量子力学的提出、数理逻辑的出现，使实证主义思潮转向了逻辑实证主义和逻辑经验主义。马赫主义和逻辑经验主义对形而上学的态度有所区别，前者认为形而上学是错误的，后者认为形而上学命题在传达知识方面没有意义，仅仅具有激发情感的意义，它不应该属于哲学，而应该属于文学艺术。石里克说："形而上学学说所包含的，有时是科学，有时是诗文，但决没有什么形而上学。"[3] 逻辑经验主义者认为，实体、上帝、自由和必然这类问题"不是有其问题不能解决，而是实际上根本没有这样的问题"[4]。由马赫主义向维也纳学派的逻辑经验主义的转变，反映了他们哲学观的不同。前者的哲学以个人的经验观察为主，后者的哲学以数学、逻辑和语言分析为主，他们把哲学问题转换为语言和逻辑问题，并试图提出一种语言分析的解决方

---

[1] 马赫：《感觉的分析》，洪谦等译，商务印书馆，1997，第 23 页。
[2] 洪谦：《论逻辑经验主义》，商务印书馆，1999，第 210 页。
[3] 转引自洪谦《论逻辑经验主义》，第 99 页。
[4] 转引自洪谦《论逻辑经验主义》，第 97 页。

案。这样，形而上学命题在逻辑经验主义者眼里，就成了误用语言的产物，解决形而上学问题的方法就是语言的逻辑分析。

随着逻辑实证主义的出现，语言分析哲学正式登上了历史舞台。维特根斯坦认为形而上学命题是神秘的，对之必须沉默，直到蒯因提出本体论承诺的思想，形而上学命题才在分析哲学中找到了位置。蒯因提出了语义上行的方法，把关于实质差异的讨论转变为关于语词差异的讨论。其后的斯特劳森提出了"描述性形而上学"，主张在分析哲学范式内部处理形而上学问题。这样，形而上学最终以一种新的形式"复活"了。

实证主义和分析哲学拒斥形而上学的结果，是形而上学在分析哲学的框架里找到了新的形式和重新发展的空间，但是这种分析的形而上学并不是哲学的最后出路。而且，分析的形而上学作为反对传统形而上学的一种形式，其本身就具有某种"后现代"性质。后现代主义理论家基本上不是在分析哲学的立场上探讨形而上学（罗蒂的情况比较特殊，他从逻辑实用主义出发，试图对分析哲学和大陆哲学的区分提出某些挑战，从根本上改变分析哲学的范式。但这种努力并不被分析哲学所认可，也没有促使二者走向融合），但是分析哲学开创了"语言学转向"，从根本上扭转了形而上学的方向，对传统形而上学的宏大叙事、本质主义提出严厉批判；其研究方法和理论重点，对后现代主义哲学重视语言和文本的分析策略有着不可避免的影响。在理论上，分析哲学是后现代哲学的同盟军，也可以看作后现代文化发生的一个源头。

二 人本主义思潮：生命、直观和个体

人本主义思潮是现代西方哲学反思形而上学的另一条路径。在这条路径上对旧形而上学的反叛，是从叔本华开始的。叔本华用"意志"取代了黑格尔的"绝对精神"和康德的"物自身"，用"生命冲动"解释哲学。尼采随即对整个西方哲学的基础——柏拉图的形而上学范式和基督教伦理学进行了不

留余地的批判。"上帝之死"是对基督教理论的全面质疑，超人哲学针对的是个人在形而上学的整体结构面前无能为力的局面。叔本华用生命意志来对抗绝对理性、尼采用超人来对抗黑格尔的整体性。大写的"人"即绝对理性的形象开始坍塌。与此同时，齐克果也揭示了个体在哲学中至关重要的地位。这样，个体至上、生命至上的哲学范式从此奠基。接下来，柏格森的直觉主义、怀特海的有机哲学、狄尔泰的生命哲学等流派，都是这个范式的体现。他们共同的特点是体系性不是特别明显，即便有体系（如怀特海等人），也达不到近代哲学体系的严密性和整体性，和黑格尔式的体系大异其趣。

尼采的学说在方法论上的一个贡献是谱系学方法。这种方法起源于他的著作《论道德的谱系》，这部著作猛烈地攻击基督教的道德，认为基督教道德源于下等人对上等人的怨恨，由此用顺从的奴隶道德来反对强力的主人道德，用"良知"来代替怨恨本身，使生命冲动转向压抑自我。这个论断也许没有历史学上足够充分的论据支撑，而显得过于武断，但是其方法论特点却是具有创新意义的。这种谱系学方法的特点是用历史的分析取代了逻辑的设定，使同质化的逻辑变为异质化的历史演变。而且，这样的历史研究要求研究者掌握大量细致的材料，用来取代那些简单化的、被逻辑歪曲了的历史。这种谱系学方法后来深刻地影响了福柯。福柯利用谱系学方法来对抗形而上学，因为后者恰恰是用某种或显或隐的方式，以及逻辑化的叙事，遮蔽了历史本身。

20世纪人本主义的一个倾向是去除现象和本质的二分，这种二分法是传统形而上学范式的另一个核心特征。胡塞尔的现象学就代表了去除二分法的倾向，他认为人的一切认识都是来自"被给予物"（the given），"现象"就是这个"被给予物"的同义语。一切哲学内容都离不开人的意识，离不开现象的被给予性（givenness），而人的意识活动的基础结构就是意向性结构。他的哲学在意识领域进行分析，试图发现现象在意识中进行构造的规则；他把形而上学变成了一种对意识结构进行严格、细密的分析的哲学。现象学方法消解了传统形而上学划在现象和本质之间的鸿沟，认为对现象本身进行直观和还原，就能找到本质。传统形而上学的深度模式就此取消，现象学的直观方法取消了现象和本质的区分，为 20 世纪哲学领域带来了巨大变化，使现象学继尼采以后，成为后现代哲学的第二个直接来源。

在现象学的影响下，海德格尔的存在哲学出现了，他对"存在"这个古典形而上学的核心概念加以全新的解释，把存在概念和个体生存结合起来。个体生存的哲学自齐克果之后，暂时没有和传统形而上学联系起来，海德格尔很好地处理了二者之间的关系。"存在"不是实体化的概念，而是非实体化的，这就使海氏和传统形而上学划清了界限。非实体化的"存在"要靠"此在"来显现和照亮，这一显现或者照亮正是建立个体性的基础。这个个体性的"此在"在世界之中，而不是在世界之外。此在在世界中的生存结构正是海氏"基础存在论"的主要内容，他完全把传统的超越现实世界的存在或者客体变为人的个体性生存。

依照个体性方式生存的人类，代表着一个看上去消极的图景。但是这个揭露人生灰暗的思想不是象征着绝望，而是真正的希望。传统形而上学的希望是使人成为神或者类神的存在，而海德格尔的希望恰恰是对整体救赎的绝望，对任何一种附属于实体或者形而上学意义的行动的绝望。只有绝望了，才能有真的希望。他用生存意义的问题取代了胡塞尔提出的"意识理论如何为科学奠基"的问题，扭转了现象学的方向。胡塞尔由此批评海德格尔把现象学变成了人类学，这一批评抓住了由现象学引申生存哲学的关键。海德格尔反对把他的学说称为存在主义，这也是有道理的。相比之下，生存哲学更为贴切地描述了海德格尔哲学的特点，这种生存哲学主要是关于个体生存意义的哲学。正因为有了个体生存，存在的意义才能显现和照亮。整体意义的暗淡，带来的正是个体意义的凸显。海德格尔既是一个以个体为中心的形而上学家，也宣告了形而上学必须个体化，才能有出路。

海德格尔的解构思想对后现代主义有直接启发。他在《存在与时间》中提出了"解构形而上学"的任务，"这种解构工作也没有要摆脱存在论传统的消极意义。这种解构工作倒是要标明存在论传统的各种积极的可能性，而这意思总是要说：要标明存在论传统的限度……但这一解构工作并不想把过去埋葬在虚无之中，它有积极的目的，它的否定左右始终是隐而不露的，是间接的"[①]。这种"解构"的意义类似于康德的"批判"，但是二者毕竟隔着两个时代的距离。首先，海氏要拆解传统形而上学的宏大叙事，促使形而上学进行自我革命，这种革命看起来是向前苏格拉底哲学的回归。其次，海氏的解构计划拯救了存在本身，拯救了那个非实体的存在，使被形而上学遮蔽的整个意义领域凸显出来。这些是康德所不能做到的，归根结底，这个任务是康德的时代所不能提出的。现代性和形而上学的一体化态势最终被海德格尔打破。海德格尔的贡献是在尼采的基础上，将反对现代性的革命推向深入。

萨特继承了海德格尔的个体生存论，更加明确地阐述了个体生存的意义，人之生存的意义不能建立在整体的形而上学基础上，那种使个体意义服从整体意义的旧形而上学计划被最终废除。萨特借用了多种文学作品的形式，包括小说、戏剧等，揭示了用个体意义来承担形而上学的必要性，他的自由理论最为人称道。自由是西方哲学史上的一个老问题。萨特所做的就是把自由建立在个体选择的基础上，宣称人的本质来自个体的自由抉择。其实，"存在先于本质"这个命题中的"本质"概念和哲学上通常理解的本质概念不同，后者是事物的根本规定性，决定了此事物和彼事物最根本的差别。按照通常的看法，人的本质是一种有智能的灵长类动物，会使用语言和其他符号体系来交流，会制作工具。而萨特所说的本质，完全是从个体特性的角度出发，讲的是作为个体的人的独特性。"我"作为个体和所有人一样，都具有生物学意义上的"人的本质"，但是人的个体性使其有了与众不同的特点。这样，萨特把"本质"确定为个体特性，这就和形而上学体系所讲的人的类本质有着根本区别。例如，近代哲学强调"人是理性的动物"，这种

――――――――――

① 海德格尔：《存在与时间》，陈嘉映等译，生活·读书·新知三联书店，2006，第22页。

规定了本质的人，只能作为一个类存在物，是一个整体的、大写的"人"。在现代哲学，这个大写的人隐入思维的背景中，哲学开始将视线集中在个体的人身上。萨特的出现，标志着个体人的哲学形象的最终完成。只有到了这个时候，存在主义才得到了最高的声誉，成为符合时代要求的哲学的代表。

当存在主义把人的个体生存推向极致的时候，实际上对人的言说已经到了终点。个体的人是 20 世纪人本主义哲学的核心，也是它最后的领地。当这种言说方式把所有的话都说尽了时，哲学的后现代转向也可以宣告完成了。

三　后现代文化：解构作为一种策略

当分析哲学以自己的方式终结了形而上学并把后者同化，当大陆哲学走向个体生存之后，后现代哲学正式登场，为这场 20 世纪背叛形而上学的运动做了一个总结。这种总结不是以同一种面目出现的，而是由一系列充满了差异的策略行为所构成的，这些策略行为可以统称为"解构"。这一概念的内涵不仅仅是海德格尔所谈论的，而是更加彻底的。

解构不是德里达自己的概念，但是他的说法最有代表性。德里达说："我并不认为解构有某种终极目的。从某种角度说它是无限定的、无止境的，它也不是相对主义，它在每一个不同的上下文脉络中移动和转型，但它没有终极目的。"[1] 他把解构彻底化，使之失去了人为设定的最终目的，而且拒绝所有"大写的""一般的"意义："我不知道一般解构的一般兴趣是什么，但我想那种一般的解构是不存在的。只存在在既定文化、历史、政治情境下的解构姿态。"[2] 解构作为一种策略，是在文本层面操作的，这种文本层面的策略，是从文学理论和语言学理论中得到启发的。德里达说的是文本，实际上讨论

---

[1]　德里达：《书写与差异》，张宁译，生活·读书·新知三联书店，2001，第 14 页。

[2]　德里达：《书写与差异》，张宁译，第 14 页。

的却是人的意识。任何哲学都可以视作文本，都必须用概念体系来表现，概念体系的结构和思想的结构是相互匹配的。传统形而上学的结构和现代性叙事的结构虽然有差异，但是二者共享一些固定的逻辑，这就是同质性的逻辑、本质主义的逻辑、基础主义的逻辑。

德里达以语言为例来说明异质性的无处不在："哪里有一种语言以上的体验，哪里就存在着解构。世界上存在着一种以上的语言，而一种语言内部也存在着一种以上的语言。这种语言多样性正是解构所专注和关切的东西。"[1]爱尔兰作家乔伊斯的小说《芬尼根的守灵》正是解构的代表，其中用了大量多义的词语，隐含着爱尔兰的全部历史和整个西方文明的典故，乔伊斯试图令每个词语都承担一种以上的意义，甚至不惜生造词语、活用语法。德里达认为："这同一部书中，词的统一体爆炸了，弥散了，繁衍了。因而人们不可能在一种语言中去翻译这种东西。必须设法保持这种语言的多样性特征。"[2]德里达用"书写"的概念来抵抗他所反对的"语音中心主义"的力量，因为书写本身也是具有异质性的，是带来解构的一种强大力量。

与德里达不同，福柯的解构策略是在历史叙事领域进行的。历史的叙事和哲学的叙事虽然表面不同，实际上却存在关联。福柯从历史叙事中寻找知识的建构，用谱系学方法寻找历史叙事中的结构，并创立了知识考古学和权力谱系学。他发现人的知识体系的建构就是人对自身形象的建构，所有历史学建构和知识建构都受权力话语的支配。"话语"这一核心概念使福柯的分析和德里达的分析有着异曲同工之妙。话语的建构也就是意识形态的建构，制约着人类的知识体系。从权力谱系学的角度来看，关于人的一切叙事都导致了话语权力对个体的压制，个体就这样屈从于"大写"的关于人的叙事。所谓人的自由、平等、博爱等"大词"成为权力话语的幌子，正如尼采揭示了上帝概念仅仅是被构造的，真实的上帝已经被人杀死一样，福柯同样宣告了

---

[1] 德里达：《书写与差异》，张宁译，第 23 页。
[2] 德里达：《书写与差异》，张宁译，第 23 页。

"人之死"，他认为"超人的允诺首先意味着人之死"①。个体的人不会死，死的是哲学和历史对"人"这一形象的建构。

后现代文化的另一位代表利奥塔提出了"向同一性开战，激活差异"的口号，他把自己的思路引向了"发展"的观念。他在《非人》一书中指出，人具有两个方向，一个是发展，另一个是书写和阅读，发展是面向未来的，但是其必然结果如同"快速浏览"，只能面对当下，遗忘过去，这样的人必然是单向度的人。书写和阅读不是快速的，而是缓慢的。②在这里，利奥塔质疑了"发展"的迷思，这一迷思也是现代性和形而上学共有的。他反对"发展的形而上学"，因为后者持有单线的历史观，认为随着时间的推进，历史将不断进步，便把历史的意义放在未来。利奥塔则反对这种观点，他说："发展是现时的意识形态，它实现了形而上学的本质，它曾更多地是力量的而不是主体的思想。"③随着发展观的盛行，目的性随之消失，工具和手段本身取代了目的，目的也消失了。"这种发展的形而上学中令人吃惊的是它不需要任何目的性。发展不像理性的解放和人类自由那样由某种理念磁化（aimante）而成，发展仅仅根据其内在原动力的加速和延展产生……除了宇宙偶然性外，它没有其他必然性。"④

利奥塔在反对"宏大叙事"方面做得非常彻底。他提出，"人的本义就是人本义的缺席，就是其虚无，或者是其超验性"⑤。这个命题似乎是按照福柯的逻辑得出的，但本身也是一个宏大命题，依然需要解构。利奥塔接着说："我不喜欢这种匆忙的结论。它所挤压，它所碾碎的，就是我事后发现被人以各种名称试图保留的如工作、象征、异质、分歧、变故、事物：不一致性。"⑥因此，一切叙事都不能被固定、不能被形而上学化，也许这就是后现代文化的

---

① 福柯：《词与物》，莫伟民译，上海三联书店，2001，第 446 页。
② 利奥塔：《非人》，罗国祥译，商务印书馆，2001，第 3 页。
③ 利奥塔：《非人》，罗国祥译，第 6 页。
④ 利奥塔：《非人》，罗国祥译，第 7 页。
⑤ 利奥塔：《非人》，罗国祥译，第 4 页。
⑥ 利奥塔：《非人》，罗国祥译，第 4 页。

特性。

自实证主义提出"拒斥形而上学"的口号以来，西方哲学经历了百余年的发展。这些思想不能构成一个同质的系列，这里没有线性的、单一的发展史，有的只是问题不断变换、视野不断调整的论说史。在这个论说史的背后，形而上学的命运作为一个问题恒定地存在着。现代文化与哲学经过了一个多世纪的自我批判之后，最终到达了自我批判的终点：后现代主义。后现代主义可以看作现代西方哲学旨趣的极端化。这一历史进程告诉我们：智慧对自身的不断追问虽然可能走向极端，但是不可能有终点。20 世纪以来的人类历史是极端尖锐的历史，各种"互相抵消的冲动"使这一时期的思想地图显得纷乱无比。这个整体本来就是一种"后现代情境"，这种情境的产生，或许要到形而上学的深层维度寻找源头，但形而上学引发的诸多问题是永远开放的。

第二节　后现代主义与中国的文化整合

20 世纪 90 年代，对后现代主义问题的讨论一度成为我国学界的热点，后现代主义研究也呈现出纷繁复杂的面貌。后现代哲学是一个边界不确定的领域，它横跨哲学、历史学、心理学、文学艺术等多种学科，学界对它的探讨分为不同的方向，这样就很难全面地把握它的各个方面。但是，这种难以把握的跨学科性也说明了各门学科面临的问题具有"家族相似性"。后现代主义的价值就在于它是整个文化与哲学范式转型的集中表现，不仅代表了西方文化精神的变迁，而且对中国新的文化精神的培育，也有着十分重要的作用。

这一节讨论的主题是后现代主义和中国文化整合的理论关系。文化整合是中国文化转型的必由之路。全世界的文化都在日益走向全球化，闭关锁国的政治格局越来越不适应这个时代，每个国家的文化都必须面对开放的世界，开放的世界则必然要面对深刻的文化冲击，这种文化冲击既有可能是外来的，也有可能是内部的，或者内外联动的，因而必然面临各种文化因素的整合和创新。文化整合是文化交流的必然结果，也是文化创新的必由之路。中国的文化转型和文化整合具有重要性、典型性和独特性，在后现代主义的处境之下更是具有非常重要的理论意义和现实意义。因此，本节将分析后现代情境下，中国的文化整合所面临的问题和前景。

一　后现代主义与哲学的范式转型

凯尔纳和贝斯特在《后现代理论》一书中指出，"后"既表示连续，也表示否定和断裂。它不仅是时间上的"后"，即表明历史的延续，也有"超越""扬弃"之义[①]。后现代主义哲学是对哲学所追求的绝对性、整体性、无限性、同一性、语言深层结构等信念的反思，它不仅是否定，也是批判和扬弃，是"积极的断裂"和"批判的连续"。虽然后现代主义带有相对主义色彩，也不能归结为辩证法，但它对西方文化的反思，的确具有人类精神的积极的自我否定的特色，这种自我否定的特色与马克思主义有着相通的地方。后现代主义否定和批判的对象不是某种哲学，而是以"现代性"为名称的、自启蒙以来占据主导地位的哲学精神，对这种精神的反抗，正是 19~20 世纪哲学范式转型的核心。

19~20 世纪哲学范式转型的关键，可以归结为向实践、文化和生活世界的回归，这种回归从马克思开始，在西方现当代哲学的不同流派中得到了不同角度和方向的体现。主要的表现是：无限理性转为有限理性和非理性、绝对主体变为有限主体和交往主体、文化和人的具体生存方式受到重视、形上学的衰落等。这些表现在后现代主义哲学那里都有反映，许多学者也对马克思和后现代主义做了比较，并注意到二者的一致性。总体说来，这种一致性

---

① 凯尔纳、贝斯特:《后现代理论》，张志斌译，中央编译出版社，1999，第37~38 页。

应该从范式转型的角度来理解。

在哲学回归实践、文化和生活世界的过程中，哲学表达自身的方式也越来越脱离了那种体系化的、形而上的思辨。这里列举几种表现，一种是哲学向日常语言的靠拢，如维特根斯坦的后期哲学；另一种是哲学向文学的靠拢，表现为它的诗化、艺术化，如萨特和后期的海德格尔的思想；还有一种是哲学的实证化，即哲学和实证科学相结合，如哲学有与社会学结合的趋势，这种趋势在哈贝马斯、布迪厄等人那里体现得非常明显，后现代主义与这几种表现都有着深层关联。

例如，后现代主义哲学喜欢用日常语言作为它的范畴，当然这种范畴已失去了黑格尔时代的范畴的严密性，只是一种比喻性的用法，如德里达的"播撒""踪迹"、德勒兹的"块茎式思维""游牧式思维"等。在许多后现代思想家那里，哲学与文学理论结合在一起，国内许多后现代主义的研究者是文学理论家、文学批评家。后现代主义有着很强的和实证科学相结合的能力，其方法业已渗入各门科学之中。可以说，后现代主义哲学是 19~20 世纪哲学范式转型的一种极端化形态，它包含了哲学范式转型的若干主题，研究后现代主义，必须了解哲学和文化精神的转型。

后现代哲学具有文化哲学的性质，因为它具有"观念性"或"文本性"，可以从文化的角度加以审视，这种"文化"的概念并不只是"文化工业"或"大众文化"的同义语，而是广义的文化概念，因为"后现代主义"涉及的主要是思想观念层面与意识层面的问题。有学者认为，这场关于"后现代"的大讨论，不过是迄今为止西方人文传统的一次重新构想、重新审视、重新整合和改写，是一种作为文化代码的语言层面上的话语解构和建构活动，一种话语的"解码"和"再编码"活动。[1]从后现代主义者对文本和叙事的重视程度就可以看出这一点。

后现代主义者论述的内容给人以完全摧毁、彻底破坏的印象，这是他们

---

[1]　盛宁：《人文困惑与反思》，生活·读书·新知三联书店，1997，第 37 页。

的重要特点。他们的观点的确有许多极端之处，但论述的内容大体上限于语言和文本层面，涉及的只是可能性，基本不涉及现实层面。后现代主义把一切叙事都当作"文本"，其对文本的批判表明了文化哲学的立场。从文化哲学角度来看，一切人类的意识形式都是文化模式的一种表现，"文本"或"叙事"不过是意识形式的另一种说法而已，后现代主义对意识形式的批判可以说是文化批判在当代的一个重要组成部分。

后现代主义表现了西方文化价值的冲突和传统的变异及断裂，它反映了文化的多元化趋势。文化多元化并不是现代中国特有的现象，而是任何文化都可能出现的共通性问题。因为传统不是铁板一块，而是一个不断变异的延续体，每当文化面临变异时，都会有各种文化现象纷然杂陈的局面发生。中国当代的文化多元化固然与传统的断裂有关，西方国家也同样面临着信仰的危机和传统的变异。当代的问题并不是出现了以前从来没有过的多元化倾向，而是多元化态势的激烈程度前所未有。在这一点上，中国的问题与西方的问题是有共性的，二者都面临着文化整合的问题。

二　后现代主义与中国的文化整合

所谓文化整合，许多学者已经对此进行了描述，就是文化主体对多元文化的一种整合方式，其目的是建设新的文化，实质是对不同的价值观的抉择、融会、创新。后现代主义虽然长于摧毁、解构而不是建构，但它表达了文化价值的冲突，文化整合的重要性由于后现代主义的出现而愈发明显。"后现代"代表了文化演进中的一种普遍情境，不仅中国这样的后发现代化国家面临着文化的"后现代处境"，发达国家同样面临着这种处境。

自资本主义成为世界性的经济形态和文化形态以来，中国文化在世界文化体系中就落入"边缘"的位置，在文化上"重返中心"也成了我国学者的一种持久的冲动。自20世纪80年代的"文化热"以来，学界追踪西学已成时髦，以致"食洋不化"。国内对"后现代"的阐扬和炒作，也是这种冲动的一个表现。但后现代哲学主张以边缘反抗中心，消解边缘与中心的对立，这和我国学人所处的问题情境恰恰吻合，它可能带来中国本土学术的自信心，可以推进学者关于文化整合的研究。

文化整合的前提是文化的多元性质，后现代主义正因为表达了文化的这种多元性而具有积极的一面。如果我们把"后现代"看作一个在工业社会之后才来临的新的历史阶段，那么中国就没有进入"后现代"。但是，后现代并非一种新的历史阶段，而是文化冲突与文化断裂激化的一种表现，这就意味着"后现代问题"依然是我们面临的紧迫问题。中国的"后现代问题"是传统由于外力作用断裂以后出现的文化多元化问题，它表现为信仰的缺失、价值的多元化和社会的失范。这个问题其实在鸦片战争后就已经开始了。如何克服这种文化危机，构建新时代的文化和价值体系，是我们面对后现代主义情境所要做的工作。

国内学界对后现代的研究常集中在大众文化问题上，受海外和港台流行文化影响的大众文化现象具有浓厚的后现代主义色彩，常常受人批评。自20世纪90年代初期的"人文精神论战"以来，学界对大众文化多持批判态度，其中很重要的原因是受了以法兰克福学派为代表的西方文化批判思潮的影响。但西方文化批判思潮针对的是西方的"文化工业"，它还没有完全成为中国的现实。法兰克福学派批判的是"文化工业"的肯定性，即服从资本主义秩序的特性，这种批判并不能简单地照搬和挪用，来对付中国的大众文化，这种简单挪用明显属于怀特海所说的"错置具体感的矛盾"。另外，大众文化的批判者把大众文化作为后现代主义的表现形式，对后现代主义的批判常常全盘否定，抓住后者的消极面不放，这也是对后现代主义的一种误解。

马克思主义、西方文化、中国传统文化作为文化整合的三个基本要素，并不是简单的拼贴，否则就成了大家批判的"后现代主义"了。文化在深层次的整合，必定是各种文化精神的深层沟通和融会过程，也是新的文化创造过程，这是各种文化的简单拼贴所无法做到的。在文化整合中，原来的文化要素发生变异，"沉淀"到新的文化中。一切"中体西用"之类的说法都是把传统看成一成不变的，可以在不同时代的文化价值体系中任意嫁接，是一种变了形的历史虚无主义。我们要建立一个什么样的文化体系和主导价值观念的问题，并不容易定位，这正是因为我们对此不能设计、无法预见，也没有现成的模式可资借鉴。例如，网络时代应有一些与以前不同的"游戏规则"，在十年前，我们可能还无法想象这个新的时代，如自媒体和社交网络的普遍使用也不过是近几年的事情。一种有代表性的看法是，我们在前现代、现代、后现代纷然杂陈的今天，需要的文化精神应是"现代"的，如主体精神。这种表述方式正表明了我们的尴尬处境，因为即便是"前现代"的价值标准，如孝道，在新的文化整合中也不再是"前现代"的了，它会以一种新的形式保留下来。主体精神经过"后现代"的反思会变为一种新的形式，这就是文化整合的力量。

目前中国的文化版图，可以用"八面来风、中外混合、古今并置"来形容，从表面上看是杂乱无章的"后现代"处境。但是从内部看，主要还是表现为两种原动力，一方面是社会上层意识形态和精英文化的运行逻辑，一方面是社会中下层即民间意识形态和大众文化的逻辑。那么，未来的文化整合就会分为几个方面，包括上层意识形态和精英文化的内部整合、民间意识形态的内部整合、精英文化对民间意识形态的整合、中国文化对外来文化的整合。

在笔者看来，文化整合的目标不是绝对一元、同质的文化统一体的形成（实际上也无法完成），而是在一个核心价值观的统领之下，精英和大众各层面的文化内涵形成了一种求同存异、和谐有序、良性互动、充满活力的格局。在当前，社会主义核心价值观已经得到了比较完善的表述，"24个字"兼顾了中国当代多元的文化因素，在这个核心价值观的统领之下，有望达到上述文化整合的目标。

按照历史唯物主义的观点，文化属于意识形态范畴，文化的整合受经济发展和制度重建制约。中国人生活世界的重建是一个非常迫切的实践问题，而这种重建又不是通过简单地对文化层面的设计和倡导就能实现的。从实践哲学的角度看，文化整合的过程是一个实践的过程，文化层面建设的原动力来自经济领域，制度层面是经济与文化的中介和桥梁，文化的"后现代问题"和经济、制度的"后现代问题"是紧密相连的。制度上的"双轨制"和"古今杂陈"是导致现实人格和价值标准分裂的重要原因。文化是人造物，但文化作为有着长期稳定性的意识形式，扎根于人的生存方式本身，只有人的生存方式有了深刻的变革，文化整合才能实现。改革开放的实践进入了"深水区"，中国人生存方式的深层变化并非已经完成，而恰恰是刚刚开始，文化整合也不是短期内能完成的。"后现代状态"依然会持续相当长的时间。

后现代主义不是历史的终结，而是新文化的开始。虽然这种新文化具体是什么样子，我们可能无从设想，但后现代主义给我们的启示是深刻的。面对现在的这种文化状况，对历史和现实持虚无主义态度很容易，但把后现代主义包含的以虚无主义面目出现的文化反思推向前进，就是实践的建设性的一面。在文化转型的当口，我们必须从"危"中寻找"机"，要做到"乱云飞渡仍从容"，要认识到理论自信必须来自实践生活和十几亿人口的现实选择。只考虑理论自洽，而不关注社会实践，这样的理论再深刻、再花哨，也必然失去其存在的深层根基。如果把"后现代"当成无聊的语言游戏和文字游戏，那么就会错失它给我们的理论启示。理论如果缺失了对现实的穿透力和对实践的回应力，最终只会沦为少数人的智力游戏，结果必将枯萎破灭。

第五章　实践哲学、马克思主义中国化和文化认同问题

本章主要从实践哲学角度考察现代性的一个核心问题，即意识形态领导权问题。现代化是一个"意识形态先行"的历史进程，虽然经济上的资本主义萌芽远在中世纪晚期就已经出现，但是现代化意味着什么并不为人所知，必须由思想家在书斋里给出观念形态和哲学论证，现代社会才具有灵魂。现代性的制度形态是按照启蒙思想家描绘的观念蓝图所搭建的，因而，现代化应该怎样发展的问题，就变为文化和意识形态领导权问题。谁先取得了意识形态的领导权（hegemony），谁就有了为现代化"制定标准"的先行权利。

中国属于后发现代化国家，选择现代化道路的时候，必然参考古今中外思想家所设立的种种意识形态。自鸦片战争以来，可供选择的意识形态从大的方面来说，无非是保守主义、自由主义、马克思主义三家，自由主义和马克思主义从文化角度看，属于进步主义。中国选择马克思主义道路，就选择了一种进步主义立场，正在发生和将要发生的文化整合，必然是进步主义对保守主义的整合。

本章第一节就试图从文化进步主义和文化保守主义的关系切入上述问题，但是二者的内在整合这个提法可能会引起争议。在有些论者看来，二者或水火不容，或形成一个张力结构，似乎二者之间不能进行整合。笔者认为，在思想上它们当然不能成为一个东西，但是在人类社会的实践中，二者的确代表着一个文化整体的两个维度或两个倾向，进步和保守这两个维度在同一文

化整体中都是不可或缺的。它们之间的内在整合不是完全消弭差异，而是在承认差异的同时，也承认二者必然属于一个文化整体的两个侧面，互相依存、彼此对照。

第二节基于笔者 2012 年发表的一篇文章修改而成，是对周凡先生的一篇文章的理论回应，这篇文章使笔者开始关注马克思主义中国化这一理论问题。[①] 这也成了笔者的博士后课题"文化进步主义和马克思主义中国化"的契机。笔者认为马克思主义中国化有着明确的目的和现实指向，就是在中国走向现代化的理论进程中确立马克思主义的意识形态领导权，它的基础只能靠社会实践中形成的中国人的文化认同，而不仅仅是政治认同。从政治上改变中国人的价值观（由传统走向现代价值观）只是初步工作，在文化上重新熔铸中国人的认同基础，才是中国走向现代化的一个关键，这个工作必然是漫长的、渐进的、潜移默化的，同时也是中国文化整合的实践过程。

第一节　论文化进步主义与文化保守主义的内在整合

世界范围内的现代化进程引发了保守主义思潮的反弹。可以说，从现代化开始的那一天起，文化上的保守倾向和进步倾向之间就出现了巨大的张力。目前发生在中国的文化保守主义思潮，仅仅是数百年来保守—进步之争的一个表现。从文化哲学的观点看，进步与保守犹如鸟之两翼、车之两轮，不可偏废，但是作为文化理念体系的文化进步主义和文化保守主义，一旦走向极端化，就会导致灾难性的后果。一种切入现实实践的文化哲学，仅仅有理论自洽是不够的，还必须扎根于现实，建基于具体的人类实践，不能凌空蹈虚。笔者认为，保守主义力量不管有多么强大，现代化潮流依然是无可抵挡、无

---

① 周凡：《关于马克思主义中国化的哲学反思》，《江海学刊》2010 年第 2 期。

法逆转的。文化进步主义和文化保守主义不仅有着理论上整合的可能性，而且有着整合的现实基础。如果二者不能加以整合，那么现代化必将断裂，也就无法催生出新的文化整体。

一 文化保守主义的兴起及其特性

西方的保守主义政治哲学起源于英国思想家柏克对法国革命的批评，此后，法国的迈斯特、美国的白璧德等都提出了相似的观点。20世纪末期，以利奥·施特劳斯、卡尔·施米特等人为代表的保守主义思潮的影响力有所增强，虽然上述思想家的理论内涵差别很大，但受到了很多人的重视。有时候，自由主义右翼也被称为保守主义，代表人物包括哈耶克、托克维尔等人。所以，广义上的保守主义也包括右翼自由主义（国内学者中，刘军宁是这种观点的代表人物）。

关于政治保守主义的内涵，笔者先列举一些有代表性的意见。当代保守主义思想家拉塞尔·柯克（Russell Kirk）提出了保守主义的十大原则："第一，保守主义者相信存在一个永久性的道德秩序。第二，保守主义者坚信风俗、习惯和持续性。第三，保守主义者都信仰'约定俗成原则'（the principle of prescription）。第四，保守主义者都遵循'节制审慎原则'（their principle of prudence）。第五，保守主义者都关注多样性原则。第六，保守主义者都承认不完善原则。第七，保守主义者都相信自由和财产权是紧密相连的。第八，保守主义者都维护自愿的共同体，正如他们反对不自愿的集体主义。第九，保守主义者领悟到有必要对权力和人性激情进行审慎的限制。第十，思考着的保守主义者理解：持续性和变革必须在一个积极有力的（vigorous）社会中得到承认和调解。"①

另一位著名的保守主义思想家欧克肖特宣称："保守就是宁要熟悉的东西

---

① Russell Kirk, "Ten Conservative Principles," http://Kirkcenter.org/conservatism，最后访问日期：2019年10月28日。

不要未知的东西，宁要试过的东西不要未试的东西，宁要事实不要神秘，宁要实际的东西不要可能的东西，宁要有限的东西不要无限的东西，宁要切近的东西不要遥远的东西，宁要充足不要过剩，宁要方便不要完美，宁要现在的欢笑不要乌托邦的极乐。宁要熟悉的关系和忠诚，不要更有利的依附的诱惑；保持、培养和享受比得到与扩大更重要；失去的悲痛比新奇或允诺的刺激更剧烈。"[①] 约翰·凯克斯则认为，保守主义有四个要素：人性论上的悲观主义、意识形态的怀疑主义、制度的传统主义、价值的多元主义。[②]

通过这些论述可以看出，保守主义虽然内部比较松散，但基本共识还是反对现代化以来的种种令人忧虑的倾向，由此可以总结出保守主义的几个特点。第一，反对绝对和激进的理性主义，维护文化传统的价值。刘军宁说："保守主义的矛头针对的是理性主义和激进主义。"[③] 此观点大体恰当。我们知道，现代性的特点之一就是理性主义，整个现代性计划的核心，无非是按照理性原则重构人的生活方式。从现代科学和技术，到国家以及政治组织、社会架构、法律体系、意识形态，都是按照理性原则而不是按照传统习俗设立的。保守主义从一开始就对法国大革命代表的"和传统决裂"的思维方式采取拒斥态度，反对走极端，主张关注古典思想所具有的中庸、平衡、节制的特色，他们维护经验、习俗和传统，反对用理性来全盘地批判和抛弃传统。

第二，保守主义对人性有着深刻怀疑，对人性的改善不抱希望，所以，他们对启蒙运动以来理性主义对人性改善的乐观态度持反对意见。凯克斯认为，"启蒙运动的信仰"主张人性善来自理性的自主，而邪恶来自不良的制度，由此得出的结论必然是改变制度，赞扬人性的自主性。他反对这种启蒙运动的信仰，因为虽然邪恶的制度会加剧人性的恶，但是任何制度之下，恶

---

① 欧克肖特：《政治中的理性主义》，张汝伦译，上海译文出版社，2004，第127页。
② 凯克斯：《为保守主义辩护》，应奇等译，江苏人民出版社，2003，第44、69页。
③ 刘军宁：《保守主义》，天津人民出版社，2007，第20页。

都是无法消除的。[①] 基督教人性论也支持人性的邪恶无法消除的观点，成为保守主义的根源。人性的改善是启蒙的理性主义的内在价值，保守主义出于肯定现实的考虑，认为人性的改善在原则上是不可能的。

第三，保守主义重视财产权利。这一点和自由主义并无不同，但是二者的论据不一样。自由主义认为，财产权利属于消极自由，是天赋的、无法被剥夺的，失去财产权利就意味着自由的丧失。保守主义并不是都支持这种论点，因为个人自由在不同的保守主义那里并不都占据着非常重要的位置。斯克拉顿就认为，社会秩序比个人自由重要，保有财产即意味着履行义务[②]，借助于财产，人类得以把意志赋予人类世界，由此开始发现作为一种社会存在的自我[③]。在他看来，财产关系不仅仅是经济现象，甚至不仅仅是政治权利，还是人类存在的哲学根基。

第四，保守主义重视道德秩序，他们认为人先天具有差异，一部分人必然居于另一部分人之上，这个等级秩序的根源是自然形成的个人素质的差异。这些个人素质中，道德水平处于非常重要的地位。所以，他们并不觉得平等是绝对的好事情，尤其反对人为强制地制造平等。右翼自由主义至多主张机会的平等。[④] 换句话说，保守主义容忍实际上的不平等，认为不平等是无法消除的，一旦提出了消灭不平等的激进方案，就一定会带来更多的恶。这种道德秩序不是经验的，而是超验的，即承认不平等永远不可消除。

第五，保守主义内在地包含多元化的立场。人们通常认为多元主义是自由主义的特点，但保守主义不只有一种形态，它所坚守的传统也不仅限于英国的文化传统。因为其本身就是由不同国家、民族的传统所组成的一个拼图，并不存在一个同一的、均质的"欧洲传统"。在西欧各国中，我们至少可以区分出英国传统、法国传统、德国传统，何况还有地中海沿岸、东欧、北欧

[①] 凯克斯：《为保守主义辩护》，应奇等译，第88~90页。
[②] 斯克拉顿：《保守主义的含义》，王皖强译，第97页。
[③] 斯克拉顿：《保守主义的含义》，王皖强译，第81页。
[④] 刘军宁：《保守主义》，天津人民出版社，2007，第105页。

各国等不同国家的传统。所以，不同国家的思想家所要保留的传统，内涵也有着很大的不同，只能是各自民族保留各自民族的传统。这就使保守主义不排斥多元化立场，随着第三世界国家纷纷开启现代化进程，保守主义面临着更大的变化，东方国家文化保守主义思潮的兴起，就是这个变化的重要表现之一。

现代化席卷整个世界，把各民族都带进了一个世界性的历史进程之中。在第三世界的后发国家，面对西方国家在政治上的冲击，这些国家各自应对自身的现代化转型问题，文化保守主义思潮的兴起，就是东方国家应对西方文化和现代化冲击而引起的复杂反应，俄国、日本、中国都有着强劲的文化保守主义思潮。笔者试图总结若干特点如下。

首先，以本民族传统中的精神性来抗拒现代化的物质主义。俄国的斯拉夫主义者强调俄罗斯思想的精神性，中国的新儒家也强调传统儒家的心性之学。这些观点基本采取了"东方＝精神，西方＝现代化＝物质"的策略，抨击现代化对传统秩序的毁坏，把西方文化贬低为物质主义并加以批判。这些批判部分地抓住了现代化进程中的某些消极现象并加以夸大，其批判锋芒是犀利的，解决问题的方案则值得推敲。

其次，强调文化相对主义，用文化相对主义和文化保守主义互相论证、互相支持。欧洲的文化保守主义虽然也强调多元化，但基本没有脱离欧洲中心论的语境。东方民族的文化保守主义基本反对欧洲中心论，宣称本民族的精神和思想能够拯救西方文化。他们往往借用西方保守主义的超验立场，来为本民族文化的永恒性辩护。

最后，东方民族的文化保守主义者在政治上不一定主张传统政治，而往往是在接受西方政治文化的基础上强调本民族的精神性内涵。也就是说，他们大多数采取了精神文化和政治架构分离的策略。中俄日三个国家在政治体制上基本延续了现代的理性化的政治体制（无论是马克思主义指导下的民主集中制政体、资本主义君主立宪制，还是资本主义民主共和政体，都是来自西方的现代化、理性化的政治架构），而不是中俄日三国的传统政体。

通过上述分析可以看出，东方国家的文化保守主义和西方的保守主义既有千丝万缕的联系，也有实质上的区别。其共同点是"厚古薄今"，强调道德修养，主张平和节制和中庸之道，反对绝对平等、反对激进主义和彻底的理性化。二者的不同点也有很多，主要是理论来源、论据和立场不同，限于篇幅不再具体分析。值得注意的是，随着西方保守主义思潮的传播，中国学界也不断地吸收理论营养，开始用施特劳斯、施米特、柏克、哈耶克等人的思想来构造新的保守主义言说。

二　文化进步主义的理据

进步是现代化的内在价值和尺度。现代化进程需要的文化哲学，应该是一种文化进步主义。文化进步主义应建立在现代化进程中诸核心价值和信念的基础上，承担起为现代文化辩护的责任与义务。现代文化要证明自身对于传统文化的优越性，离开进步主义的理念是不可能的。没有进步的观念，现代化就失去了内在的价值。

进步的观念最初起源于哲学上的目的论思想。亚里士多德认为，作为宇宙最终目的的纯形式，是"不动的推动者"，是绝对的现实，也就是神。这个思想被基督教所接受，并改造为神学目的论，认为上帝是宇宙的最终目的。从无机物到有机物再到人，最后到上帝，形成了一个等级序列，上帝是这个等级序列的终点，代表着终极的完善性。17世纪以来，启蒙精神使人类的理性取代了上帝的唯一地位，设立了理性的权威，开始了"以头立地的时代"。进步随之成为启蒙精神的内在尺度，人渴望达到完满的境界，消除不公正、贫穷、苦难和所有的恶。所以，进步代表着一种价值尺度，这种价值尺度是超经验的，代表着现代化的终极梦想。现代化把自由、平等、博爱当作进步的标志，虽然遭到保守主义的反驳，但是这些信念依然有其难以辩驳的力量，使保守主义者也不能完全拒绝这些价值。

进步观念的发展和现代化进程相伴随，英国史学家约翰·伯瑞在1920

年出版了《进步的观念》一书，梳理了西方思想史上进步观念的发展历程。他认为，进步观念经历了三个发展阶段，第一个阶段到法国大革命为止，进步观念没有得到深入的考察；第二个阶段从法国大革命开始到达尔文进化论为止，思想家开始探索进步的普遍规律；进化观念是进步观念的第三个阶段，赫胥黎将进化原理运用于社会学和伦理学，构造出一种乐观主义的进步理论。[①]随着文化哲学的理论自觉，文化进化论开始出现，它分为19世纪的古典文化进化论和20世纪50年代的新文化进化论，前者的代表人物是斯宾塞、摩尔根和泰勒，后者的代表人物是赫尔德、莱斯利·怀特和塞维斯等。

但是文化进化论有自身的理论弱点，如经验主义色彩、欧洲中心论倾向等，所以不应该局限于进化概念，而应该超越这一概念。以丁立群教授为代表的一些研究者通过对哲学史上进步观念的反思，提出文化进步主义的理论构想，并将其作为现代文化哲学的核心精神。笔者认为，文化进步主义是一种符合现代性精神的文化哲学。

丁立群区分了文化进步主义和文化进化论，指出了前者超越后者的三个特征：第一，进化是一个经验概念，进步则具有超经验的人道主义和道德判断性质，文化进步主义属于形而上学范畴，文化进化论是经验描述；第二，文化进化论的标准是狭隘的功利主义，文化进步主义则强调文化发展的全面性和文化对环境的超越性，现代化应该是从物质到精神的全面进步的过程；第三，文化进化论基本持欧洲中心主义立场，而文化进化论持文化世界主义立场，并展望一种超越个别文化的"世界文化"[②]。这些归纳应该说是比较中肯的。

进化的经验性质来自其生物学立场，进化概念的泛化就是用一种自然科学的概念来类比社会科学的概念，但它基本上是"价值无关的"或者

---

① 伯瑞：《进步的观念》，范祥涛译，上海三联书店，2005，第234~238页。
② 丁立群：《文化相对主义与文化进化主义的超越》，《吉林大学社会科学学报》1998年第6期。

"价值中立的"，进步则是一种价值尺度，如果没有价值尺度，进步就不称其为进步。在大多数人看来，进步不仅仅是科学技术和物质层面的进步，也应该包含制度的进步和精神的进步。自 17 世纪以来，人们对科学技术的进步基本没有异议，但是对制度进步和精神进步则有着不同的意见。关键问题恰恰在于：人类在以往的数百年间是否在制度和精神层面上有所进步？这个问题如果不能达成一致意见，现代化就始终会遭到质疑。人类如果不能提出制度和精神进步的目标，技术的现代化必然会带来灾难，文化进步主义也就不能成立。

制度的进步一般表现在民主、自由、平等、法治等政治、法律层面。这一层面被很多人认为是现代化的核心价值之一，至少公开反对这些价值的人为数甚少，对它们的反对意见主要是各种形式的保守主义思想和文化相对主义。随着主要的发达国家基本完成了制度的现代化，许多第三世界国家也以上述价值为标准进行了制度变革，但还不能说取得了全面的成功。究其原因，是这些国家的人们还在很大程度上持有前现代的价值观念、生活样态和文化模式，这就涉及精神层面和价值观念的进步问题。

文化进步主义必须提出某种超验的价值标准，才能解决这些棘手的问题。人的进步必须是马克思意义上的"人的全面发展"，既包含物质层面，也包含制度和精神层面；既包含科学认识，也包含价值实现和情感世界。而且，人的进步必须包含各种文化的融合，不能以某种单一文化模式作为绝对标准，欧洲文化不能作为单一的标准，中国文化也不能。换言之，文化进步必须在一种世界化、全球化的普遍价值的基础上才能成为现代性的持久价值。马克思主义提供的进步标准，必然是一种世界化、全球化的普遍价值。这就要求我们不能闭关锁国、孤芳自赏，而必须对外开放，融入全球化进程。

文化相对论是和文化进化论长期论战的另一种文化哲学理论，代表人物是博厄兹、本尼迪克特等人。他们从各个原始部落的文明出发，认为各种不同文明或者文化形态之间的关系是不可通约的，因而是平等的，无所谓高低之分。这种思想有相当大的合理性，对于后发国家来说，是一种对抗文化殖民主义的锐利的思想武器，但也有不可解决的理论缺陷。首先，文化相对论拒绝对文化模式进行价值评判，从而无法理解文化的转型和演进。伴随着现代化，各主要文化都经历了一个长期的转型过程，这个转型过程不仅仅是自然地发生或是在经验的层面上进行，也有着主动的选择过程，如美国独立以来的文化转型就是一个人为的主动选择的过程，这其中必然有着某种独特的价值标准，不可能进入文化相对论的视野。按照文化相对论的逻辑，一种文化不可能发生质变，而只能按照自然界的规律生长、演进和消亡。

文化相对论的另一个缺点是把前现代和现代的文化模式等同对待，这一缺点会导致文化故步自封，阻碍文化的交流和整合。按照希罗多德的记载，卡拉提耶人的风俗是吃掉父亲的尸体，希腊民族的风俗则是将父亲尸体火化。按照文化相对论的逻辑，这两种习俗具有同样的合理性，但这个结论无疑是荒谬的。按照同样的逻辑，一个奴隶制政体和一个民主共和政体的文化模式具有同等价值，殖民地国家和一个独立主权国家的文化模式也具有同等价值。文化模式既然在价值上相等，自然是无缺点的、完美的，这就使一种文化对另外一些文化的开放和互相之间的交流成为不可能。只有文化进步主义提出的价值标准，才能对不同的文化模式进行评价，才能解释文化交流、文化变迁和文化整合的合理性和必然性。

文化相对论和文化保守主义的理论关联，也为文化进步主义提供了存在的理由。文化相对论本来是一种经验主义立场，文化保守主义则可能是超验的，这种超验性可能来自基督教，也可能来自一种古已有之的秩序观、宿命论或者决定论。如前文所述，保守主义也有文化多元论的观点，这种文化多元论和文化相对论的根据不同，前者的理由是各种文化传统的合理性和延续性不能被切断。所以，当保守主义用一种超验立场为文化相对论辩护的时候，文化相对论就被改造为保守主义的文化多元论，这两种不同论据的思想被融为一体。近年来中国文化的维护者已经注意到西方保守主义的超验立场，并用来为自己辩护。文化进步主义的超验立场可以令人信服地批评一种经验立场，但是不一定能令人信服地批评一种超验立场。如果不能回应文化保守主义在这个方向上的挑战，文化进步主义就会进入一种失语的状态，而仅仅停留在浅薄的乐观主义立场上。

所以笔者认为，文化的进步主义和保守主义有进一步整合的必要性，以进步为主要价值，同时吸收保守主义的合理成分。因为价值关怀和人的全面发展是文化进步主义的内在理据，保守主义也不拒斥价值关怀，只不过二者实现价值关怀的途径不同。理论必然需要一种彻底性，但是文化实践则要采取一种中庸之道、一种折中的路径，任何文化实践都必须取得某种合理性基础，必须在日常生活中落实。因而，我们必须在这里寻找化解进步与保守之价值紧张的途径。

三　文化进步主义和文化保守主义进行整合的可能性与现实基础

现代化必然导致不同文化的交流、融合，这就是广义的文化整合，它必然带来文化的转型，由传统文化形态转型为现代文化形态。这种广义的文化整合要求缓解文化进步主义和文化保守主义之间的紧张关系，促进二者的进一步整合。一种成熟的、有活力的、有生命力的文化模式必然是开放的，对其他文化开放，也对自身内部异质性的文化成分开放。中华民族的文化模式，必然向西方文化开放，也向传统的儒道释等文化成分开放。西方文明也要向其他文明开放。任何民族的文化变迁和转型，都既要吸收外来文化，也要保留自己传统文化的路径。这就构成了文化进步主义和文化保守主义之间进行整合的可能性基础。

现代化进程是一种世界历史过程，随着各国家民族的交流日益深广，各个文化主体都不可能继续封闭发展，世界文化的融合和交流、转型将继续深化，这是一个不可逆转的过程。进步的观念会影响各种文化，从各种文化的纵向发展来看，其中必然有进步的尺度。现代化内在地包含着一种理性化过程，理性化的思维将影响各个民族的文化精神。后发国家将按照器物—制度—精神的顺序持续改变本民族原有的文化模式，保守主义的各项理由都可能被进步主义所吸收，成为现代化进程中的有机成分。

第一，保守主义重视文化传统，反对人为地、激进地切断传统的态度值得我们深思，但一种文化完全可能在进步主义的前提下保留自身的文化传统。文化的活力在于它能够与时俱进、自我更新。中国文化曾经成功地融合了诸子百家、佛教和少数民族文化，历史学家公认唐代文明的辉煌就是来自其开放性，以至于前人说"唐室大有胡气"；而中国文化的衰落恰恰始于闭关锁国的自闭心态，我们也曾经因为强行将传统文化和外来文化批为"封资修"而招致文化浩劫。传统文化和进步主义并不能绝对地构成矛盾，明白了这个道理，才能真正完成文化的整合和文化的转型。

第二，保守主义主张性恶论立场，对人性的改善不抱希望，和文化进步主义有冲突，但是这种冲突主要是价值层面的、超验层面的冲突。在经验层面，二者是可以求同存异的。人总是有善恶的，二者在人性论上的差别仅仅在于这种善恶之分是不是永恒的，人性的善能否作为一种理想。保守主义原则上认为恶是永恒的，善不能作为理想，而进步主义原则上肯定善可以作为理想，恶不是永恒的。在现实层面，进步主义诉诸人的善良本性，主张用好的制度去促进人的善，保守主义更关注如何用制度防止恶的膨胀，但是二者在增进人的幸福这一点上是有共同语言的。目前的进步主义可能更重视人的幸福，而保守主义可能更重视人的道德，但这并不等于进步主义就不重视人的道德、保守主义就不重视人的幸福。在这一点上，进步主义和保守主义可以对话，重视对方的合理因素。

第三，保守主义认为存在固定的道德秩序，反对人和人之间的平等，这一点也具有将现实问题永恒化的倾向。进步主义也不否认在现实中人和人之间有道德、天赋上的不平等，但同时认为这种不平等在原则上是可以克服的。在这一点上，双方都不能以僵化的态度看待这个问题。保守主义的问题是将等级和秩序固定化，从而阻塞平等之路，例如，如何扶助弱势群体，使他们得到机会上的平等，包括平等的受教育权、选举权等，是考验保守主义是否真正关注道德和人性的试金石。纵观欧美发达国家的历史，如果没有进步主义的呼声，美国黑人就不会得到和白人平等的地位，男女平等、同工同酬也不可能实现。同样，进步主义可能发生的问题是以阶级平等来掩盖现实的个体差异，以权利的平等来掩盖能力和道德水准的不平等，使权利平等仅仅成为一个空洞的形式。这两种现象是保守主义和进步主义各自走向极端的结果，为了避免极端，必须使二者互相监督，保持一种张力，同时互相吸收对方的合理之处。

第四，保守主义内在的多元化立场和进步主义本身并不一定绝对矛盾。保守主义并不绝对地反对一切进步，而是着重反对激进的和单一模式的进步。所以我们必须确立这样的观念：进步不是单线的，也不一定是决定论的；进步没有一个固定的模式，也不能强求一律。由于各个国家、民族、地区的文化传统不同，所以他们的现代化进程都有其独特之处，这导致每种文化的转型都有其特殊性。换言之，各种文化是"各自进步"的，虽然文化之间有交流，但是不能简单地借用和照搬其他文化转型的特殊方式。在进步主义的前提下，保留各种文化的个性、保留奠基在传统上的多元化是可行的，也是现实的，这既符合进步的价值标准，也会防止传统的断裂。

传统的断裂意味着人的生活世界和价值系统的断裂，会引起灾难性的后果。文化进步主义这种有保留的多元化立场并不必然导致文化相对论，文化相对论的极端化会在实践中拒绝文化的融合。现实中的文化冲突、民族矛盾、教派争端，都和某种程度上拒绝文化融合的态度有关。前文分析过，文化进步主义必然坚持开放和全球化的立场，必然支持文化融合和交流。因而，要一方面坚持文化的开放和交流，一方面坚持各个国家和民族传统的延续性，这两方面可以是不冲突的。

所以，保守主义和进步主义是不可偏废的，一旦走向极端，则必然导致灾难。二者必须保持一种良性互动的局面，在理论上互相辩论，在实践上可以互相结合、互相纠偏、求同存异。在此基础上二者进行整合是可能的。

除了上文所论述的二者整合的可能性基础，笔者认为，二者整合也有其现实基础。这种现实基础就是奠基在各种文化中的合理性根据，可以简称为文化合理性，以及建构在这种合理性根据之上的日常生活。

各种文化形态之所以存在，是因为它们的内在根据没有消亡。这种内在根据，也就是该文化存在的合理性基础。这种合理性基础的来源，一是传统的生活环境，如地理环境、居住条件、食品结构、生产方式等，一是通过教育而形成的文化载体，如文字、礼俗、传说、民间艺术等，二者形成了一整套思维模式和行为模式，这就构成了一种文化的日常生活形态。

一种文化的合理性基础使这种文化显现出顽强的生命力，只要一种文化的合理性基础还存在，这种文化就不会消亡。而一旦日常生活方式发生改变，这种文化的合理性基础也就因此而动摇。文化变迁和转型的过程，也就是文化的合理性基础根据日常生活的变化而不断调整的过程，一种文化越开放、宽容，其文化合理性调整的余地越大，就越不容易消亡。各个历史悠久的民族之所以保留着丰厚的文化传统，就是因为其文化能够容纳大量的异质性成分，从而产生出极大的同化力，能够面对危机调整自己的形态，延续文化的生命力。

不同文化具有不同的合理性基础，导致文化形态千差万别，这就使保守主义有了强大的基础。保守主义必然维护本民族的文化传统，使文化传统体现出一种向心力和凝聚力，维护着个体在文化中的自我认同，维护着日常生活不受大的冲击，因为日常生活的冲击会使个体无所适从，产生极大的不安全感并导致精神信仰的失落，保守主义则在一定程度上维护了个体的认同和文化的凝聚力。

文化的合理性不仅仅有保守和多元的内涵，也有着进步的内涵。将前现代的文化合理性根据和现代文化的合理性根据做一比较就能看出：前现代的文化合理性中超验成分多（如宗教信仰），现代文化的合理性则具有世俗性特点；前现代的文化合理性中，非理性成分多（经验、直觉、形象思维等），现代文化的合理性则具有理性化特色；前现代的文化合理性中，独立化色彩和排他性浓厚，现代文化的合理性则更具有普适性色彩和开放性。由超验到经验，由宗教到世俗，由非理性到理性，由独特性到普适性，由排他性到宽容性，这就是文化合理性进步倾向的表现。

同样，文化合理性也是可以比较的，当不同文化相遇时，可能呈现出不同的情况，或者是激烈冲突、互不相让，或者是求同存异、缓慢融合。当现代文化模式和前现代文化模式相遇时，现代文化模式会取代前现代的文化模式，取代的方式或者是外力强行推进的，如殖民地国家被迫的现代化，或者是主动演变，如英美等发达国家的现代化进程。不管主动演变还是被动演变，实质都是"更加合理的"文化模式取代"不甚合理的"文化模式，即使是殖民地和后发国家的文化演变，也是由被动演变变为本民族文化的主动选择。

综上所述，一种文化总有其相对稳定的成分和自我更新、与时俱进的可能，文化保守主义维护的是前者，而文化进步主义强调的是后者，二者必须保持平衡状态，一方独大只能导致激进主义和极端主义。我们作为现代人，认同现代化的生活方式，必然以进步为基本的价值取向，吸收保守主义的合理成分，促进文化交流和文化转型，改善生存处境，促进精神和价值意义的进步。这就是文化进步主义和文化保守主义的互动给我们的启示。

此外，中国新时代的文化整合必然是以马克思主义为主导，整合外来文化和中华优秀传统文化。从文化哲学角度看，必然是文化进步主义对包括文化保守主义在内的其他文化精神的整合。这一点是经过中国百年以来的革命实践和理论构建所反复证实了的结论。其具体进程虽然无法准确预测，或许会经受艰难和曲折，但结果必然如上所述。因为马克思主义毕竟最精确、最深刻地表达了现代化的文化进步的精神。

第二节　意识形态领导权和文化认同：关于马克思主义中国化的思考

马克思主义中国化是一个历史过程。笔者倾向于从意识形态领导权入手理解马克思主义中国化这一概念。面对目前意识形态多元化的态势，尤其是中国文化保守主义的挑战，强调马克思主义中国化这一概念，既是出于意识形态话语权的需要，也是理解和表述中国独特的社会主义建设道路的需要。马克思主义中国化不仅仅是一个"即时性的"口号，也是统合各种相互异质的意识形态、建构社会主义核心价值观和文化认同的基础。本书立足于实践哲学的立场，从意识形态领导权和文化认同的角度出发，探讨马克思主义中国化的内在理据，对中国的文化保守主义现象做出一些分析和回应。

一　在思想多元化态势下的意识形态领导权问题

从文化哲学的角度看，一个国家、民族或地区的生活方式的核心是一种文化模式，而这种文化模式的核心则可以表述为一种哲学体系及与之相关的文化精神。越是在人类历史上产生重要影响的民族与国家，其精神建构和哲学体系就越具有完整性和丰富性。所谓完整性，是指思想体系的完备性，重要的民族和国家都具有一些完备的哲学体系和思想体系，并涌现出一批伟大的哲学家与思想家；所谓丰富性，是指这些民族和国家的哲学和精神内部有着丰富而细致的层次，其中不乏异质性和多元性成分。民族和国家精神的丰富性和完整性并不是互相矛盾的关系，而是相辅相成的关系。比如，西方文明中的希腊传统与希伯来传统有着深刻的矛盾，但是也有互相补充的一面，它们彼此交汇，共同构成了西方文明庞大的思想体系，孕育了现代科学和人文知识。一个民族或国家的内在精神中可能包含不同的成分，这些不同的成分在不同的时期可能分别占据首要位置。如中国古代，儒家和道家都有过占据意识形态首要位置的经历。占据了意识形态的首要位置，也就占有了意识形态的领导权。

在西方马克思主义思想史中，最先明确地表述意识形态领导权概念的思想家是葛兰西，但是其逻辑必须上溯到马克思和列宁那里。马克思在《黑格尔法哲学批判导言》里的名言"理论只要说服人，就能掌握群众"[1]，可以视为马克思主义理论对意识形态领导权的最早表述。列宁的阶级意识理论和党的理论则是意识形态领导权理论的深化形态。1923年卢卡奇《历史与阶级意识》一书的出版，揭开了西方马克思主义意识形态领导权理论的新篇章，卢卡奇对阶级意识的强调和列宁有着一致性。以往的研究往往强调卢卡奇和列宁的差异，这种强调容易忽视二者的一致性。笔者认为，关于阶级意识的形成、地位和作用，卢卡奇和列宁并无原则上的分歧，只是卢卡奇在总体性的方法论之下，更强调工人阶级和知识分子的一致，即理论和实践的总体性，而不再强调阶级意识是从外部灌输的。葛兰西在此基础上更进一步，提出了领导权（hegemony）和"组织化的知识分子"[2]（organic intellectual）概念。意识形态领导权理论自此成形并且广为人知。随后，法兰克福学派针对法西斯主义和发达资本主义社会的文化批判提出了意识形态领导权理论，直到拉克劳和墨菲的"后马克思主义"，依然将意识形态领导权当成当代马克思主义最重要的主题。这种现象和思想家对现代化的深入理解有关。

现代化和前现代文化的最大区别之一就是，后者建立在经验、传统、世俗权威和宗教信仰基础之上，而前者建立在理性的自我论证基础之上。现代化来自启蒙运动，特点是用理性权威来打倒上述经验传统、世俗权威和宗教

---

① 《马克思恩格斯选集》第1卷，人民出版社，1995，第9页。

② 原来将此词译作"有机知识分子"，俞吾金先生撰文辩驳，认为此一词组的原意是"有组织的""有组织意识的"。"有机"一词的生动，在于其灵活形象，强调了知识分子与工农运动紧密结合的特性。参见俞吾金《何谓"有机知识分子"？》，《社会观察》2005年第8期。

权威，即使无法全部打倒这些权威，也要以理性为基础来重建这些权威。现代化的经验世界，是以理性为内在基础的，现代化语境下的宗教信仰，也是以理智信仰而不是迷信权威为基础的。现代的神学家不再机械地反对现代科学，而是试图回避现代科学问题，谋求科学与信仰的共存。

在这种态势下，现代化特别强调意识形态的领导权，现代化的意识形态进行自我论证，是现代化本身的一个重要特点。一切大众文化产品，包括电影、电视、报纸、广告、网络等各种传播媒介，其思想内核都关乎现代化的自我论证。科学、自由、民主、法治这些观念的深入人心，实际上是现代化意识形态领导权自我论证、自我辩护的结果。因为现代化的意识形态领导权主要表现在文化层面，所以也可以称为现代化的文化领导权。

马克思主义作为社会主义思潮的一个重要流派，本身就是现代化诸意识形态的一个重要部分。马克思主义宣示的人类自由解放和全面发展，就是一个最重要的现代化事件。马克思主义的中国化，本身就内在于中国文化的现代化进程之中，而且自我确证为中国文化现代化的当代形态。马克思主义中国化的核心任务，是在政治上和文化上确立意识形态领导权。

现代社会思想领域中的多元化态势是历史的必然，不能也不可能将之强行取消或者"归于一统"，但这并不是说各种意识形态都占据平等的地位，其中必然有一些主导性的意识形态。一个国家、民族、地区占据领导权的意识形态，其主要功能是负责说明整个国家和人民"向何处去""走什么路"，在这个大问题下，举凡整体性的价值取向、精神指引、发展道路、人的具体存在方式等一系列问题，都与之有着深刻关联。其他非主导的意识形态则在小范围内和多层次上与主导的意识形态之间构成互补和互动的作用。二者不必强求一致，也会有一些矛盾和张力，但是这些次要的意识形态不具有"全局性的"领导权，其运行范围和影响受众也仅仅存在于民间的一些小群体之中，和主流意识形态未必形成直接的冲突，而更多的是互动和互补的关系。

改革开放以来，各种社会思潮在中国蓬勃兴起，争夺意识形态领导权的态势已经非常明显。

　　笔者认为，马克思主义应该也能够在多种意识形态中占据主导性位置，和其他思潮和平共处，在互补、互动、保持必要张力的情况下得到健康的发展。但是这个主张不仅需要思想上的论证，也需要经过社会实践的检验。这样的任务当然远非一篇文章所能完成，笔者在这里集中探讨的是意识形态领导权和文化认同的关系。

　　学界很多人主张把 hegemony 一词翻译成"霸权"[1]，笔者还是认为翻译成"领导权"更好，因为国家或社会的主导性意识形态起作用的方式是软性的引导和文化上的认同，而非硬性的"霸权"。马克思主义的意识形态领导权不仅仅是政治秩序意义上的领导权，还是文化的领导权。马克思主义意识形态的文化期许，本身就属于现代性事件中最核心的一部分。实际上，中国走的是借助马克思主义化来走进或者完成中国现代化的路径。换言之，中国要以何种面貌走进现代化，才是马克思主义中国化的实质。中国的意识形态领导权问题，实质上是一个现代化问题，或者是一个"古今问题"，而不是"中西问题"。

二　古今问题和中西问题：理解马克思主义中国化的维度差异

　　马克思主义中国化这个命题，可以理解为一个双向互动的结果，即"马克思主义化中国"和"中国化马克思主义"，这里的"化"作动词意义理解。一方面，"马克思主义化中国"是用马克思主义来"教化"中国，使中国的主导意识形态由儒家思想变为马克思主义。如果说基督教"教化"中国的结果可以称为"中华归主"的话，马克思主义教化中国的结果就可以称为"中华归马"。这种维度是以马克思主义为主动一方，"中国"属于被动一方。另一方面，"中国化马克思主义"即是中国文化将马克思主义变为自己本民族文化中的一个有机组成部分。正如中国文化同化外来的佛教文化，使佛教文化改

---

[1]　有代表性的论证参见周凡《后马克思主义导论》，中央编译出版社，2010。

变了原属于印度的外貌，而变为中国风格的佛教，"中国化马克思主义"的结果就是把"外来的"马克思主义变为"中国的"马克思主义。这种维度是把"中国"（被一些人"窄化"成了"儒家"）当成主动一方，将"马克思主义"当成被动一方。按照前一种看法，"马克思主义化中国"中的"马克思主义"是普遍性命题，中国则属于特殊性情境，是一种"本地化"过程，也就是通常所说的"马克思主义普遍真理和中国革命具体道路相结合"的问题。由于马克思主义是一种现代性计划，"马克思主义化中国"和"自由主义化中国"就属于"古今问题"，而后一种看法"中国化马克思主义"则相应地属于"中西问题"。

这两种"归化"过程是双向运动、并存发生的，片面地坚持任何一方面都可能走入某些误区。"马克思主义化中国"可能被理解为消除和摧毁一切本民族的文化传统，可能走入文化虚无主义或历史虚无主义。"中国化马克思主义"则可能将马克思主义完全化为某种新的"中华主体思想"的从属部分，甚至可能在国家意识形态的旗帜上取消马克思主义的名号。学界热烈讨论的"中国文化主体性"和"中国学术主体性"的初衷是反抗西方的"文化霸权"和"学术霸权"，但又有一种潜在的危险：一切以"中西"划界，将会走向另一种版本的"中国优胜论"或"传统文化优胜论"，最终会倒向文化保守主义。

在 20 世纪中国思想史的舞台上，关于中国向何处去这一问题，一直存在三个大的理论走向——"中化派"（来自本民族传统的右翼文化保守主义）、"马化派"（左翼的马克思主义和社会主义）和"西化派"（居中的自由主义），后两者均来自西方。这种三分的思想格局其实不是中国所独有的，在许多国家，如俄国、印度、日本等都存在。因为中、俄、日、印面临的现代化局面和问题有相似性，但是由于各国具体国情不同，其表现形式也有差异。

中国的三派争论一直持续了百年左右。"西化派"和"马化派"共同分享的理论前提是"古今问题"，即中国的问题是现代化，马克思主义和自由主义是现代化的两种方案，分歧在于哪个方案更好。"自由主义化中国"和"马克思主义化中国"是古今问题的两种解决方案。马克思主义一直在论证自己是"最现代化"的意识形态，比自由主义更有优势，马克思主义者致力于揭露资本主义的民主、自由、平等在现实中的不彻底性和虚伪性。不可否认，这不仅是马克思主义的立场，也是世界左翼思潮的共同立场，西方世界的左翼思想一直在大学和知识分子中有着重要的地位。马克思的思想成为整个左翼思潮共同的理论资源，他们共享的这种超越资本主义的历史使命感，一直是马克思主义的魅力所在。

　　文化保守主义则不同意"古今问题"这个理论前提，认为中国的问题是"中西问题"，即中国的主要问题不是现代化，而是反抗西方霸权（即使把反抗西方霸权和现代化视为同等重要，也会把反抗西方霸权作为当前更为迫切的工作）。由此，文化保守主义和民族主义结合在一起，成为和中国现代化并行的一个宏大主题。虽然"原教旨的"马克思主义并不是民族主义的，而是具有国际主义色彩的，但是马克思主义一旦在各民族国家"落地"和"附体"，就注定无法摆脱和民族主义的纠葛。这也是马克思主义中国化过程中所必须解决的"本土化"或者"本地化"问题。

　　我们当然不能采取民族虚无主义的立场，社会实践也不允许我们采取这种立场。相反，只有"本地化"了的、"接地气"的马克思主义，才是真正有血有肉的马克思主义，才是真正落到现实之中、参与社会实践的马克思主义，否则有可能成为书斋里的理论游戏和书本上的教条。但是，"中西问题"不可能是马克思主义的预设立场，最直接的原因是马克思主义来自西方，同样分享了启蒙理性的大背景。对于中国传统来说，它同样是外来的、异质的。当文化保守主义者一再强调民族文化的主体性和"抗拒西方文化霸权"时，必然隐含着把马克思主义当作"西方文化霸权"的一部分而加以拒斥的逻辑结果。

　　这种思想运作的逻辑，实际上就是用"中西问题"来取代和掩盖"古今问题"。既然"中国文化的主体性"一直被西方所"压制"，那么它的重新恢复和发扬光大，就自然成为比中国的现代化更为重要的任务，甚至直接取代或者包含了中国的现代化。最后，"中国的现代化"就被等同于中国文化主体性的重新获得，被等同于"中国文化的伟大复兴"，但是复兴的内容，经过一系列修辞术的转换，已经去除了一切属于"西方霸权"的东西，而完全变成中国的了。由此，文化保守主义者实际上承诺了一个"不需要西方"的现代化模式，他们会宣称：向西方学习，我们完全走错了路。这种思路自然有相当大的危险，危险在于把"现代"与"前现代"的差别完全变成了"中国"和"西方"的差别，西方不再是"现代文明"的象征，中国则成了"最文明"的代表。"中西问题"于是彻底变成了"夷夏之辨"。古今问题—中西问题—夷夏之辨，这就是某些文化保守主义者的修辞术。

笔者认为，"西方文化霸权"的问题是个被策略地夸大了的问题，不知道"中国主体论"或"中国本位论"者在什么意义上使用"霸权"一词。根据笔者的思考，西方文化霸权最重要的部分其实就是西方人所占据的关于现代化的意识形态领导权。民族主义者口中的"西方霸权"，一方面来自西方世界在经济、政治、军事方面的强势力量，如美国的全球战略和中国国家利益的冲突，以及近代中国饱受帝国主义欺凌的历史记忆和民族悲情；一方面来自科学、文化、教育体制等方面的"西化"（其中也包含着现代化的内容）。

按照通常的器物（物质文明）—制度—文化的三分法，器物方面的现代化没有太多的人公然反对，争论比较激烈的是制度和文化层面。改革开放以来，中国人逐渐意识到现代化最终还是要落实在后两个层面上，否则就不是完全的现代化。此时，"西方文化霸权"的概念应运而生。它代表了中国的文化保守主义者夺取现代化意识形态领导权的一种论说策略，这种策略所代表的努力可以理解，甚至让人尊敬，但必须对它的理据进行深层次的理论检讨。

来自西方的现代化进程具有普世性特点，直接带来了资本主义主导的全球化。其原因就在于：第一，物质文明的现代化进程，革命性地改变了人类生活，使现代化有了无须证明的合法性；第二，这和基督教精神中包含的弥赛亚主义的救世情怀和传教热忱有着直接关系（在某种意义上，马克思主义也分享了这种弥赛亚主义）；第三，是来自现代科学、教育、文化体制的软性的影响力，也包括一整套自由、民主、平等、法治的意识形态；第四，资本主义的全球殖民体系和经济分工体系使欧美发达国家获得了政治、经济、军事上的领导权和"话事权"。但这四点内容是否和中国崛起属于直接对立的关系，是否承认了"西方文化霸权"就必然导致"中国文化主体性"的失落，还值得仔细推敲。

首先，物质文明和西方文化霸权没有直接关系，中国文化复兴也需要满足人民物质文明的需要。其次，西方国家只要放弃军事侵略和武力干预他国内政，也并不一定直接导致"中国文化主体性"的失落。直接导致"文化霸权"的是来自西方的教科文体制和意识形态，包括自由主义、基督教精神等。于是，对文化保守主义者来说，只要提出可以与之抗衡的中国版的意识形态，"西方文化霸权"自然就被驱逐了。这也必然使马克思主义"去西方化"，前文提出的"中国化马克思主义"也就成了文化保守主义的策略。

但是，西方教科文体制和意识形态是否一定和"中国文化主体性"相矛盾，其实是个大可存疑的问题。在文化传播史上，不同文化要素的互相融合是很常见的事情。出自印度文化的佛教来到中国，经历数百年后变成中国佛教，和其他国家的佛教呈现出不同的形态，但我们并不说这是"印度文化霸权"。近代日本接受西方文明的程度远远大于中国，但是日本依然发展成资本主义强国，而跻身发达国家之列。日本国内虽然也有自己的文化保守主义派别，但是对西方文化并没有明显的拒斥态度，而是广泛地学习西方的文教体制，依然保持了"日本文化主体性"，这些事实值得中国人深思。可见，关键问题不是如何抗拒"西方文化霸权"，而是如何吸取其他国家现代化的经验教训，将现代化过程"本地化"，走"中国版本"的现代化道路。在现代化的过程中，中西矛盾的确存在，但也只不过和西方各个国家的矛盾一样，更多的属于现实层面的政治、经济问题。

如果说"西方文化霸权"的概念要害在于转换问题的关键，将"古今问题"转换为"中西问题"；那么"儒家社会主义"的提法就是"中国化马克思主义"理论策略的正面表述，这个提法看起来和"马克思主义中国化"差不多，但其要害在于儒家的主导性。如果马克思主义和自由主义、法家思想以及其他的少数民族文化元素一样都成为儒家主导下的文化"大拼盘"中的一分子，那么，中国的现代化走向，就势必要重新解释。

笔者认为，"中国的现代化"和"中华民族的崛起和伟大复兴"这两个目标之间既是互相支持的，也存在巨大的理论张力。这种理论张力来自古今问题和中西问题揭示的思想维度的差异。古今问题是一个历时态的维度，中西问题则是一个共时态的维度。文化保守主义以批判和否定现代化为基本的理论诉求，"儒家社会主义"则把问题的焦点巧妙地转换为"确立中华文化主体性"，实际上把否定现代化的内容隐藏了起来①。其结果就会用民族崛起的目标来掩盖或者取消现代化的目标。马克思主义中国化的实质和目标，始终是中国的现代化，是以现代化的马克思主义来"化中国"，而不是以传统的"中国"来"化马克思主义"；是以马克思主义的精神来统摄包括以儒家为核心的中国传统文化、各少数民族文化、地域文化和世界先进的文明成果，而不是用儒家本位来统摄其他文化成分。

三　文化认同：多元意识形态的统合基础

综上所述，笔者认为意识形态领导权的运作方式主要是潜移默化的、软性的，而不是硬性强制的。它的现实基础当然包含政治认同，但是在此之外，更持久、更广泛的是文化认同。这可以从时间和范围上做出说明。

马克思主义中国化的历史进程，就是马克思主义逐渐在中国"落地"和

---

① 儒家社会主义的倡导者甘阳在《通三统》一书中表达了中国文化传统一直没有断裂的思想，也表达了对中西之争的重视。通过对毛泽东思想和邓小平理论的理解，他也强调了二者同中国传统的一致性。参见甘阳《通三统》，生活·读书·新知三联书店，2007，第3~5、8~10、32~38页。

"附体"、获得意识形态领导权的过程，这一过程最初（不仅在时间上，也在逻辑上）建立在政治认同的基础上。在 20 世纪前半期，马克思主义主要是作为一种解决中国问题的"一揽子"政治方案被引进来的，其影响力主要是政治上和思想上的。在 20 世纪后半期，中国共产党已经成为执政党，马克思主义中国化的基础由政治认同逐渐拓展为广泛的文化认同。马克思主义的影响力从政治领域渗透到整个社会生活乃至思想文化的方方面面，成为一个宏大的社会改造工程的主导力量，深入人民群众的日常生活和具体社会实践之中，而这种深入，正是意识形态文化认同的根源。

改革开放之后，中国逐渐走上了社会主义市场经济的道路。马克思主义的意识形态领导权受到了一定程度的挑战和冲击，这是历史的必然现象。古代中国儒家的地位也曾不断地受到佛、道以及诸子百家挑战，但是儒家和百家最后变成了互动、互补而又互相影响的关系，儒家意识形态领导权地位的巩固，和儒家思想者努力与其他思想互动，进而吸收、转化其他思想中的积极成分有着直接关系，如魏晋玄学和宋明理学对佛教、道家思想的吸收和转化。同样，马克思主义者也能够吸收转化自由主义、保守主义等思想中的积极成分，在充分而深入的思想互动中保持自己的意识形态领导权地位。在这种思想互动的背后，文化认同所起的作用更加广泛、深入。

意识形态文化认同的基础首先来自人民群众的日常生活和社会实践。现代化文明的落脚点是日常生活和社会实践，而不是真空中的理论推导。民主、法治等现代化的价值观，也必须"落地"为有效的社会制度，才能获得广大人民群众的文化认同。这样我们才能解释为什么民主体制在西方比较容易"落地生根"，而在东方社会就会"水土不服"。这是因为这些价值观在东方社会不能很好地"接地气"，而必须经过一番艰苦而具体的转换工作，变成"本地化"的版本。马克思主义中国化之所以有目前的成就，就是因为中国共产党人很扎实地做了一番转化的工作，找到了使马克思主义"落地"的好方法。但是，新的时代又对马克思主义者提出了新的问题。在这种局面下，中国马克思主义就需要再次转换自己的形态，但不管如何转换，必须扎根在中国的日常生活和社会实践的土壤中。

人民群众作为日常生活和社会实践的主体，可以在不同的意识形态中进行主动的选择，这是一种个体的"认信"过程，而意识形态则"召唤"和选择具体的个人、集体、民族，然后才得以实现自身的"落地"和"附体"，这个过程是双向的，是意识形态"本地化"的微观机制，必须在日常生活和具体的社会实践中进行。也只有在具体的日常生活和社会实践中，马克思主义才能从政治领域真正地进入更广泛的社会层面。

马克思主义中国化的新局面，必须由"自在"变为"自为"和"自觉"。所谓"自在的"马克思主义中国化，即固守原有的马克思主义表述，简单地确认历史上马克思主义中国化的现实成果，而"自为的"马克思主义中国化则在新的历史条件下有所创新而不拘于成说。在新的历史条件下，仅仅抓住过去的历史成绩不放是不够的，而要与时俱进、打破教条、开拓进取，面对现实问题，不能仅仅固守"原教旨"的马克思主义不放，而要在价值尺度上说清楚马克思主义与基层民众的日常生活和社会实践的关联。任何现代化的理论言说，只有清楚而有说服力地解释自身理论与基层民众的日常生活、社会实践的内在关联，才能达到"说服人、掌握群众"的地步。

总而言之，现代化是马克思主义和其他文化成分的最大公约数，只有在现代化的立场上，才能摆脱"中西古今"的迷思，才能坚持马克思主义与人民群众日常生活和社会实践的紧密联系；只有这样，我们才能建立一个以马克思主义为主导、最大限度地吸收其他思想的积极因素、多种思想成分积极互动、充满活力的中国特色社会主义意识形态聚合体。它不仅仅能解释和回答"中国向何处去""中国走什么路"的问题，也能真正地建立"中华文明的主体性"。

第六章　俄罗斯文化哲学的视野

本章讨论俄罗斯"白银时代"的文化哲学，为中国文化转型问题提供一个有趣的参照。中俄两个国家的现代化道路存在相似性，在现代化过程中出现的一些理论思潮都有相似的特点。研究和总结俄罗斯文化哲学的理论特点和理论得失，对中国的文化转型和文化建设有着很好的借鉴意义。

第一节　索洛维约夫对斯拉夫主义的批判及启示

后发现代化国家在世界历史进程中的处境有某些相似之处，尤其是文化传统和历史处境相近的国家。俄国与中国在当时同属相对落后的大国，面对强大的西方文化的冲击，各自的反应也有比较相似的地方。比如，中国在19世纪末到20世纪初产生了文化上的保守派和激进派，俄国也有斯拉夫主义和西方派，只不过出现的年代比中国的相应流派要早。俄国斯拉夫主义随着时代的不同，分为产生于19世纪30年代的早期斯拉夫主义和随后产生的泛斯拉夫主义，前者以霍米雅科夫、阿克萨科夫等人为代表，后者以丹尼列夫斯基、斯特拉霍夫等人为代表。[①] 斯拉夫派和西方派进行了长期论战。

---

① 白晓红:《俄国斯拉夫主义》，商务印书馆，2006。

索洛维约夫是俄国白银时代有重要影响的哲学家，他的思想本来和早期斯拉夫主义有渊源，但是他在 19 世纪 80 年代也参加了同斯拉夫派的论战，并发表了一系列作品，对泛斯拉夫主义的极端民族主义倾向做出批判，不主张过分强调俄罗斯民族的特性，也不同意对西方文化进行极端的排斥。这些作品批判的对象不仅仅是泛斯拉夫主义，还包括整个斯拉夫主义中的极端民族主义观点。他在 1888 年撰写的《俄罗斯与欧洲》、1889 年撰写的《斯拉夫主义及其蜕化》等作品集中表达了这些思想。本节试图对索洛维约夫的相关思想做一分析。

一 对俄罗斯文化特殊论的批评

传统斯拉夫主义者主张俄罗斯民族具有世界历史使命，是全人类最终文明的体现者。文化学家丹尼列夫斯基认为俄罗斯和斯拉夫民族是一种特殊的文化历史类型，他在《俄罗斯与欧洲》一书中对此进行了论证。索洛维约夫撰写了同名文章，对这种观点进行了反驳。

丹尼列夫斯基把农村公社和农民份地看作俄罗斯—斯拉夫文化历史类型的主要根据。索洛维约夫认为，村社不是俄罗斯—斯拉夫文化特有的，而是许多民族共同经历的阶段。[1] 同时，这种公社土地占有制本身完全不利于农业发展。更进一步地说，斯拉夫主义者和民粹派对人民的态度是理想化的，他们提出了"到民间去"的口号，虽然代表他们对农村的向往，但没有形成任何经常性的社会活动，没有实现知识分子与普通百姓的真正团结。相比之下，这些运动在英美法各国都有发生，都很有独创性。[2] 他们非常重视知识阶层和人民大众之间的有机联系，但从俄罗斯的现状来看，这种联系非常薄弱，丹尼列夫斯基也找不到如何加强这种联系并建立理想社会制度的道路。

索洛维约夫指出，俄罗斯人的创造力在精神文化领域表现得很充分，但

[1] 索洛维约夫：《俄罗斯与欧洲》，徐凤林译，河北教育出版社，2002，第125页。
[2] 索洛维约夫：《俄罗斯与欧洲》，徐凤林译，第126页。

是也不能证明这种文化有独立于其他国家的独特性。从科学上说，没有一种独特的斯拉夫—俄罗斯科学，而且俄罗斯的科学在当时已经衰落。在哲学思想方面，索洛维约夫认为"俄罗斯人无疑是能够进行思辨思维的"[①]，但目前还没有出现独创性的思想，仅仅表现为"片段的素描"或是对欧洲思想极端而片面的重复，虽然俄国哲学家以高度热情传播了德国古典哲学，但是他们的思想很快就发生了转向，并未得出积极的成果，表现了俄罗斯人"理智的变动不定"[②]。俄罗斯在文学艺术方面虽然有非常卓越的表现，但是这种表现却处于衰退之中。索洛维约夫因此认为，并没有一个独立于欧洲的俄罗斯—斯拉夫文化类型，丹尼列夫斯基的俄罗斯文化特殊论是缺乏事实基础的。[③]

索洛维约夫接着指出，俄罗斯只有在和欧洲的交流中才能使自己变得伟大，如彼得大帝的改革和普希金的诗歌。他重视的是俄罗斯文化中具有欧洲特性的或者普遍性的内容，对俄罗斯表现出来的文化独特性评价不高。作为对照，他同时评价了中国文化。丹尼列夫斯基赞美了中国的四大发明，索洛维约夫则认为，中国的独特性"是以最消极或不健全的方式表现出来的"[④]，四大发明得不出有效成果，中国式的智慧也不能带来"任何称得上是永久性的东西"。这个批评虽然不无偏颇，但可以看出索洛维约夫更强调欧洲文化的普遍性立场，并对丹尼列夫斯基的文化相对主义立场进行了针锋相对的批评。这种批评很有价值，也可以促进我们对本民族文化的反思。

索洛维约夫认同欧洲文化的普世性，不同意丹尼列夫斯基强调俄罗斯文化特殊性的观点。他回顾了古罗马的"理性的普世主义"[⑤] 和基督教的普世精神，认为18世纪的极端民族主义（以费希特的德意志民族主义为代表）也没有否定这种全人类一体的普世主义精神。他指出，俄国的民族主义若试图抛

---

① 索洛维约夫:《俄罗斯与欧洲》，徐凤林译，第131页。
② 索洛维约夫:《俄罗斯与欧洲》，徐凤林译，第133页。
③ 索洛维约夫:《俄罗斯与欧洲》，徐凤林译，第137页。
④ 索洛维约夫:《俄罗斯与欧洲》，徐凤林译，第138页。
⑤ 索洛维约夫:《俄罗斯与欧洲》，徐凤林译，第143页。

弃这种普世精神，就只能使自己倒退回"前罗马的多神教"阶段。① 如果丹尼列夫斯基只把俄罗斯当作孤立自足的文化类型，就会不顾历史，把俄罗斯文化和欧洲基督教文化对立起来，从而把人类划分为两半，一半是拥有绝对真理的"正教斯拉夫世界"，另一半是全部其他种族和民族。② 这种划分方式无疑是非常荒谬的，所以丹尼列夫斯基的文化历史类型理论只能从俄罗斯文化的根本独立性导出孤立化的结论。它和基督教观念、基督教历史都不相容。

老一代斯拉夫主义者清醒地认识到，俄罗斯生活中的恶正是普遍无人权之恶，所以他们对恶进行了尖锐的批判。索洛维约夫认为，斯拉夫主义者中只有阿克萨科夫真心地相信古代俄罗斯制度和生活的优越性。但是随着时间的推移，斯拉夫主义中强调民族性的一面逐渐凸显，使他们的理论重心变为对欧洲的排斥，最终蜕化为极端的泛斯拉夫主义。他们认为俄罗斯的恶都是欧洲文明的产物，索洛维约夫指出，霍米雅科夫所说的"奴隶枷锁的烙印""法庭的黑暗不公"都是"旧莫斯科罗斯的遗产，是前彼得时代的残余"③，不能作为反对西方文化的论据。

霍米雅科夫从 1853 年开始出版一些论战性的小册子反对西方信仰。索洛维约夫指出，他的论证方式是择取西方宗教生活中具体的历史现象，概括出这些现象中的片面性和缺陷，将其上升为原则，然后把这一切同斯拉夫主义者所创造的东正教理念对立起来，这种理想观念可以归纳为一个公式："教会是在爱中的自由与统一的综合。"④ 按照斯拉夫主义者的看法，天主教有教会统一而无个人自由，新教发展个人自由却失去了全部统一，只有东正教才使自由与统一结合起来。索洛维约夫指出，这个公式并不是对现实的反映，而只是霍米雅科夫的理想。

克里米亚战争和农奴制改革之后，俄国不可避免地走上了资本主义道路。

① 索洛维约夫：《俄罗斯与欧洲》，徐凤林译，第 143 页。
② 索洛维约夫：《俄罗斯与欧洲》，徐凤林译，第 157 页。
③ 索洛维约夫：《俄罗斯与欧洲》，徐凤林译，第 196 页。
④ 索洛维约夫：《俄罗斯与欧洲》，徐凤林译，第 202 页。

索洛维约夫认为，斯拉夫主义者否认西方的宗教斗争没有起到重要作用，认为只有为俄罗斯人民争取"一般人类真理之事业"才有可靠的成就和真正的意义。这证明了彼得大帝西方化改革道路的正确性和"斯拉夫主义反对者的站不住脚"[1]。

二　对斯拉夫主义走向极端民族主义的批评

19 世纪 80 年代，斯拉夫主义最终走向了极端民族主义。索洛维约夫认为，民族主义不能等于民族利己主义或极端民族主义，当民族受到压迫时，民族主义有合理性，"任何民族性都有权生存和自由发展自己的力量，只要不损害其他民族性的这些权利"[2]。但是，在较大和较强的民族中，民族性原则有可能助长民族利己主义，这种民族主义不再是正义的，"被不知不觉地偷换成暴力和民族杀灭的公式"[3]。有些人从民族主义立场出发而形成的盲目排外心理是要不得的，索洛维约夫指出，人和人的区别在于道德品行，而不在于他是不是俄国人，良知绝不依赖于民族差别[4]。

索洛维约夫梳理了斯拉夫主义的国家观。他说："斯拉夫主义基本思想中所包含的惟一意义仅仅在于，对于作为基督教人民的俄罗斯人民来说，国家不是最高实践理想，不是终极的、绝对独立的、自律的或自足的人类共同生活形式。"[5] 但是在他们看来，国家又有两个存在的理由，首先，为了约束人的现实之恶，使人类社会保持存在，就必须有坚固的国家和强有力的权力；其次，国家要促进内部完善，推动社会走向未来的理想状态，这代表着国家的目标。[6] 国家的这两个条件难以同时满足，但是斯拉夫主义者的代表阿克萨

---

① 索洛维约夫:《俄罗斯与欧洲》，徐凤林译，第 205~206 页。
② 索洛维约夫:《俄罗斯与欧洲》，徐凤林译，第 122 页。
③ 索洛维约夫:《俄罗斯与欧洲》，徐凤林译，第 122 页。
④ 索洛维约夫:《俄罗斯与欧洲》，徐凤林译，第 231 页。
⑤ 索洛维约夫:《俄罗斯与欧洲》，徐凤林译，第 213 页。
⑥ 索洛维约夫:《俄罗斯与欧洲》，徐凤林译，第 213~214 页。

科夫认为可以同时满足。阿克萨科夫把彼得改革以前的旧俄国描写得非常美好，甚至对农奴所受到的迫害也视而不见。[1] 索洛维约夫认为，阿克萨科夫关于俄国人民把权利都交给国家之后还有自由的说法是站不住脚的。[2] 实际上，主张自由就必然导致对政府和国家不能无条件服从，个人自由和国家的绝对集中权力之间是很难调和的，这就是索洛维约夫强调的重点。

索洛维约夫认为："真正的爱国主义希望俄国尽可能美好，民族主义则确信俄国是最好的。这种爱国主义的要求与民族主义的虚伪奢望之间的内在矛盾危害了斯拉夫主义学说。"[3] 他说："斯拉夫主义者崇拜俄罗斯民族，并不是因为这个民族的确是基督教理想的体现，而是相反，斯拉夫主义者之所以在自己和他人面前把俄罗斯民族理想化，是因为他们已经崇拜它了，无论它本身如何：俄罗斯民族对于斯拉夫主义者来说，不是因为好才可爱，而是因为可爱才好。"[4] 这种对自己民族的偏袒，如果发生在普通民众身上，还情有可原，若发生在思想家身上，则只能是明显的欺骗。他认为，俄国民族主义的创始人在宣布俄罗斯是优秀民族时，意味着俄罗斯民族完全接纳和掌握了真与善的普世的、全人类的因素，而不是什么民族独特性。[5] 极端民族主义则"为了民族利益而原则上否定真理本身，为了民族私利而拒绝正义本身"[6]。

极端的斯拉夫主义者把老斯拉夫主义者所提出的普世理想转变为民族利己主义，他们在古代俄国找不到自由和"博爱的团结一致"，而"只看见了伊凡雷帝"，将博爱转变为"拳头和木棒"，宗教对爱的呼唤变成了人对强权和独裁君主的崇拜。这体现了斯拉夫主义理论的末路：把俄国生活的根本不幸上升为原则，"当作对西方文明的主要优势"[7]。索洛维约夫认为斯拉夫主义的

---

① 索洛维约夫：《俄罗斯与欧洲》，徐凤林译，第219~220页。
② 索洛维约夫：《俄罗斯与欧洲》，徐凤林译，第215~217页。
③ 索洛维约夫：《俄罗斯与欧洲》，徐凤林译，第206页。
④ 索洛维约夫：《俄罗斯与欧洲》，徐凤林译，第227页。
⑤ 索洛维约夫：《俄罗斯与欧洲》，徐凤林译，第228页。
⑥ 索洛维约夫：《俄罗斯与欧洲》，徐凤林译，第229页。
⑦ 索洛维约夫：《俄罗斯与欧洲》，徐凤林译，第234~235页。

蜕化过程可以这样概括:"首先把自己民族当作普世真理的优先代表者来崇拜;然后把自己民族当作不依赖于普世真理的自发力量来崇拜;最后,崇拜这样一些民族片面性和历史畸形,它们使我们民族不同于文明人类,也就是为了崇拜自己民族而直接否定普世真理思想,——这就是我国的民族主义的三个渐进阶段。"[1]如果说第一代老斯拉夫主义者是幻想家,第三代新斯拉夫主义者就是"完全不知羞耻的现实主义者"。对真与善的追求完全让位于"对人民力量的崇拜",实质上是"坚持人民生活的缺陷和疾病",这些缺陷和疾病之所以是好的,是因为它们是"自己的,是我们所喜爱的"[2]。这种"以我划线"的思维方式已经失去了对现实进行反思的功能,变为完全地、不加区分地美化本民族的历史。自相矛盾的是斯拉夫主义者的理论渊源之一,却是法国的保守主义者德·梅斯特(De Maistre)。索洛维约夫分析了梅斯特思想对俄国民族主义的影响,认为俄国民族主义歪曲和简化了梅斯特的思想,使之为自己所用。[3]

索洛维约夫认为,某种观点"不论是自己的还是别人的",之所以是坏的或不适用的,"只因为它是错误的和不道德的,亦即不符合客观的普遍规范或真与善的思想"[4],而俄罗斯从斯拉夫派开始的思想运动却经历了崇拜民族美德—崇拜民族力量—崇拜民族野蛮性的堕落的过程。在他看来,这只不过是假的爱国主义,真正的爱国主义不能和欧洲文化的世界性因素相隔绝。索洛维约夫在青年时代的思想也含有斯拉夫主义的成分,但是他的思想中包含的普遍性诉求使他不致落入狭隘的民族主义中。

三 进一步的理论思索

索洛维约夫对斯拉夫主义的评论在21世纪的今天依然具有理论意义和

① 索洛维约夫:《俄罗斯与欧洲》,徐凤林译,第235页。
② 索洛维约夫:《俄罗斯与欧洲》,徐凤林译,第237页。
③ 索洛维约夫:《俄罗斯与欧洲》,徐凤林译,第240~247页。
④ 索洛维约夫:《俄罗斯与欧洲》,徐凤林译,第239页。

现实意义。由于经济、政治和文化的不平衡，后发现代化的国家和民族至今依然有着民族主义的诉求，极端民族主义也在一定的国家和地区占据着市场。现代化的内在价值是一种普遍的文化进化论或者文化进步主义立场，后发国家和民族则利用文化相对主义和文化保守主义来论证民族主义乃至极端民族主义的合理性。索洛维约夫对斯拉夫主义的评论，深刻地揭露了文化相对主义和极端文化保守主义的理论误区及表现。

笔者认为，索洛维约夫对斯拉夫主义的评述对中国人来讲，有如下几方面的启示。

首先，任何一个现代民族或国家的文化都不可能是完全孤立的，现代化必须分享某些世界性的文化成果。现代化有两个特点，一个是以自由、民主、平等、法治等各方面为核心的价值体系；一个是将各国家、民族、地区的发展联系在一起的全球化过程和世界历史进程。如果没有现代化，中国、日本、印度等国以及大多数的非洲、拉丁美洲国家至今仍处在封闭落后、与世隔绝的状态之中。

作为后发现代化国家，无论是主动进入现代化（如日本）还是被动地开启现代化进程（如中国）都必须分享一些来自西方的文化成果，包括思想观念、生活方式、政治架构等。各个民族和西方国家的差异是必然存在的，也不可能强求一律，但是不能因为有差异，就把本民族的文化和西方文化绝对地对立起来，或者美化本民族文化，从而在实质上抗拒现代化进程。日本文化的现代化进程，是一个比较好的例子，既保持了比较完整的传统文化习俗，又尽可能地接受现代文化，基本实现了本民族文化和外来文化的"和平共处"和共同融合。

其次，要扬弃简单的文化进化论，确立文化进步主义观念。文化进化论是 20 世纪西方文化学者提出的一种文化哲学思想，其认为任何一种文化都必须经历从低到高的普遍进化的过程，这种理论主要基于西方中心论和一元的历史发展模式论。我们必须反省和抛弃这种观点，这不仅是因为中国人自身的民族立场，还因为这种观点不符合历史本身。进步的观念固然来自欧洲，但是其他后发国家同样经历了进步的过程，每个国家、民族在进步的同时也形成了自身独特的发展模式，这种模式很难用欧洲模式来概括。例如，中国的儒家文化和家族伦理是欧洲模式很难理解的，中国文化的现代化不能完全拒绝家族伦理，而应该扬弃家族伦理中"君臣父子"的专制内容，保留"孝悌忠信"的积极内涵，在现代化的前提下加以转换，这本身就是一个进步的过程。换言之，进步不一定是一元的，也可以是多元的、形态多样的。任何一种文化的进步都必须建立在该国家民族的日常生活和社会实践的基础上，而不是由少数人随意设计的。

最后，文化相对主义和文化保守主义必须内化于文化进步主义的逻辑中才有合理性。在后发国家和民族中的文化相对主义和文化保守主义是互相论证、互相支持的。欧洲文化中也有文化保守主义，如柏克和哈耶克的保守自由主义、利奥·施特劳斯的保守主义政治哲学、欧文·白璧德的保守主义文化观。这些思想也会被后发国家的文化保守主义作为理论资源，如柏克对蒋庆的政治儒学的影响，白璧德对"学衡派"文化保守主义的影响。文化保守主义的逻辑是抗拒现代性的价值，批判现代性的弊端，它抓住现代化进程中的某些不足，如物质欲望的膨胀、价值和信仰的失落等，大做文章，或者强调古典精英主义的价值诉求，或者论证等级制的合理性来反对平等价值观。这些论点从学理上或许有一些合理成分，但是在现代化成为历史潮流的今天，任何主张倒退的文化思潮都会因为直接和历史相违背，而只能停留在书斋之中，无法投入社会实践。因此我们必须以文化进步主义为基础，像前文所论述的那样，在现代化语境中对传统加以扬弃，拯救其具有普遍性和合理性的成分，并加以创造性转化。

文化相对主义则强调不同的文化有着同等的价值，认为欧洲文化、亚洲文化和非洲、拉丁美洲文化的价值观和文化传统是同样重要的、不可通约的。但是，这种论点也有其不合理的地方，如果把缠足、男尊女卑、一夫多妻等文化现象都看作和天足、男女平等、一夫一妻具有同等价值，那么文化就没有任何进步和倒退的价值标准可言。然而，一种抽空了价值尺度的文化哲学有无可能存在，笔者对此表示非常怀疑。我们毕竟是在现代性的逻辑中生存，而不能退回前现代的生活方式中生存。笔者认为，极端的文化相对主义是不可能的，现实的文化相对主义基本都是后发国家和民族的知识分子为本民族文化辩护的一种策略。在中国的语境下，理论家把古今问题转化为中西问题，把"文化是否应该进步"的问题转换为"中国文化与欧洲文化的优劣"问题，最后就有可能倒向极端的民族主义。而在俄国的历史语境下，斯拉夫主义者把古今问题转换为"俄西问题"，为俄国文化辩护，最后不可避免地变为"以我划线"。可见中俄两国民族主义者的论证逻辑基本上是相同的。

综上所述，真正的文化进步主义必然超越文化相对主义带来的理论误区，在进步的元价值的指引之下，通过人民群众的实践来解决民族文化发展的特殊性道路和现代化的普遍性价值相统一的问题。这就是索洛维约夫和斯拉夫主义的论战带给我们的启示。

第二节　别尔嘉耶夫论俄罗斯民族性和民族主义

第一次世界大战爆发之后，俄罗斯著名哲学家别尔嘉耶夫在1915~1917年撰写了一系列关于俄罗斯民族性和民族主义的论文。他认为，俄罗斯的民族性中包含着多层次的二律背反，只有创造性的精神才是真正的俄罗斯精神，才能使俄罗斯真正走向伟大之路。俄罗斯的民族主义应该是一种世界主义，应该超越西方和东方的矛盾，超越极端的斯拉夫主义和极端的西化派思想。上述观点对分析中国的情况也有非常重要的借鉴意义，其重视民族精神中的活力和创造力的思想值得我们深思。

别尔嘉耶夫后来把相关论文结集为《俄罗斯的命运》一书。虽然这些论文发表的时间并不集中，此书的第一篇文章《俄罗斯的灵魂》甚至被作者认为是自己年轻时的习作，但这一时期的作品已经基本奠定了他对俄罗斯民族性的看法。别尔嘉耶夫通过这一批论文集中分析了俄罗斯民族性格的特质、弱点，在世界大战的背景下探讨俄罗斯民族的命运，展望俄罗斯民族的未来。这些思考对于中华民族如何开创自己的未来，同样有着重要的启示意义。

一 俄罗斯民族性格的内在矛盾和历史使命

俄罗斯横跨东西方，以农业为主要生产方式，独特的地理环境、历史传统和宗教传统使其形成了非常独特的民族性格。别尔嘉耶夫多次引用诗人丘特切夫的诗句"俄罗斯无法用理智去认识，也无法用尺子去丈量，她有着特殊的性格，你只能去把俄罗斯信仰"来描述这种独特而复杂的民族特性。别尔嘉耶夫首先分析了俄罗斯民族性格中的多重矛盾，然后论述了俄罗斯民族的历史使命。

1. 俄罗斯民族性格的二律背反

俄罗斯民族性格是矛盾的，这种矛盾充分地体现在斯拉夫主义和陀思妥耶夫斯基那里，并激发出一些相互对立的情感，一方面是深邃、崇高，另一方面是低贱、粗鄙、缺乏尊严、奴性。对人的爱和仇恨人类的残忍结合在一起、对自由的渴望和奴性的驯服和平共处。[1] 具体来看，俄罗斯民族性的矛盾主要表现在三个层面。

第一，俄罗斯民族性格中存在无政府与国家化的矛盾。一方面，"俄罗斯是世界上最无国家组织、最无政府主义的国家"[2]，民粹派和自由主义者都害怕政权，东正教也有着反对国家组织的因素。另一方面，俄罗斯人的个性不发达，喜欢生活在集体的温暖之中[3]，这就导致了国家化，国家化的另一面是官僚化，它成为俄罗斯民族的特点，人民把力量交给了庞大的国家机器，从而

---

[1] 别尔嘉耶夫：《俄罗斯的命运》，汪剑钊译，云南人民出版社，1999，第 4 页。

[2] 别尔嘉耶夫：《俄罗斯的命运》，汪剑钊译，第 4 页。

[3] 别尔嘉耶夫：《俄罗斯的命运》，汪剑钊译，第 5 页。

抑制了创造力。无论是斯拉夫主义还是民粹派，都期待着中央集权制意识形态的乌托邦主义。①

第二，俄罗斯民族性格中存在民族尊严的缺失和民族沙文主义盛行的现象。一方面，俄罗斯人没有民族自豪感，没有民族尊严，俄罗斯民族性定位于超民族主义，认定自己是各民族的解放者；另一方面，俄罗斯的民族主义和沙文主义又有着生存的土壤，俄罗斯人认为欧洲已经堕落，注定应该毁灭，俄罗斯自身是唯一的、神圣的基督教国家。②这种民族主义带有着浓厚的宗教意识，自从费洛菲提出"第三罗马"学说之后，俄罗斯人就相信自己能够拯救基督教文明。

第三，俄罗斯民族性中，自由与奴役并存。俄罗斯在精神上具有无限的自由，它在流浪着寻找上帝之真，是漫游者、探索者和流浪汉的国家。③但俄罗斯又是一个骇人听闻的具有奴性的国家，沉浸在物质主义中，思想怠惰而保守。

这一系列矛盾的根源来自哪里？别尔嘉耶夫认为，主要的原因是"在俄罗斯精神和俄罗斯性格中男女两性的不融合。……男性自由未能从俄罗斯内部，从深处控制住女性的民族自然力"④。在这里，男性自由指创造精神，女性因素则指自然力。笔者认为，可以从别尔嘉耶夫的上述观点出发进一步分析，上述三层次的矛盾，正题都是和民众以及知识分子有关，反题都是和国家、政权有关。民众和知识分子处于无政府、无民族自豪感和精神漫游的状态，国家政权则是以集体至上、民族沙文主义、奴役民众为特征。这可能是东方的农业大国所普遍存在的现象，正如马克思对法国民众进行的分析，俄国民众面对强大的国家机器，缺乏个性独立的精神，处于一盘散沙的状态，不能有效地凝聚在一起。再加上宗教和历史原

① 别尔嘉耶夫：《俄罗斯的命运》，汪剑钊译，第60页。
② 别尔嘉耶夫：《俄罗斯的命运》，汪剑钊译，第7~9页。
③ 别尔嘉耶夫：《俄罗斯的命运》，汪剑钊译，第11~13页。
④ 别尔嘉耶夫：《俄罗斯的命运》，汪剑钊译，第14页。

因，共同导致了这些矛盾现象的发生。这也是专制传统悠久的东方国家的
特点。

2. 俄罗斯民族性格的女性化和非理性特点

别尔嘉耶夫把上述矛盾的根源归结为俄罗斯民族性格中男性因素和女性
因素的冲突，并随即对俄罗斯民族性格中的女性化特性进行了分析。他认为，
女性化具有自然性、非理性的特点，"俄罗斯人民不想成为男性的建设者，它
的天性是女性化的、被动的……它永远期待着新郎、丈夫和统治者"[1]。这个女
子出嫁的比喻本来是出自《圣经》，将新郎比喻为基督，将出嫁的女子比喻为
基督徒，二者的结合象征着信徒与基督同在。别尔嘉耶夫则将新娘比喻为俄
罗斯民族性中的自然力或者俄罗斯民族本身，新郎在这里可以指代强有力的
俄罗斯国家。在俄罗斯和西方的关系中，新郎也可以指代西方列强，俄罗斯
和西方发达国家的结合，指代俄罗斯的欧洲化或西方化。

别尔嘉耶夫认为，俄罗斯性格的最核心处隐藏着俄罗斯的永恒村妇性，
而不是永恒女性。[2] 在这里用村妇性取代女性，估计是为了强调俄罗斯民族性
中的小农气息，因为永恒女性的比喻在歌德的《浮士德》之后，已经成为描
述人类理性和创造力的经典化比喻，俄罗斯民族不是理性的，而是非理性的，
属于自然的。别尔嘉耶夫认为，俄罗斯灵魂的灾难在于向村妇性转化的阴性
的消极性，在于男子气概的不足，在于向往出嫁，在于期望与另一个男人结
婚。俄罗斯民族生活在民族—自然的集体主义中，其中并没有能够加强个性、
尊严和权利的意识。[3] 自然力是因为长期的农业生产方式和与之相应的社会结
构而产生的，它必然是非理性的，而理性的思维只能来自启蒙了的资本主义
生产方式。从这一点可以看出，别尔嘉耶夫的基本价值取向还是偏向于学习
西方的理性思维，而非一味地保守俄罗斯本民族的文化传统，他对俄罗斯文
化传统的剖析，还是批判的意味更浓一些。

---

① 别尔嘉耶夫:《俄罗斯的命运》，汪剑钊译，第 5 页。
② 别尔嘉耶夫:《俄罗斯的命运》，汪剑钊译，第 29 页。
③ 别尔嘉耶夫:《俄罗斯的命运》，汪剑钊译，第 38 页。

别尔嘉耶夫比较了俄罗斯版本的文化保守主义和西方保守主义的差异，他把俄罗斯民族性中的非理性因素称为"黑葡萄酒"，认为俄罗斯的文化保守主义带有一种"黑色的、恶劣的、非理性的、阴郁的、不透光的自然力"①。这种神秘主义自然力具有一种酒神节的体验，它和文化价值、个体自觉不能相容。因为个体自觉是理性化的，是西方哲学自启蒙以来的核心精神。即使是西方的保守主义，也带有理性化的特色。所以，俄罗斯精神中存在一种走极端的意向，因为俄罗斯精神是非理性的，所以习惯于走极端，而文化道路是一条中间道路。② 因为健康的文化道路必然是理性的，它必然反对一切极端态度。别尔嘉耶夫认为，俄罗斯这种非理性的态度造成了很多恶果，一个重要的表现就是知识分子对理念和理念创造的冷漠、对真理的冷漠，以及思想的枯竭和懈怠。③ 这种现状必然呼唤俄罗斯勇敢地站出来，承担自己的伟大使命。只有克服这种冷漠的非理性态度，俄罗斯文化才能走向新生。

3. 俄罗斯的使命：弥赛亚和创造性

别尔嘉耶夫满怀信心地谈论俄罗斯的伟大历史使命，把宗教意识和政治抱负结合在一起来谈。他认为俄罗斯面临着伟大的世界性任务，虽然当时的俄国已经是大国，但是其精神文化还不能和西欧文化相比，所以重要的任务是把俄罗斯传统的精神性发扬光大，只有俄罗斯的精神文化才是生活的核心。④ 他把俄罗斯精神文化的核心价值归结为两个方面，一是弥赛亚主义，二是主动的创造精神，这两个方面应该是联系在一起的。

弥赛亚主义来自基督教信仰，别尔嘉耶夫把它分成两类，一类是古犹太人的弥赛亚主义，一类是基督教的弥赛亚主义，前者会导致狭隘的民族主义，后者则超越了狭隘的民族主义，而保留了基督教中的使命意识。⑤ 别尔嘉耶夫

---

① 别尔嘉耶夫：《俄罗斯的命运》，汪剑钊译，第46页。
② 别尔嘉耶夫：《俄罗斯的命运》，汪剑钊译，第47~48页。
③ 别尔嘉耶夫：《俄罗斯的命运》，汪剑钊译，第70~72页。
④ 别尔嘉耶夫：《俄罗斯的命运》，汪剑钊译，第1~2页。
⑤ 别尔嘉耶夫：《俄罗斯的命运》，汪剑钊译，第18~19页。

认为，基督教的这种使命意识是具有普世性的，他说："俄罗斯民族在这个世界上的弥赛亚使命，就是要使基督的真理成为现实，就是要让人类的灵魂高于所有的王国和所有的世界之上。"① 这种使命感代表着俄罗斯知识分子从宗教意识出发，又超越宗教意识的对人类精神命运的承担。因为他把使命感的基础放在人民的精神力量、主体自觉和创造性之上。

主动的创造性或者创造精神是别尔嘉耶夫最为重视的精神内容。他认为只有大力发扬这种创造精神，才能克服俄罗斯民族的女性化或非理性因素。他说："人民应该尽量获取力量和威力，以便于实现自己在世界上的弥赛亚使命。在俄罗斯人民和俄罗斯社会中应该激发创造和创新的能量。"② 在他看来，真正的民族意识是创造性的，是向前进而非向后退的。最具独特性的是未来的、崭新的俄罗斯，而非古老的、落后的俄罗斯。③ 为了发挥创造性精神，俄罗斯人应该增强责任意识，培养自我承受能力，发挥自己的积极性和创造力。不允许在孱弱和落后中显示自己的独特性，每一个俄罗斯人必须发挥自己独特的精神积极性。④

别尔嘉耶夫认为，这种积极性、创造性只能来自近代西方的主体性精神，而不能来自俄罗斯固有的非理性精神。在旧的理性思维崩溃的时候，应该呼唤创造性思维，呼唤精神理念的发现和创造活动。⑤ 只有这种创造活动，才能真正克服俄罗斯民族的非理性精神，克服其中的种种矛盾。他主张要用西方主体性的精神来激活俄罗斯人的创造性精神。

别尔嘉耶夫把创造性精神的源头认定为宗教性的，认为弥赛亚主义的核心是积极的、阳刚的、创造的激情。这种创造新文化的独特的积极性，唯有在宗教的土壤中才是可能的。⑥ 别尔嘉耶夫把宗教精神和创造性联系在一起，

---

① 别尔嘉耶夫：《俄罗斯的命运》，汪剑钊译，第 38 页。
② 别尔嘉耶夫：《俄罗斯的命运》，汪剑钊译，第 43 页。
③ 别尔嘉耶夫：《俄罗斯的命运》，汪剑钊译，第 51 页。
④ 别尔嘉耶夫：《俄罗斯的命运》，汪剑钊译，第 67 页。
⑤ 别尔嘉耶夫：《俄罗斯的命运》，汪剑钊译，第 75~76 页。
⑥ 别尔嘉耶夫：《俄罗斯的命运》，汪剑钊译，第 54 页。

反映了他从基督教传统中吸取营养，并和近代西方主体性精神联系起来的思路。他所说的创造性精神，就是吸收了启蒙精神的宗教意识，或是吸收了俄罗斯东正教意识的启蒙精神。它不一定完全是宗教意义的，但是在俄罗斯必须经过宗教的转化形式才能被广大俄国民众所接受，而不能完全采取理性化的方式。这是一种把俄罗斯固有的民族性和近代西方主体精神结合起来的折中的态度。

二 民族主义和东西方问题

在东方国家后发现代化的进程中，民族主义思潮和西化派思潮是非常强大的力量，中国、日本、俄罗斯等国家都发生过民族主义和西化派的争论，这些国家面临着相似的"东西方问题"。别尔嘉耶夫对民族主义的分析超越了狭隘的斯拉夫主义和西化派立场，站在世界历史的高度，审视民族主义问题，这种分析思路同样对中国文化的现代化有着非常重要的意义。

1. 超越狭隘民族主义

别尔嘉耶夫认为，俄罗斯的民族主义不应该是虚假的、狭隘的民族主义，应该超越极端的斯拉夫主义和西化派思想，将其合理的地方融合在一起。他认为俄罗斯民族思想依然有地方主义的弊端，而目前的世界大战应该把民族思想引向世界，确定俄罗斯在世界生活中的位置，思考自己的使命。[1] 在他看来，第一次世界大战也是世界历史进程的一部分，战争虽然是残酷的，但是其积极意义在于提高俄罗斯民族的自我意识，"使得人们更敏锐地感到自己民族的价值和它在世界上的任务意识"[2]。斯拉夫主义代表的狭隘民族主义仅仅是一种"地方性视野"，知识分子必须从地方性中解脱出来，才能"进入历史的广阔天地"[3]。也就是说不能局限于民族本位主义和沙文主义，而是要扬弃地

---

① 别尔嘉耶夫：《俄罗斯的命运》，汪剑钊译，第 107 页。

② 别尔嘉耶夫：《俄罗斯的命运》，汪剑钊译，第 40 页。

③ 别尔嘉耶夫：《俄罗斯的命运》，汪剑钊译，第 44 页。

方性的视野，用世界历史的视野重构民族主义的论说方式。

在别尔嘉耶夫看来，真正的民族主义所持有的民族性概念既是具体的、历史的，又是和人类性相一致的。首先，民族性是个体的存在，在它之外，人类是不可能存在的，民族性是在历史中创造出来的价值。[①] 它不是抽象范畴，因为文化永远是具体的，属于某个民族的。即使是整个人类的联合和统一，也是通过民族个体性和文化的形成及斗争来进行的，不能脱离民族性来谈人类性，民族性也不能最终消亡。[②]

其次，民族性不能和人类性对立。别尔嘉耶夫反对空谈抽象的世界主义，认为"文化中的民族的东西和全人类的东西是不可能对立的""世界主义是关于唯一、友好、完满的人类之理想的畸形和虚幻的反映。是以抽象的乌托邦来替代具体的活生生的人类"[③]。这种世界主义只能是虚幻的、空洞的，而不可能是真实的，真实的人类性的内容必定反映在各民族的特性中。所以，他认为"必须把俄罗斯人提升到全人类的意义，而不是让他转化成为抽象的、空洞的人……全人类性是所有民族的事物的最充实的状态"[④]。他指出，"创造具体的俄罗斯生活"而不是抽象的社会和道德范畴，自由而非强迫地创造民族文化，才是俄罗斯民族性格形成的必经之路。

2. 克服盲目西化论，复苏俄罗斯精神

如果说斯拉夫派的问题是狭隘的民族主义，那么西欧派的问题就是另外一个极端，即盲目的西化论，西欧派完全不承认民族性的价值。[⑤] 别尔嘉耶夫指出，欧洲文化也有它的弱点。发端于欧洲的理性和科学同样具有内在的"悲剧性"，即"令人痛苦的贪婪"。他批评当时流行的实证主义和唯物主义思潮否定责任、自由、创造意志，否定人类。[⑥] 抛开这些明显的对唯物主义

---

① 别尔嘉耶夫:《俄罗斯的命运》，汪剑钊译，第 78 页。
② 别尔嘉耶夫:《俄罗斯的命运》，汪剑钊译，第 81 页。
③ 别尔嘉耶夫:《俄罗斯的命运》，汪剑钊译，第 80 页。
④ 别尔嘉耶夫:《俄罗斯的命运》，汪剑钊译，第 84 页。
⑤ 别尔嘉耶夫:《俄罗斯的命运》，汪剑钊译，第 119 页。
⑥ 别尔嘉耶夫:《俄罗斯的命运》，汪剑钊译，第 52~53 页。

的偏见，不能不说别尔嘉耶夫看到了欧洲近代启蒙精神在现实中的弊端。由此，他认为西方人面临着精神危机，俄罗斯不能再重复西方的人道主义，而是需要宗教的"阳刚气"[1]，这种阳刚气就是他一再强调的创造精神。其核心是启蒙之后的个体精神、自由活动和俄罗斯宗教传统的结合。所以，他主张俄罗斯应该克服西方文化的片面性。

别尔嘉耶夫认为，俄罗斯精神的复苏需要重新回到俄罗斯的弥赛亚主义，用弥赛亚主义来扬弃民族主义。二者是相互接近和相互融合的，但是狭隘的弥赛亚主义和狭隘的民族主义都必须被扬弃。[2]他认为真正的弥赛亚主义是牺牲精神，其理念是世界理念。[3]所以不能走保守主义道路，因为它是不自信的。要建立民族自信心，相信开放和欧化并不可怕。[4]不自信必然导致故步自封，也同样会导致沙文主义和军国主义，这个事实是被东亚国家的历史证明了的。所以，俄罗斯人可以不认同宗教意识，但是民族精神的开放自信可以带来民族精神的推陈出新，则是不争的事实。

由此出发，别尔嘉耶夫对世界大战和帝国主义也并非绝对排斥，因为他相信帝国主义中隐藏着世界性，帝国主义和世界大战使人类走向统一，有益于人类的联合，所以不必一味地反对战争。片面的和平主义不了解人类历史命运的道路就是通过战争形成的，帝国主义并不一定毁灭其他民族。[5]战争带来的可能是世界的联合与统一，是"欧洲的终结"。这种关于战争的乐观看法虽然有过于理想化之嫌，是否必须通过战争来实现世界历史，我们也可以有不同意见，但是纵观人类现代化的发展历程，战争在其中的确扮演过非常重要的角色，客观地推动了民族意识的形成和各民族交流融合的进程。别尔嘉耶夫乐观地宣称："具有宇宙的处世态度的人们，满

---

① 别尔嘉耶夫：《俄罗斯的命运》，汪剑钊译，第26页。
② 别尔嘉耶夫：《俄罗斯的命运》，汪剑钊译，第86页。
③ 别尔嘉耶夫：《俄罗斯的命运》，汪剑钊译，第91页。
④ 别尔嘉耶夫：《俄罗斯的命运》，汪剑钊译，第83页。
⑤ 别尔嘉耶夫：《俄罗斯的命运》，汪剑钊译，第94~96页。

怀着创造的激情，准备走向未知的将来。"① 所谓"宇宙的处世态度"也就是"全人类性"的态度，这是别尔嘉耶夫心目中振兴俄罗斯民族精神的主要力量，它具有自由创造的特性，能克服俄罗斯民族性格中的负面因素，使俄罗斯民族重新走向辉煌。

三　几点启示

通过别尔嘉耶夫对俄罗斯民族性和民族主义的分析，笔者认为有如下几点可以供关心中华民族文化精神变迁的人士思考。

第一，要充分评估启蒙理性精神对于东方社会的重要性。别尔嘉耶夫对俄罗斯民族矛盾性的分析，有很多地方是东方民族的共性，如非理性、中央集权政体、狭隘民族主义的影响。克服民族性格中的非理性因素也是许多东方国家所共同面对的问题。中国的民族性格中，虽然没有强烈的宗教情怀，但有着服从温顺、个体独立性较弱、集体主义传统悠久等特质。别尔嘉耶夫的思考对中国民族性的改造依然有某种借鉴意义。中华民族不能牢固地守着传统的一切东西不放，不能把传统所遗留下来的一切都看成是毫无缺陷的，而应该进行巨大的改变，对中华优秀传统文化进行创造性转化和创新性发展。如果中国民族性格中有机地加入现代启蒙精神，则会使传统中有价值的东西得到深化，使传统的现代化获得更为深厚的基础。

第二，创造性精神对改变中国人的精神气质、复兴中华文化具有非常重要的意义。中国改革开放四十年来，整个民族面临着创新的使命。中国人所进行的经济改革、政治体制改革乃至文化传统的创新，都是"史无前例"的，没有现成有效的例子可资借鉴。历史给中华民族提出了非常严峻的考验，中国人应该发挥聪明才智，发挥自强不息的进取精神，克服被动消极、抱残守

---

① 别尔嘉耶夫：《俄罗斯的命运》，汪剑钊译，第 127 页。

缺的保守心态。笔者认为，所谓创新的实质，就是发挥思想的活力，"新"的实质就是"活"，它要求思想活跃，不受约束和限制，要求个体发挥独立思考的能力。只有如此，中国人才能敢于创造，敢于突破条条框框，使整个民族变得自信、年轻、焕发生机。

第三，一定要克服狭隘的民族主义和全盘西化论，缓解"古今中西"的紧张关系。自从1840年以来，中国被西方国家强行拖进了现代化进程，"中央帝国"的美梦破灭。中国人一直梦想着民族复兴，这种民族复兴的使命感似乎可以媲美俄罗斯强烈的宗教使命感。在中国现代化的历程中，同样存在文化保守主义思潮和全盘西化论思潮。别尔嘉耶夫启示我们，中国的民族精神不能自外于世界文明，既不能一味拒斥西方文明，也不能一味迷信西方文明。一方面，我们要强调"民族的就是世界的"，继承和发扬民族性中的合理成分，充分利用民族精神中的创造性；另一方面，我们要以开放的心态吸收外来文化，完成中华民族精神的现代化，使自强不息的民族精神和个体独立的启蒙精神相融合，并以此为核心培养新的中华民族精神。

同时，我们也要看到别尔嘉耶夫思想的不足之处，在此笔者仅以几例为证。他认为"民族性是复杂的历史构成……是秘密的、神秘的、非理性的"[①]存在可商榷的地方，强调民族性的复杂因素是有道理的，但是能否被形容为"神秘的"就大有问题，各民族的性格中肯定有着非理性的因素，但也不全都是非理性的。所以这种分析有着简单地夸大不同文化的差异之嫌。此外，他对唯物主义存有偏见，基本上把唯物主义等同于机械的决定论，虽然他也受过马克思主义的影响，但是在一战期间就已经基本上离开了马克思主义。别尔嘉耶夫写这一系列作品的时候，俄国还在参加第一次世界大战，他对战争持有的态度也明显过于乐观，因而不可能预见十月革命的胜利以及由此带来的俄罗斯历史命运的转机。但是，这些不足和缺陷都不能影响别尔嘉耶夫思想的深刻和敏锐，以及对现代化转型问题的启示意义。

---

① 别尔嘉耶夫：《俄罗斯的命运》，汪剑钊译，第82页。

第三节 试论"路标派"保守主义文化哲学的几个特征

1905 年，俄国激进知识分子领导的民主革命的失败，引发了俄国知识界的思考，也促使俄国知识界的分化加剧。出版于 1909 年的《路标集》就代表了俄国一部分知识分子的思想动向。"路标派"的主干力量由俄国的"合法马克思主义者"群体转变而来，如别尔嘉耶夫、司徒卢威等人。列宁对路标派进行了批评，认为《路标集》是"自由主义者叛变行为的百科全书"，从此，路标派在传统的马克思主义哲学教科书上就被贴上了反动的标签。苏联解体之后，对这些人的评价有了相当大的改变。目前人们对路标派的定位介于保守主义和自由主义之间。

对马克思主义来说，保守主义和自由主义都是偏右的派别。笔者认为，路标派在思想光谱上的定位应该偏向所谓的"保守自由主义"或"自由保守主义"，即以自由主义为基础和底色的保守主义，以和极端保守主义区分开来。本节试图以《路标集》为主，简单梳理"路标派"思想所体现出来的保守主义的若干特征，将他们和中国的文化保守主义思潮进行简单的比较分析。

一 对"激进主义"的批判

保守主义的根本特点之一就是对形形色色的政治激进主义的批判，当时俄国"激进主义"的代表是包括民粹主义、马克思主义在内的各种社会主义思潮。按照现在的标准来看，其中有的派别比较激进，有的不算激进，所以把"激进主义"加上了引号。路标派对"激进主义"的批评虽然在实践中没有起到什么作用，但也代表了相当一部分知识分子对俄国半个世纪以来所走过的道路的反思和对未来的设想。

民粹主义和"激进主义"的结合是俄国知识界的一个重要特点。路标派对民粹主义的批判，是其"激进主义批判"的核心。别尔嘉耶夫认为，民粹主义的主要根源在于俄国知识阶层对分配和平等的需求，它总是凌驾于对生产和创造的需求之上。它在新的变革年代，表现为"对知识、创作和高尚的精神生活的压制"①。这也和专制政治的影响有关，俄国的专制和民粹是互相影响的。在俄罗斯文化中，对平均主义、社会之善和民众利益的崇尚消解了对真理的崇尚，甚至扼杀了对真理的兴趣。②

布尔加科夫认为，俄国知识阶层以为民众服务为己任，徘徊在对待民众态度的两极之间，一方面是崇拜民众，一方面是精神上的贵族风习。③赫尔申宗认为，民粹主义的根源在于斯拉夫主义者的伟大理想。从民众作为有机整体存在的现实出发，斯拉夫主义者断言国家高度发达的文化水准理应是民众生活方式必然的实现，理应从民众中生成，如同果实生成于种子一般。④俄国民粹主义的兴起，是从俄国军人侵入法国开始的，俄国人击败了拿破仑，进入法国，却深受法国大革命精神的影响。这些俄国军官回国之后，有很多人成为后来的"十二月党人"，积极参与俄国的民主革命。俄国知识阶层深受十二月党人起义的影响，产生了民主革命的要求，民粹主义也是起源于这种民主运动，其深层的理论逻辑是从此产生的。贵族知识分子背叛自己的阶级，同情广大民众，由此产生了走向民粹主义的可能。

弗兰克则认为，民粹主义和虚无主义有关。虚无主义的道德说教是俄国知识分子精神面貌中最为基本也最为深刻的特征，从对客观价值的否定中推导出如下结果，即对亲近的民众的主观利益加以神化。⑤由此得出"人的最高和唯一的任务是服务于民众"的结论。他认为，虚无主义的功利主义与道德说教和反文化倾向相结合，必然否定所有的绝对价值，把服务于"大多数

① 《路标集》，彭甄等译，云南人民出版社，1999，第2~3页。
② 《路标集》，彭甄等译，第7页。
③ 《路标集》，彭甄等译，第55页。
④ 《路标集》，彭甄等译，第81页。
⑤ 《路标集》，彭甄等译，第167页。

人"的主观物质利益视为唯一的道德目标。严格要求个体做出自我牺牲，使个人利益服从于社会服务的事业。[①]赫尔申宗分析了俄国知识分子的心理机制，因为他们在祖国孤立无援，本身面对专制政府是软弱无力的。[②]虽然民众不可能支持他们，但他们只能把希望寄托于和民众力量的结合上。这种对俄国知识分子软弱性的分析是很有洞见的，抓住了俄国知识分子的特点。因为软弱，所以激进，把希望投射在激烈地反抗现存政治秩序的行动上，所以民粹派在革命行动上会表现出一定的极端性。

路标派对马克思主义的态度和民粹主义相似。别尔嘉耶夫认为，俄国马克思主义的外衣下依然隐藏着民粹主义的思想。[③]伊斯柯耶夫则描述了俄国各激进主义思想流派逐渐左倾的过程，揭示了其危险性。[④]这种面向"前进和牺牲"的理想根植于俄国知识分子的激进传统之中，时贤多有论述。[⑤]虽然路标派对马克思主义的论述不无偏颇之处，忽视了俄国马克思主义革命性的积极意义，也低估了马克思主义的意义，但他们对俄国"激进主义"的批判自有切中肯綮之处，不能一概否定。

路标派在批判"激进主义"的同时，也强调了对传统价值的肯定和对精神追求的赞扬。前述引文已经涉及他们对精神生活和真理的崇尚，这种倾向贯穿于整部《路标集》中。布尔加科夫认为，近代的人道主义宣扬的进步不是真正的进步，它表现为蔑视父辈，厌弃自己的过去以及对它无情的贬谪。[⑥]在他看来，如果进步意味着对历史的割裂，那么这种进步的价值必定是有限的。他主张渐进的、改良的、保留传统的进步观："俄国知识阶层面临着一条个性改造的道路，在这条漫长、艰难的道路上没有飞跃，没有剧变，他们只

---

① 《路标集》，彭甄等译，第 170 页。
② 《路标集》，彭甄等译，第 82 页。
③ 《路标集》，彭甄等译，第 5 页。
④ 《路标集》，彭甄等译，第 108 页。
⑤ 参见张建华《政治激进主义与近代俄国政治》，上海三联书店，2010；金雁《倒转"红轮"：俄国知识分子的心路回溯》，北京大学出版社，2012。
⑥ 《路标集》，彭甄等译，第 51 页。

有凭借坚毅的自律才能取得成功。"① 坚毅的自律，要求的是精神上的艰苦劳作，而不是和过去的简单决裂。伊斯柯耶夫则认为，青年学生的任务是"知识的掌握，工作能力的培养，道德自制力的养成"②。弗兰克则提出，进步的一个重要尺度是尊重发展文化的动机和提高生产力的动机。③ 可见，虽然路标派生不逢时，他们的主张在当时的历史条件下似乎脱离了时代的主要课题，但是如果历史条件允许，如果不是在战争和革命时期，而是在和平建设时期，路标派的主张是可以在文化建设和精神构建中发挥重要作用的。

二　宗教精神的回归

路标派也代表了俄国知识分子"寻神"的思想倾向。从这一点出发，以金雁为代表的研究者把路标派称为"寻神派"。俄国有着深厚的东正教传统，知识分子激进的批判本性也和尼康宗教改革时出现的"分裂教派"有着直接关系。路标派面对俄国知识阶层的普遍"左转"和激进化，自然想用他们心目中"真正"的宗教精神来对"激进"的政治倾向进行"纠偏"。

布尔加科夫认为，基督教具有两方面的优点：一方面，基督教英雄主义具有自我牺牲精神；另一方面，基督教的顺从精神代表着精神生活的中心领域，即道德宗教的自省领域。④ 他指出，俄国知识阶层的精神面貌中包含着宗教的特性。政府对知识分子的迫害使知识分子心中产生了"蒙难和忏悔"的自我感觉，以及与生活强制性的隔离，这种生活可以培养人的幻想能力，有时也可以培养善良的心灵、乌托邦精神等。⑤ 在他看来，俄国知识分子本来具有宗教精神，但近代无神论的盛行使这种宗教精神面临着消亡。严谨的作风、

---

① 《路标集》，彭甄等译，第 55 页。
② 《路标集》，彭甄等译，第 107 页。
③ 《路标集》，彭甄等译，第 170 页。
④ 《路标集》，彭甄等译，第 45~46 页。
⑤ 《路标集》，彭甄等译，第 25 页。

禁欲主义和个人生活的严肃态度也会随之消失。[①]

　　布尔加科夫反对俄国知识分子的无神论倾向。他认为，俄国知识阶层在没有全身心地接受宗教思想的时候就从西方那里接受了无神论，没有意识到西欧文化也是以宗教为根基的，文艺复兴和启蒙运动都是以基督教作为基础的。[②] 他极力赞许宗教带来的优点，认为基督教的顺从精神代表着过程的持稳，"匀称"、自制、严格的自律和坚忍的耐心成为一切的标准，这也是俄国知识阶层所缺乏的。[③] 这样的结果就是，俄国知识分子仅仅是借鉴了基督教，对基督教和无神论的现实分歧则没有理解，从而改变了基督的形象，把他变成了一个社会民主党人。[④] 于是，知识分子瓦解了民众心灵，破坏了民众宗教，并用启蒙来取而代之。[⑤]

　　布尔加科夫对知识分子的这种评价不免给人持论过苛的感觉。俄罗斯知识分子选择无神论有其深刻的理论基础和背景。我们应该承认，宗教的确对维护社会稳定起到了重要作用，但是不能把社会不稳定的原因和知识分子选择偏向激进的原因简单地归结于无神论。社会不稳定的原因是社会压迫和阶级压迫，是落后的生产关系束缚了俄国的发展，知识分子选择"激进"道路则和俄国人民的苦难过于深重有关。因此，简单地指责无神论并不能解决俄罗斯的社会问题，它是受"文化决定论"的思维方式影响的结果。也就是说，布尔加科夫在这里忽视了俄国社会问题的主要根源，而把问题的关键不恰当地归结为一个比较次要的原因。

　　虽然布尔加科夫对启蒙和宗教的观点也有偏颇之处，但他毕竟看到了一个事实，即一个民族的传统不能完全割断，如果以激进的态度来摧毁传统，结果必然导致强烈的反弹。苏联解体之后，俄国民众的宗教热情高涨，别尔嘉耶夫和路标派的重新走红就是证明。布尔加科夫把战胜激进主义的希望寄

----

① 《路标集》，彭甄等译，第28页。
② 《路标集》，彭甄等译，第29页。
③ 《路标集》，彭甄等译，第50页。
④ 《路标集》，彭甄等译，第52页。
⑤ 《路标集》，彭甄等译，第59页。

托在宗教的健康发展上。[①] 弗兰克也呼吁重建宗教信仰的重要意义，他认为，俄国知识阶层至今仍保存着一种弥足珍贵的形式特质：他们始终在寻找信仰，并且竭力使自己的生活服从于信仰。他们面临着重新审视旧价值、创造性地汲取新价值这一最重大的任务。最终成为新的知识阶层，摒弃积存的历史罪孽，使它变得纯洁无瑕，同时对其神圣的崇高色彩加以继承。与不久以前的传统诀别之后，他们可能坚持和发扬更为持久深刻的传统。[②] 对弗兰克来讲，宗教传统不是守旧的，而是不断更新的，是崇高精神的源头活水。

路标派对宗教精神的赞扬和对无神论的拒绝，不仅仅是他们自己的特殊主张，也是一部分俄罗斯知识分子的普遍主张。我们可以著名作家屠格涅夫的《父与子》为案例，该书描写了一个革命的无神论者巴扎罗夫，他赞美革命，反对贵族，以平民身份自豪。屠格涅夫出于革命派和保守派之间的平衡立场，一方面对巴扎罗夫这个人物给予赞美，另一方面又让他遭遇失败和死亡。对这个人物的矛盾刻画反映了俄罗斯知识分子对革命和传统的矛盾态度。俄罗斯知识分子一方面承认旧制度的种种问题，另一方面又害怕革命，对传统和宗教怀有相当程度的留恋。要想理解和分析路标派与一部分知识分子回归宗教的态度，就要理性地审视他们对革命和传统的双重看法。

三 和中国文化保守主义哲学的区别

由于中俄两国在现代化过程中都属于后发国家，中国近代的思想格局和俄国有相似之处，都是社会主义（马克思主义）、自由主义和本民族的保守主义文化传统"三足鼎立"的互动格局。所以，中国的文化保守主义和俄国的保守主义也有相似性。但是，中国文化保守主义的主要代表是新儒家，与之最相似的俄国保守主义流派是斯拉夫主义，而不是路标派。笔者在此简单梳理一下路标派与中国的保守主义思潮（以新儒家为例）的区别。

---

① 《路标集》，彭甄等译，第 64 页。
② 《路标集》，彭甄等译，第 189 页。

首先，路标派的保守主义崇尚个体价值，这种个体价值的根源则是基督教的精神。

赫尔申宗认为，"俄国知识阶层的精神力量将暂时转向内部，深入个性"，只有对个性加以更新，我们才能完成改造社会现实的使命。[1] 在他看来，通往创造性个性自我意识的运动过程业已启动。它本身具有内在的力量，仿佛是一种驾驭人们强制性的权力。这种社会运动就社会整体而言，是一种集体精神的自发过程；就个体的人而言，是一种自由的精神事件。[2] 他反对别林斯基代表的"激进主义"，认为后者使整个世界的事物和所有人的灵魂仿佛都完成了建构，被引入人类逻辑的公式，只是缺乏完全的一致性而已。因此，我们最终可以凭借理性去认识世界生活的规律，可以赋予世界以临时的目标，也可以现实地改变世界。但是，俄国人则以非理性的方式感知一切。[3] 在他们看来，理性提供了一个整体的社会建构主义的宏大计划，这就导致个性的丧失。个体业已荡然无存，只剩下所谓的群体，个体精神遭受了阉割。[4] 这种看法是有道理的，近代启蒙理性变为宏大叙事之后，个体有遭受压抑的可能，这已被近代以来的革命洪流所部分地证实了，各国的革命进程的确出现过类似的情况。20 世纪的哲学家也对这种现象提出了深刻反思，如存在主义强调个体生存的意义，后现代主义提出"反对宏大叙事"的命题，都是如此。因为我们可以认为，路标派对此具有深刻洞见，可以说是反对宏大叙事的理论先驱之一。

路标派赞美个人自由和独立性。例如，基斯嘉柯夫斯基认为，个人的自由和独立性是构建稳固法律秩序的基础。[5] 他们甚至认为个体主义来自宗教精神。赫尔申宗认为，宗教主张的个性的自我意识和自我培养，并非道德义务，

---

[1] 《路标集》，彭甄等译，第 89 页。

[2] 《路标集》，彭甄等译，第 91 页。

[3] 《路标集》，彭甄等译，第 77 页。

[4] 《路标集》，彭甄等译，第 79 页。

[5] 《路标集》，彭甄等译，第 121 页。

而是人类天性的选择。[1] 布尔加科夫也把个性的精神发展和基督教精神联系在一起，指出个性的精神发展正伴随着对自身缺陷日益自觉的认识，在对上帝的顺从中，逐渐表现出来。[2]

相比之下，中国的新儒家虽然也主张个体精神修养，但由于儒家传统的集体主义大背景，以及儒家的世俗主义特色，不可能出现带有强烈的西方基督教色彩的个体精神。路标派对个体价值的强调，带有现代性色彩，已经不是中世纪传统意义上的基督教精神能够涵盖的，他们虽然有保守倾向，但是不一定主张回到过去。

其次，路标派认同现代化，但是并不把现代化当作和传统完全决裂。与之相比，中国的新儒家文化保守主义则看法不一，一些新儒家的代表具有反现代化倾向。

路标派和"激进主义派"对作为目标的现代化并无分歧，主要分歧在于什么样的现代化，如何达到现代化。前一个问题可以理解为"一个现代化、各自表述"，路标派要的是带有传统色彩的现代化，也就是既能接续民族的、宗教的传统，又有个性创新的现代化，而"激进主义"要的是理性的、和传统决裂的现代化。从后一个问题来看，路标派主张走精英主义的渐进改良之路，激进派主张走动员民众的暴力革命之路。中国的新儒家对现代化看法不一，如牟宗三坚信良知能够转为民主与科学精神，蒋庆等人则对现代化的若干价值标准表示怀疑并予以批判，具有明显的反现代化倾向。

再次，路标派并不反对西方，中国的新儒家则对西方采取排斥的态度。

俄国由于横跨欧亚大陆，自身也定位为西方国家，长期和欧洲有着充分的文化交流，即使是更为保守的斯拉夫派，也只是强调俄罗斯传统相对于西欧的特殊性，强调固守和发扬本民族文化传统并将之作为文化主体。路标派大力吸收欧洲文化的积极成分，尤其是以个体精神修养为核心的基督教精神，是沟通俄罗斯民族宗教传统和欧洲传统的"公约数"。中国的新儒家则反抗

---

① 《路标集》，彭甄等译，第 73 页。
② 《路标集》，彭甄等译，第 47 页。

西方的文化霸权，建构自己民族的文化主体性，虽然他们也学习借鉴西方器物方面的文明成果，或有限地接受民主自由等价值观，但核心部分依然固守中国特色的传统，对西方传统保持警惕。

最后，在民族问题上，路标派和斯拉夫派一样关心俄罗斯民族性，而中国的新儒家文化保守主义知识分子关注的不是自然的民族，而是文化意义上的民族或"国族"。

别尔嘉耶夫认为，哲学意识具有超个性和共同性，只有在现实的和民族的传统土壤中才能得以实现。[①] 布尔加科夫认为，俄国的知识阶层从未认真思考过民族问题，在精神上脱离民众，倒向了全盘西化和自由派，启蒙运动的世界主义是空泛的，由这种空泛的理论纲领培养出来的知识分子缺乏健康的民族情感，对培养民族自觉有阻碍作用。[②] 在他看来，民族思想也和基督教有关系，它不仅基于民族志和历史，而且基于宗教文化，尤其是其中的弥赛亚思想。[③] 赫尔申宗也认为，俄国社会思想的历史没有被划分成不同的发展阶段，只是根据这种或那种占主导地位的外国学说来进行分期，"对那些由杰出思想家——恰达耶夫、斯拉夫派、陀思妥耶夫斯基获得的真理，我们并不珍视"[④]。

而中国的儒家传统建立在一种"天下意识"之上，民族建构也建立在一种"夷夏之辨"和"万邦来朝"的汉族中心意识之上。近代以来，"五族共和"的新意识取代了上述传统意识，民族意识和国家意识逐渐合一，这种历史现状在全世界范围内都是非常独特的。中俄两国的保守主义对民族问题的认知差异很大，由于不是本文讨论的主题，限于篇幅，兹不赘述。

用布尔加科夫的话来说，路标派的保守主义是一种"健康的历史保守主义"。[⑤] 这是一种有历史根基的、崇尚个性修养与真理的哲学精神。它抵抗虚无主义，坚持道德动机，"以新的形式复兴曾是永恒的、有绝对价值的事物"，

---

① 《路标集》，彭甄等译，第20页。
② 《路标集》，彭甄等译，第56页。
③ 《路标集》，彭甄等译，第57页。
④ 《路标集》，彭甄等译，第76页。
⑤ 《路标集》，彭甄等译，第32页。

"我们理应从毫无成效的、反文化的虚无主义道德说教转向创造性的、具有文化建设意义的宗教的人道主义"。①

　　如何在历史和未来的中间过程中，完成传统和创新的延续和转换，这也许是路标派给我们的启示。它的理论构建在当时并未取得积极成果，但是在近一个世纪之后，终于得到了遥远的回应，虽然不无偏颇，但也是一部具有深刻意义的思想文化的启示录。我们一方面要分析和批判其理论误区，另一方面要承认其思想的合理因素。总而言之，我们主张文化的进步主义，主张改革开放，接受全球化，不能故步自封、闭关锁国。与此同时，我们也要重视传统的延续性、稳定性，对传统文化不能采取虚无主义态度，不能全部切断或抛弃传统文化，要在全球化的大背景下实现中华优秀传统文化的创造性转化和创新性发展，最终形成以社会主义核心价值观为主体的、具有包容性和生命力的新文化，以海纳百川的气魄迎接中华民族的伟大复兴。这可能是路标派给我们最大的启示。

---

　　①《路标集》，彭甄等译，第190页。

第三部分

 实践哲学视野下的教育和文化问题

第七章　文化哲学观照下的大学教育

　　教育是文化问题的一个非常重要的领域，关于教育的哲学思考，一直是哲学的一个重要部分。随着现代社会分工的细密化，哲学工作者基本上都是教育工作者，主要是大学哲学系的教员，即使是研究机构的研究人员，基本上也担任研究生导师之职。教育问题已经内在于哲学思考之中，哲学研究作为知识生产活动本身，是教育活动的重要组成部分。从根本上思考教育问题，是哲学人的内在使命。国内教育改革呼声很高，哲学界的声音却不是很显著，哲学工作者对教育改革和大学教育问题的讨论和发言有所欠缺，因而笔者在这里特辟两章来讨论大学教育和哲学教育的问题。和其他领域的改革一样，教育改革进入深水区，历史包袱、观念包袱和体制包袱束缚着教育改革的步伐。这里的思考，只是一个开端。

　　本章第一节从文化哲学角度探讨现代教育的目标转换及启示，落脚点还是放在中国教育的改革上。第二节从文化氛围的角度入手来思索大学教育，并试图说明各具特色的校园文化氛围是大学教育的一个突出特点。好的大学都有出色的校园文化，它对学生理想人格和精神气质的塑造起了相当大的作用。教育的方方面面是文化哲学思考进入微观化的标志，因此，这一章的内容依然可以算是实践哲学在具体问题上的理论延伸。

第一节 "人文化育之道"与"学会生存"：
现代教育的目标转换及启示

教育是立国之本，国家要想富强，关键在于教育。未来的竞争，是人才的竞争，归根结底是教育的竞争。文化的根基在教育，建设中国的社会主义文化，培养创新型人才，教育的建设处于核心地位，也具有非常重要的奠基作用。但是当前中国的教育实践出现了某些误区，教育改革向何方去，也是社会长期争论的问题，这些都使我们有必要重新思考有关教育的一系列理论问题。本节试图从文化哲学的角度，思考现代化情境下教育目标的转换及意义。

一 文化与教育的意义：化育人文，养成人格

文化教育四字连用是国人的习惯性用法，文化和教育的概念具有非常紧密的联系，它们不仅仅是社会的两个部分或者制度的两个系统。从深层次讲，文化和教育是人类实践活动的内在维度。

文化一词，在西方的语言系统中来自拉丁文 cultura，有培植农作物的意义，和古希腊语的 nomos（人为 / 约定）有直接的关系；在中国的语言系统中，"文化"具有教化的意义，二者正好相通，内在意义都是将属于自然的事物用人工加以培养，使野蛮化为文明。二者也有不同之处：cultura 和 nomos 的意义和"自然"（phusis）正好相对，都属于人造物，而中国传统的"天人合一"的思维方式使自然与文化更多地具有统一性。① 文化属于人类的实践活动，具有内在的自由维度。这种自由维度，在哲学上指精神具有自我决定的能力。

---

① 参见本书第一章第一节。

人的自由和自然界的必然规律相对，后者遵循某种普遍的规律（世界理性、"逻各斯"、宇宙秩序等），而前者以人的自由选择为基础。

在中国传统哲学看来，人的教化建立在天地人具有一致规律的基础上，《中庸》说得最为精彩："唯天下之至诚，为能尽其性，能尽其性，则能尽人之性，能尽人之性，则能尽物之性，能尽物之性，则可以赞天地之化育，可以赞天地之化育，则可以与天地参矣。"教化和修养的极致境界是"赞天地之化育"，即参与、辅助天地造化万物的工作。教育和教化从而具有了形而上的意义和超验价值。儒家的四书五经对文化和教育做了非常多的阐述，尤其是《中庸》和《大学》作为纲领性著作，对儒家的教育思想进行了充分论证。《大学》提出了"三纲领"（明明德、亲民、止于至善）和"八条目"（格物、致知、诚意、正心、修身、齐家、治国、平天下），描述了文化和教育的具体目标和步骤。

文化是人生活的样法（梁漱溟语），是人的生存方式，是"系统地建构起来的人之形象"①。生存方式和教育方式紧密地结合在一起，一个民族的成员按照什么样子生存，就会按照什么样子教育下一代。文化和教育是一种连续不断的活动，是"动词"而不是"名词"。这种活动具有两个维度：一是传承的维度，二是创新的维度。一方面，我们的文化教育必须将历史上优秀的文化成果有效地传承下去；另一方面，文化必须有自我更新的能力，否则一种文化很快就会由盛转衰。笔者认为，当前我国教育领域出现的误区，就是在文化传承和文化创新方面出现的若干危机造成的。

在文化传承方面，古典文化中的优秀成分面临消亡的危险，以至于学生对母语的掌握和运用出现了一定的问题，一些大学生甚至研究生的论文中出现了层出不穷的错字病句，网络上充斥着大量文理不通的伪劣文字；在文化创新方面，普遍出现了学生创新能力不足、学校创新教育缺位的现象。教育的误区和文化的危机如果出现互为因果的局面，后果将是非常严重的。我国

---

① 衣俊卿：《文化哲学十五讲》，复旦大学出版社，2004。

文化教育的现状，已经给了我们足够的警示。

自 19 世纪以来，中国文化受到了西方文化的严重挑战，中西文化冲突背后，又伴随着传统文化和现代文明的冲突。由于众所周知的原因，我国的文化建设和教育建设并非一帆风顺，而是几经波折，在相当长的历史时期内没有走上正轨。改革开放以后，文化教育事业方兴未艾，但是文化如何传承、如何创新的问题，在实践中仍然处于向前摸索的阶段。教育改革的实践已经持续多年，而应试教育片面发展、"片面重视分数和升学率"的误区依然没有大的改观。素质教育的口号早已提出，但是在实践中受到重重阻力，人们对它的看法也有着很大的分歧。种种问题都需要我们从根本上思考教育的目标、途径和规律。

随着时代的进步，现代西方哲学越发强调个体的自由选择，这和中国文化的整体主义特性有着十分明显的差异。这种自由选择在教育上也有所体现，如大学体系，西方发达国家重视大学类型的区分，高等院校可以大致分为研究型大学、教学型大学、专科学院、社区学院等；不同种类的学校，学位的类型、培养的人才类型、培养渠道和方式等都有显著差异。法国的高等教育体系可以针对不同层次的人才需求设计不同的培养模式和目标，学位种类多达十几种。就基础教育而言，不同的国家教育体系也有不同的目标，如美国的基础教育把培养学生的人文素质放在重要位置，鼓励学生撰写小论文，对文化、历史、自然等多学科问题自由发言，而非像中国的小学教育那样进行相对单纯的知识灌输。虽然美国的小学教育表现出基本知识掌握不牢固的缺点（如难以做两位数以上的加减运算），但是却表现出富有自由见解的优点，在创新能力培养上的确有值得中国基础教育借鉴之处。

笔者认为，教育的目的可以归结为"化育人文、养成人格"。展开来说，就是用一种传承下来的文化模式去熏陶个体，但不是把个体培养成僵化的个体，而是培养他活泼健康的精神生命，最终使人发挥出无限的生存可能性和创造性，使之走向完善，最终达到人的自由解放。所以，教育的目的一方面是文化传承，一方面是文化创新，但不管是传承还是创新，都必须建立在个体的自然生命和精神生命的健康完善之上。人的身体和精神只要有一方面不健全，就不可能成为优秀的个体。我们在教育改革过程中，只有时刻牢记教育的这一目标，才不至于在实践中出现偏差。

　　教育作为文化传承和文化创新的主要途径，其地位极端重要，对教育方式方法的设计体现出文化的根本特性。什么样的文化，就相应地有什么样的教育模式。在不同的文化大环境下，教育的方式方法各有其特点和优势。中国的教育改革应该在发挥传统教育理念优点的前提下，博采众长，充分吸收借鉴发达国家优秀的教育理念，进行适合中国国情的创造性的教育改革，这样才能实现建设中国特色社会主义和中华民族伟大复兴的宏伟目标。

二　现代教育四个组成部分的脱节和错位

　　旅美教育学者黄全愈认为：教育可以分为学校教育、家庭教育、社会教育、自我教育等四个部分或环节。[①] 这四个环节组成一个统一的过程，它们必须同时起作用，缺一不可，而且不能偏废，如果用某一环节来取代其他环节，或者某一个环节对其他环节构成冲击和挤压，都会导致教育的失衡。进一步来说，自我教育其实比前三者更为根本，是前三者深刻的基础，前三者对自我教育起一种促进作用，它们必须转换为自我教育，才能达到完善的效果。

　　当前中国教育的病症之一，体现为这四个环节的严重分离和错位。

　　首先，是学校教育各个环节之间的脱节和不协调。学校教育的各部门之间有畸轻畸重的偏向，如基础教育中主科和副科之间的失调，重视语文数学不重视自然科学，重视智力教育而忽视体育和德育。再比如，基础教育和大学教育之间的脱节，基础教育的目标变成了高考本身，而忽视了对学生未来

[①] 黄全愈：《家庭教育在美国》，广东教育出版社，2001，第4页。

发展的规划和专业兴趣、职业兴趣的培养。大学的本科教育和研究生教育也有脱节的现象，大学教育追求就业率，课程体系贪大求全，导致学生经常从早上8点开始上课，一直上到晚上8点，课余时间也都放在英语考级和各种考证上。大学生不适应社会竞争，为了逃避社会竞争而盲目考研。研究生教育不重视学术规范训练，研究生沦为导师的廉价劳动力……种种乱象往往和教育机构及教育主管部门忽视教育规律和人才培养规律的"乱作为"分不开。教育事实上已经成为一个庞大的产业，既得利益群体过多，导致很多教育之外的利益考量严重损害了教育本身，最终结果是人才的国际竞争力下降，优秀人才纷纷流失到国外，很多大城市的国际学校蓬勃发展，中产阶级努力把子女送到国外接受教育。这些都将对中华民族的伟大复兴产生不良影响。

其次，是学校教育对自我教育的阻碍。大家之所以批判学校教育中"满堂灌、填鸭式"的教学方式，就是因为这种灌输式教育不能激发学生自主学习的热情，教师的地位由"学习能力的启导者"变为"绝对真理的传播者"，具有不容置疑的权威性。经过基础教育不恰当的强化，大学生自主学习的能力与欲望已经在一定程度上遭到挫伤和压抑，且很难恢复和重新开发。因为自主学习能力包括求知欲、想象力、创造力等，它的培养往往是不可逆的。自主学习能力的挫伤势必影响学生的创新能力，"一切为了分数"的教学目标，将本该丰富多彩的教学内容简化为对某些固定答案的机械掌握，形成了严重的思维定式，对学生的想象力、发散思维、创造力乃至综合素质，形成了严重的伤害，知识的片面学习也对德育和体育造成了严重冲击。这样，养成完善人格的教育目标就无法正常实施，教育的丰富性被肢解和歪曲。

再次，学校教育与家庭教育、社会教育有着相当程度的脱节。家庭教育在人的幼年时期就开始了，在时间上要早于学校教育，学生和家长相处的时间比在学校的时间长，家长的言传身教对学生有着非常大的影响。美国教育家布鲁姆认为，家庭对下列学习有着不可替代的深刻影响：语言的发展、向成人学习的能力、对学校学习的态度、进一步教育的抱负及与教育有关的职业生涯和生活方式。[①] 如果学校教育和家庭教育脱节，学生在学校和家庭中得到的经验教训就会产生严重冲突，势必影响教育的效果。所以家庭教育的氛围应当对学校教育的内容构成良性的补充，在目前偏重应试教育的氛围下，家庭教育应当起到缓解学生心理压力的作用，应当以素质教育为主。

社会教育在人格养成和能力培养上具有非常重要的作用。在童年时期，小孩的游戏就已经有了社会交往的性质，根据儿童心理学家的研究，儿童的个性差异导致它们在处理人际关系上采取不同的形式，这些不同的形式可能和性格一起不断强化，会一直延续到成年时期。儿童正是通过彼此的交往和沟通，来学习如何生活和如何从事社会实践。社会教育是人进行自我教育的重要途径，从童年开始一直到老年都在进行中。在学生时代，学校教育和社会教育是并行的，二者如果发生冲突，也可能对学校教育有负面影响。当然，良好的学校教育具有反思社会问题的功能，会帮助学生形成正确的思想观念和方法。学校教育和社会教育应该良性互动，如果脱节，就会使一部分学生产生厌学心理，如社会上流行的"读书无用论""拼爹论"都会引起学生对学习的厌倦和反感，最终导致教育的失败和失效。

最后，家庭教育、社会教育和学校教育的失衡，将导致自我教育出现严重的偏差。由上文可知，自我教育在上述四个方面中最为关键，其他环节能够促进个体自我教育能力的培养，使个体完成自我教育，不断对自己的知识和心态进行调整，使自身的素质得到提高、人格得到塑造。目前，时常有学生自杀的报道，从小学生到博士生，各个层次的学生都出现了心理问题，这就是自我教育得不到重视、学校教育不能转化为自我教育的表现。

事实证明，如果忽视了自我教育的目标，学校教育、家庭教育和社会教育都不能得到好的效果。当前，中国教育体系过于重视学校教育而忽视家庭

① 转引自詹栋梁《儿童哲学》，广东教育出版社，2005，第 32 页。

教育、社会教育和自我教育，由此，自我教育失去了基础。所以，为了转变教育观念，一个关键问题是理顺教育四个部分之间的关系，应对四个部分互相脱节的局面。

三 学会生存：现代教育的目标

1972 年，以富尔为首的联合国教科文组织国际教育发展委员会发表了一份报告，名为《学会生存——教育世界的今天与明天》，提出了"学会生存""向学习化社会前进"① 的口号，作为现代教育的目标，国内也有人将其翻译为"学会做人"。黄全愈指出，这种翻译是一种有意无意的误读。在中国传统语境中，"学会做人"容易让人产生注重待人接物、人际关系的印象，不可避免地带上了一种"圆滑世故"或市侩主义的意味，具有被庸俗化的倾向。"做人"这一提法不仅模糊、歧义众多，而且内容小于"生存"，极有可能偏离它本来的"完善人格、促进修养"的含义。

"学会生存"的口号具有非常深刻的寓意。"生存"意味着使个体在实践中寻找自身价值，强调人的实践活动的主动性、创造性。这个口号不是指被动地适应环境、适应社会，而是主动地去选择、创造自己的生活。中国的传统教育长期以来使人产生了"出人头地、改变生存处境"的期望，而忽视了主动寻求人生意义、提高创新意识的重要性。如果个人不能发挥主动性和创造精神，那么整个民族的文化精神就不能与时俱进，这种文化就有消亡的危险。所以说，个人的生存，主要不是物质意义和肉体意义上的生存，而是精神的生存和创新。《尚书》里的"苟日新、日日新、又日新"，讲的就是文化精神在传承中创新的道理。

如何让学生追求积极的人生目标，坚持自我价值的实现，是"学会生存"的真正含义。现代化社会中，竞争激烈、拜金主义盛行、人与自然严重分离，

---

① 《学会生存——教育世界的今天与明天》，华东师范大学比较教育研究所译，教育科学出版社，2004。

现代社会之"病"在短时期内难以痊愈。只有人人都提高自己的生存能力，完善自己的人格，使自身素质得到多方面的提升，才有可能建构一个更健康的社会。这些也是现代教育的目标，和"化育人文、养成人格"的目标是一致的，也是后者的深化和拓展。

笔者认为，"化育人文、养成人格"是"学会生存"的终极目标，"学会生存"是"化育人文、养成人格"的现代表现。因为"化育人文、养成人格"是教育的普遍目标，只有人文文化的形成和人格的恒定完善，才是人类文明得以延续的基础，才能实现马克思所说的人的自由解放和全面发展。而"学会生存"是现时代教育的一个具体目标，因为现时代是社会剧烈转型的时代，西方社会和东方社会都面临着巨大的变化。人在剧烈的社会变化中何以自处，是每个人都必须面对的重要问题。

现代社会不同于传统社会，传统社会是同质的、无时间性的延续和重复，人的生存模式千年以来没有太大的变化。但是现代社会是异质性的，不仅有空间的异质性，也有时间的异质性。空间异质性表现为全球化使地球变成"地球村"，历史上互相隔绝、各自发展的不同文明体处于日益深化的碰撞和交流之中，传统价值和生存方式被改变，人的不安全感和不稳定感由此增加。每个国家和每个人都会有"和陌生人/异类文化交流"的经历。时间的异质性表现为，现代性的时间不是匀速的，而是加速的，在工业时代、信息时代、社交网络时代，技术更新越来越快，时间间隔越来越短，很多旧有的经验被时间所淘汰。在这种现代化处境下，人要每时每刻面对全新的生存体验，"学会生存"就意味着人要形成强劲的学习能力，以及迅速适应环境变化的能力。人只有成为创新型人才、学习型人才，才能适应现代化的挑战。

四　学校教育的内容转换和观念转换

学校教育教什么？对这个问题的思考，决定着我们对教育体系的总体设计。

"德、智、体全面发展"是我们耳熟能详的教育目标，相应地，我们把基础教育的内容分为德育、智育和体育（也包括美育和劳动技术教育）。目前我国基础教育的目标也被表述为"双基"——基础知识和基本技能，而高等教育的目标大致是培养科技人才、高级应用型人才和复合创新型人才。

从理论上讲，人的能力是一个多方面、多层次的立体结构。我们通常说的智力，除了记忆力以外，还包括创造力、想象力（这两者结合在一起，是自主创新能力的基础）。如果再加以细致考察，创造力还包括搜寻信息的能力、分析问题的能力、发散思维、逆向思维、批判性思维等。以应付考试为核心目标的现行教育体系在很大程度上不适合培养人的创造力和想象力。

除了智力因素以外，还有着大量的非智力因素，其地位往往比智力因素更加重要，至少是同等重要。它们不能简单地用"德"来加以概括，用性格、气质、世界观来概括也有些笼统。它们大致可以区分为：第一，自我管理的能力（包括意志力、自我调节能力等）；第二，与他人沟通的能力（类似于被人热炒的"情商"或"EQ"概念）；第三，价值判断的能力；第四，道德修养（包括同情心、利他主义的高尚情操、自我牺牲精神、爱国主义、人道主义等）；第五，文学艺术修养等。

我们往往认为，这些能力在大学时期才能加以培养。按照美国教育学者巴布的观点，高校教育的目标有 8 个方面：提高交流的能力，培养分析能力，加强解决问题的能力，培养价值判断的能力，提高社会交往和互动的能力，培养对个人和环境的理解能力，改善个人对当今世界了解的能力，增长艺术和人文科学的知识。[1] 这八个方面似乎与笔者在前文谈的各方面相类似，但这些能力的培养应该涵盖基础教育的方方面面，人的童年时期和青少年时期，正是培养各种能力的关键时期，如果在大学以前都不涉及这些能力，培养这

---

[1] 转引自黄全愈《素质教育在美国》，广东教育出版社，1999，第 248 页。

些能力的最好时期就容易错过，可能永远失去这个机会。现在大学生素质已经呈现出某种单一化特性，如狭隘的功利主义、缺乏人文兴趣、缺乏对文学艺术的爱好等。这些现象表明，我们现行的教育体制在完善人格方面，表现出某种程度的片面性，具有较大的缺陷。

上述被学校教育所忽视的内容，恰恰是以考试为中心的教育体系最缺乏的。大家都重视考试形式所带来的公平性，却忽视了分数的形式公平性所掩盖的诸多问题。人格的不完善、创新能力的缺失，乃至学生体质的下降等，都是非常严重的问题，如果解决不好，就会影响中国的未来发展。

目前中国的教育改革和其他方面的改革一样进入了深水区。教育改革之所以难，一方面是因为社会舆论对教育改革的目标理解不一样，社会在观念上很难形成教育改革的共识；一方面是因为旧有体制的既得利益者难以转换观念和放弃自己的利益。在这里，笔者打算简单谈一谈教育观念转换的问题。

在笔者看来，当代中国人的教育观念转换有两个最大的问题，一个是应试教育和素质教育的关系，一个是教育产业化的问题。

社会舆论曾经把"应试教育"和"素质教育"看成互相对立的关系，从这种看法出发，很多人认为中国教育改革的方向是从应试教育转变为素质教育。在笔者看来，这种说法有一定的道理，但是也会产生很多歧义。自从素质教育成为全民热议的对象开始，围绕着素质教育和应试教育展开的争论就没有停止过。笔者认为应该澄清这两个概念，重新思考二者的关系。

在笔者看来，素质教育不等于不考试，应试教育和素质教育的区别也不在于是否考试。因为考试是教育的必备手段，无论到什么时候，考试都无法取消。关键问题在于考试在教育中究竟占据什么位置，以及考试应该采取哪一种形式。中国目前的教育模式之所以被叫作应试教育，关键在于教育在很大程度上是以考试为终极目标，考试（尤其是高考）成了教育（尤其是基础教育）的指挥棒，一切和考试无关的东西都被轻视，唯考试论、唯分数论成了教育最显著的特点。考试指挥棒压倒一切，使教育的其他目标都受到了不良影响，德、智、体、美、劳五位一体的教育目标变成了智育独大，其他四项目标都被弱化和扭曲。素质教育理念的引入，并不等于废除智育，而是要把因为"考试独大"而扭曲了的教育目标重新纠正过来，扭转德智体美劳的失衡局面，使之重新恢复平衡。

中国教育之所以形成智育独大、考试独大的局面，成因是复杂的，全面分析其原因不是本节的目的，在此只简单论述其主要原因。在笔者看来，最重要的原因是中国社会转型尚未最终完成，中国传统社会是相对不平等的金字塔型社会，越是接近塔尖的人，占有的社会资源越多、权力越大，而现代社会应当是相对平等的纺锤型社会，社会最顶层和最底层的人数相对较少，大多数人是平等的，应该减少贫富差距。而中国恰恰处于由金字塔型社会向纺锤型社会过渡的中间阶段。很多人在观念上还是希望自己的孩子尽量向上层流动，以获得更多的社会资源。在这种条件下，高考就成了人们心目中提升自己社会阶层最便捷的手段。虽然高考早已经没有古代科举考试的重要地位，但人们还是在潜意识里把考入一流名校当作考中状元，似乎高考分数高，就意味着从此提升了社会阶层。

因而，要改变唯高考、唯分数、唯智育的教育观念，还是要在构建社会公平上下功夫。改变社会资源分配的格局，才能改变文凭至上的观念。否则，广大人民群众的德育、体育等各方面的水平都不会有明显的上升，"把成功作为宗教"的精致的利己主义依然有可能甚嚣尘上、大行其道，中国人会离德智体美劳全面发展的目标越来越远，最终甚至丧失中华民族伟大复兴的机遇。因为一个民族的伟大复兴不仅仅等于财富的积累和智力的提高，更包括人的道德水准的上升，以及其他非智力因素的平衡健康发展。

教育产业化问题也是影响中国教育观念转型的一个重要因素。1999年前后，国家开始实施高校扩招的相关政策，主要基于两个原因，一个是高等教育毛入学率的提高，由精英教育变为大众教育；一个是教育产业化的内在要求，教育产业成为拉动内需的一个重要推力。

客观地说，这两个原因都是有合理性和积极意义的。高校提高入学率的积极意义在于让更多的适龄学子有接受大学教育的机会，对劳动力素质的提高有着显著的积极作用，对社会主义经济建设有着直接的推动作用。教育产业化政策对解决教育经费投入不足、大力发展民办教育也有着正面的意义，但是理想和现实之间、目标与实际效果之间依然有着相当大的差距。

在笔者看来，和高校扩招相配套的措施应该包括高等教育的分流淘汰机制和一定程度上的"宽进严出"措施。高等教育的分流，指不同类型的高校培养不同类型的人才，如科研型学校培养科研人才，技术型学校培养高级技术型人才，职业教育学校培养各行各业的职业人才，等等。不同类型的高校，都应该有一定的淘汰机制。目前中国高校的分流机制和淘汰机制都很不完善，导致一些高校定位不明确，没有自己的办学特色，学生对自己的定位和职业生涯规划不明确。根据媒体报道，某些高校和专业的就业率存在造假情况，实际上高校毕业生的隐形失业率保持在一定水平。

大学扩招和教育产业化的观念使许多大学的研究生教育不断"升级"，表现为硕士点、博士点的增加和硕博名额的增加。笔者认为，研究生教育"升级"的内在动力之一恰恰是一些学校的"产业化思维"走入了误区，这些学校把开设研究生学位点当作获取更多资源的一个手段。我们在媒体上经常听到诸如博士生导师带的学生过多，没有时间对学生加以指导，或者导师把学生当成廉价劳动力，施加人身控制的新闻。一些硕士生、博士生压力过大而产生精神问题，导致焦虑甚至轻生；研究生抄袭、剽窃等学术不端行为时有发生。

此外，教育产业化的不良后果还包括各种辅导班、补习班的大量增加，学校内部的贪污腐败、权钱交易事件等，在此不展开叙述。总之，这些都是对教育目标的扭曲和伤害。上述乱象如不加以综合治理，中国就不可能从教育大国走向教育强国。

只有教育得到健康发展，才能使人应对现代文明的挑战，创造美好的未来。我们作为教育工作者，任重而道远，不能因为上述社会弊病难以根除而放弃改革教育的努力和希望，而是要看到这些现象背后的起因，要扎扎实实地改变教育现状，努力工作，为文化的传承和创新贡献力量，始终把教育改革作为努力的目标，不能安于现状，而要居安思危。我们要尊重教育规律，积极抵制种种不符合教育规律、损害教育目标的行为，努力从源头加以改变。这样，教育才能回归本源，中国的教育才有希望，才能在和其他国家的长期竞争中立于不败之地。

第二节　论综合性大学的文化氛围建设

黑龙江大学在 21 世纪初提出了"建设文化校园"的战略，这是一个非常有远见的战略。在笔者看来，从"校园文化"到"文化校园"，这两个提法不仅仅是语序的颠倒，更重要的是重心的转移和深化。文化校园是一个"上层次"的提法，这个提法的重点在于把人素质的提高作为校园文化建设的核心。文化校园的建设目标，就是要形成高校所特有的文化氛围。

凡是历史悠久的高校，都有自己的文化氛围，人们心目中的北京大学，"自由、民主、科学"成为其文化氛围的代名词，清华大学的文化氛围则是"自强不息，厚德载物"。但是在当代中国，高校定位不明确、自身特点不明显的事实依然大范围地存在，文化氛围建设因此成为一个很迫切的问题。在这里，笔者主要谈谈综合性大学的文化氛围建设所涉及的三个问题。

一　综合性大学要建设什么样的校园文化氛围

这个问题和学校自身的定位有着直接关系。任何一个学校都有其特色和传统，这个特色和传统应该是不可复制的。中国大学的兴起刚过百年，大多数学校的建设仅有数十年，缺乏特色、千人一面是很多高校所面临的共同问题。文化校园建设面临的任务是非常艰巨的，它注定是一个长期的历史过程。一个学校的文化氛围，既是在发展中逐渐形成的，也和教育家的理念设计不可分割。一个大学要想形成优良的传统和特有的文化氛围，就必须有一个成熟的、可持续的教育理念。这个教育理念应该是独特的、充满生机和活力的、有助于发展个体精神的自由的理念。

建设文化校园，学校自身的定位至关重要。从世界范围看，高等院校一般分为研究型和非研究型。武书连等人把中国的大学分为研究型、研究教学型、教学研究型和教学型，这些定位方式和教育的目标有关。笔者认为，大学教育的目标可以分为职业教育、专业教育和通识教育三个层次，这三个层次在不同的大学里的位置和比重不同。职业教育的目标，就是把具体的职业技能传授给学生，使他们有一技之长；专业教育的目标，是使学生了解某一学科的基本概况，培养从事该学科研究的高级人才，以及和该学科相关的其他应用型人才；而通识教育的目标，是提升学生的综合素质。这三个目标是结合在一起的，但是不同的学校侧重点不同，研究型大学主要是以通识教育和专业教育为主，职业学院或者社区学院则是以职业教育为主。一个大学的人才培养模式和文化氛围建设应该是互相匹配的。中国的综合性大学数量较少（即使算上传统的理工科院校，绝对数量也不是很多，而且理工科大学改为综合大学的潮流是近10年的事情），目前中国的综合性大学应该是以通识教育和专业教育为主，职业教育不是综合性大学的主要职责，所以不在本文讨论范围之内。中国综合性大学的文化氛围建设，应该符合通识教育和专业教育的定位。

二　综合性大学文化氛围建设的主导精神

笔者认为，人文精神和科学精神是文化校园建设的主导精神。科学精以求真为目的，要求人不畏权威、勇于怀疑，重视理性思考。由中国大学的现状可知，科学精神的建设效果比较好，也相对比较受重视；人文精神建设在很大程度上则被忽视了，应该需要更多的努力。所以，笔者将重点放在了人文精神建设上。

什么是人文精神？20 世纪 90 年代知识界对此有过讨论，但是视野比较狭窄，也未能有积极的成果。笔者以为，人文精神主要是以人为本的精神，包括通常所说的人道主义、人本主义精神。人文精神的具体内容比较多，是一个多层次、多角度、内涵丰富的价值系统。笔者分几个方面来探讨人文精神在文化校园建设中的表现。

首先，以人为本就是要关注人的价值，不但关注国家、民族、集体，也关注个体的生存。现在的经济建设和社会建设，出现了以片面的物质利益为目标，而漠视个人的生存处境的问题，表现为以片面的经济发展为主，以GDP 增长为目的的发展观。这种发展观反映在教育领域，就是片面地以分数、升学、就业数据来评价教育质量。学生由于巨大的分数压力、升学压力、工作压力，不但影响了身心健康，而且产生了狭隘的功利主义倾向。这种现状会在一定程度上减弱他们的社会责任感，导致学生人格残缺，严重背离了"培养人格完善的人"的教育目标。

其次，人文精神的重要内容是理想主义精神的培养，只有这样，才能破除狭隘的功利主义倾向。理想主义的培养不能靠简单的说教，而是需要引导学生思考和关注与人类命运息息相关的重大问题。这需要综合性大学加强人文学科建设，把人文学科的精神融入教学、科研和校园文化中来。在教育目标和教育方式上，要特别重视通识教育，把通识教育和专业教育结合起来，将前者纳入后者之中。

通识教育，或称通才教育、全人教育，在英语里有很多近似的表达方法，比如 liberal education, general education 等。① 美国大学的课程一般分为通识课

---

① 程星：《细读美国大学》，商务印书馆，2004，第 53 页。

程和专业课程两类，学生被要求先修通识课程学分，合格以后再学习专业课程。美国大学通识教育的时间一般为两年，美国一流名校的通识课程以哥伦比亚大学的"核心课程"为代表，哥伦比亚大学的核心课程分为文学、现代文明、艺术、音乐、外语、逻辑与修辞、世界主要文化、体育、科学九个大类，学生必须选够规定学分，才能进入专业教育学习阶段。复旦大学现在也已经开始实施这样的办法：学生入学第一年不分专业，先进行通识课程的学习，第二年再进行各自的专业学习。经过通识教育阶段，学生摆脱了狭隘的专业训练，对整个人类知识体系和社会历史有了宏观的、深刻的理解，综合素质得到了提高，为人文精神的培养提供了必要保证。

再次，关注现实是人文精神的另一个重要内容。教育的目的是使人对社会有所贡献，所以，对社会现实的理解是非常重要的。学生应该培养对现实问题的感受能力，为以后解决社会问题打下坚实的基础。学校教育不能培养"两耳不闻窗外事、一心只读圣贤书"的迂腐文人，而是培养关注社会、建设社会的人才。即便是从事基础研究的知识分子，也必须关心国家民族的命运、培养"以天下兴亡为己任"的远大抱负。如果教育没有引导学生关注社会现实，那么教育必定是失败的。

社会实践能力的培养，也是教育关注现实的一个重要出发点，但不能从片面的应试教育模式中得到。社会上关于应试教育和素质教育的争论出现了一些认识上的误区，好像素质教育就是不要考试，这个认识当然是片面的。素质教育的目标是培养学生的综合素质，其中最重要的一个内容就是社会实践能力的培养。如果教育的目的就是应付大大小小的考试，那考试必然变成一个标准化和技术化的过程，因为考试会把千差万别的学生放在一个相对固定的标尺之下来衡量。这个过程的结果就是使考试这一手段变成目的，这必然使教育的目标片面化，最终损害学生的社会实践能力，使学生变为考试机器，对日后如何应付社会无所适从。相比之下，一些国家的教育体制非常重视学生社会实践能力的培养。美国大学录取学生的标准之一，就是学生必须有从事社区服务或志愿者活动的经历，其目的就是让学生了解社会，增加社会责任感。[1] 社会实践能力的培养及对社会的关注对人文精神和高尚人格的形塑具有非常重要的作用，如果大学的文化氛围缺少了这一项，就必然背离教育的目标，因而是不可想象的。

最后，课程思政建设是文科教育和人文精神培养必不可少的一个方面。人文精神的核心是培养什么样的人，中国特色社会主义建设需要的不是服膺美国价值观的人才，也不培养妨碍中华民族伟大复兴这一目标实现的人才。很多理工科背景的人轻视人文学科，认为人文学科无用，这种思路是危险的，因为其曲解了教育的目标，把多元素质和能力的培养简化为工具性技术人才（"螺丝钉"）的培养，综合创新能力是未来人才竞争的关键，而综合创新能力出现的前提条件是人要具有充分的想象力、创造力、批判性思维，乃至意志力、沟通能力等"非工具性"的能力。这样的能力只能在自然科学和人文社会科学共同发展、齐头并进的局面下才能培养出来。一个只重视技术而不重视人文思想的民族，是不可能发挥出创造力和想象力的。

所以，广义的课程思政建设不能靠灌输，而要开发学生的非智力因素，也包括创造力和想象力，或者说，课程思政建设与开发创造力和想象力是兼容的。课程思政建设不应当千人一面、千校一面，而应当结合学校的具体特点，做到千人千面、参差多态，这样才能形成百花齐放的局面。

三 文化氛围建设有哪些前提条件

首先，教师应该积极进取、开拓创新，营造独特的研究氛围和教学氛围。教师在正确引导学生方面具有不可推卸的责任，学校文化氛围的建设离不开教师自身素质的提高。教师的职责——传道、授业、解惑——对教师提出了非常高的要求，"传道"的内容不仅仅是教师的职业道德，还包括教师用自己的言行感染学生。教师本人必须自强不息、刻苦钻研，用高尚的人格、独特

---

① 参见黄全愈《高考在美国》，北京大学出版社，2003；薛涌《美国是如何培养精英的》，新星出版社，2005。

的个性、渊博的学识给学生以深刻的印象。在"授业、解惑"方面，教师应不断更新自己的知识，勇攀学术高峰，启发诱导学生并培养他们的创新能力。学校可以创造环境，加强教师之间的交流，尤其是不同专业、不同方向的教师之间，也应该加强交流，在学术方面互相沟通、互相切磋。

每个学校应该有自己独特的小环境，教师之间小环境的形成至关重要。各个院系也应该有自己的传统，形成生动活泼、形式各异的院系文化氛围。教师可以集体备课，进行良性的学术讨论，教师和学生之间的互动也应是良性的。在网络时代，教师和教师之间、教师和学生之间的线上线下活动可以是丰富多彩的，每个院系、每个学校都应该有自己独特的气质和氛围。比如，北京大学和清华大学的气质和氛围就明显不一样，文科院系和理科院系的气质和氛围也不尽相同。

其次，学生应该刻苦学习，明确目标，营造独特的学习氛围。学生面临着完善自我、走向社会的任务，应该形成自己的奋斗目标和稳定的人生观、价值观，完善自己的人格。这个过程能否实现，主要看学校能否创造好的环境，让学生展现个性、完善自我。学校应采取多种形式，如讲座、竞赛、沙龙、实习等方式，激发学生的学习热情，增加其对大学精神和社会的了解；学生之间应该互相帮助、互相激励。现代西方高等教育的研究指出，对大学生发展影响最大的是他们的同学。[1]学生之间"小环境"的营造，受整个学校文化氛围的影响至深，二者可能是一种良性循环的关系。

良好的校园文化氛围，应该满足不同类型的学生的需求，对于循规蹈矩的学生，应该培养其持续学习的动力；对于有创造力的学生，应该给他机会去挑战自我；对于学习和生活目标不明确、缺乏主动性的学生，应该让他知道该做什么、不该做什么，帮助他确立奋斗的目标。

最后，校园生活应该是丰富多彩的，应形成积极向上、生机勃勃的校园生活氛围。学生除了学习之外的业余活动应该是健康的、积极向上的。学校

---

① 程星：《细读美国大学》，第 16 页。

应该在思想政治工作和其他方面给予学生完善的指导和服务。教师不仅关心学生的学习，也关心学生的生活，学校应该鼓励学生之间互相关心，鼓励学生和老师打成一片。学生可以通过多种多样的社团活动、竞赛活动、体育活动、社会实践活动，培养自己多方面的能力。

　　总体来说，每所大学的具体氛围有所不同，建设一种成熟的文化氛围需要长期的努力，这是一个艰巨的系统工程，但是，从教育的发展趋势看，这个过程是必然的。只有形成独特的文化氛围，大学才能摆脱危机，高等教育才能持续发展。

第八章　通识教育和哲学教育的内在关系

本章是第七章的延续，第七章是宏观地谈教育和大学文化，这一章则谈论一个相对专业的问题，也就是通识教育和哲学教育的关系。黑龙江大学的西方哲学史课程，获得了国家级和省级的精品课称号，这是笔者和同事通力合作的结果，本章的内容就是在建设哲学精品课过程中所思所想的结果。通识教育和哲学教育具有很大程度的相关性，通识教育是当代哲学教育的一个热点。我国开展通识教育的时间比较短，对通识教育的理解还存在一些误区。希望我们在哲学精品课上的工作，能引起对通识教育和哲学教育的进一步思考。

第一节　通识教育与专业精英教育：哲学精品课两面观

哲学专业的精品课建设是新时代综合性大学哲学教育的一个新尝试，本节试图结合黑龙江大学哲学专业本科实验班开设的哲学精品课，对本科哲学精品课的目标及内涵进行初步探讨。通识教育和专业教育之争，是近年来世界教育实践中的一个重要现象，也是中国高等教育改革的一个重要话题。本节试图从两个角度来分析本科哲学精品课的目标及内涵，并对这个问题提出我们的一点想法。

一　通识教育和专业精英教育的互补关系和现实处境

通识教育在中国还没有一个公认的定义，它在英语里被称为 general education 或 liberal education，也被叫作通才教育、人文教育、全人教育、自由教育、博雅教育。本来有两种含义，其一，指以古典文学、逻辑与数学为中心的教育；其二，指非专业的博学的教育。现代通识教育的内涵有所改变，变成了以解放心智为目的，以培养自由公民为宗旨的非专业性教育。哈佛大学、哥伦比亚大学的核心课程体系就是通识教育的代表，其主要内涵在于提倡文理交叉，拓展学生的知识面，把全人类的经典传授给学生。

通识教育理念以文史类课程为核心，以阅读古典著作为主要手段，以培养"完整的人"（the whole man）、"饱满的人"（well-rounded person）为主要目标。[①] 在 20 世纪，通识教育理念得到了充分发展，以美国为例，很多一流大学建立的"核心课程"体系成为通识教育的主要模式，内容不仅涵盖人文科学，也涵盖自然科学。核心课程被分为几个大类，学生必须在其中选择一定的学分才能毕业。哈佛大学的核心课程分有六类：外国文化、历史学、文学与艺术、道德推理学（伦理学）、自然科学、社会分析。核心课程的分类大体呈现出以人文类为主、以自然类为辅的特点。这是可以理解的，因为通识教育以培养健全人格为目标，对人性和人类社会的了解自然占据核心位置。

但是最近半个世纪以来，西方社会的功利化程度加深，专业化的教育理念逐渐占据了古典教育理念的阵地，学生上大学以毕业赚钱为主要目的，商学院和法学院等院系专业成为最热门的院系专业。大学也逐渐演变为以专业化为基本理念，专业教育和职业教育成为大学的首要追求。专业教育在目标上可以分为高低不同的层次，高层次的专业教育以培养各理论学科领域和具有高技术附加值的实践领域的专家和精英为目标，低层次的专业教育是以培

---

① 薛涌：《美国大学原来是这样的》，漓江出版社，2011，第 11 页。

养各种相对容易掌握的谋生技能为目的的专业教育。本文探讨的专业教育，主要指高层次的专业精英教育。

笔者认为，通识教育和专业精英教育的关系应该是互补的，二者各有各的功能和目标。一方面，每个高层次的创新型人才，都必须擅长和精通某种专业知识和技能，而不能是面面俱到的"全才"。因为在高度现代化的 21 世纪，知识的数量已经超出了个体能够掌握的极限，前现代时期达·芬奇式的精通多学科的天才学者已经不可能存在，取而代之的是现代社会高度发达的专业分工体系，通过各专业人才的分工协作来推进人类知识的进步和实践能力的提升，从而导致社会生产力的快速发展。另一方面，恰恰是由于高度发达的分工体系使每个人乃至每个专业领域都无法涵盖人类知识的全部内容，使"隔行如隔山"的现象愈演愈烈，人们越来越为自己的专业性思维所限制，已经难以超越自身的局限，全面地思考关乎人类社会整体命运和人类文明走向的大问题。而且，专业思维的另一个误区是不同专业之间相互隔绝，会阻碍交叉性学科的产生，而后者恰恰是与创新型思维互为因果的。创新型思维必须突破学科壁垒，有了创新型思维，就会促进交叉性学科的产生，而交叉性学科的产生也会促进创新型思维的形成。所以，通识教育在这个时代不应该被遗忘、被边缘化，而应该加强。

中国近年来的大学改革，也把通识教育改革作为一个重要的部分，这种改革的理由和国外略有差别。在改革开放之前，中国的大学教育沿袭苏联的办学模式，以专业教育为主，目的是培养社会主义建设所需的专业人才。改革开放以后，这种专业教育模式在市场经济条件下受到了一定程度的冲击。首先，从原来计划性比较强的专业设置，转变为按照市场需求来进行专业设置。但由于市场需求变化比较快，大学的专业计划具有相对稳定的特点，再加上一些教师的知识和技能更新较慢，所以，即使是紧跟市场需求设置的新专业也不一定能完全适应市场的变化。其次，市场需求具有一定的功利化色彩，导致一些传统的"冷门专业"不受用人单位重视，就业率降低。再次，随着高校的扩招，毕业生数量增加，从本科教育到研究生教育都处于一种数量上的"大跃进"阶段，而且产生了相当程度的"学位高消费"，导致大学毕业生就业压力增大。上述种种因素导致专业教育暴露出其内在的缺陷。

有鉴于此，中国一些高校开始进行通识教育改革，开始重视通识教育理念的重要性，在大学课程体系内设置通识教育模块，或设置以通识教育为目标的机构。第一种通识教育改革的思路以复旦大学的书院制为代表，其通识教育改革走在全国大学前列，它把一年级本科生编入不同的书院，进行为期一年的通识教育，然后再进入专业教育阶段。它把核心课程分为六大模块，即文史经典与文化传承、哲学智慧与批判性思维、文明对话与世界视野、科学精神与科学探索、生态环境与生命关怀、艺术创作与审美体验。课程由长江学者、国家级教学名师以及知名教授等担任主讲教师和课程负责人，形成了经典导读、助教制度、小班讨论、多元考核、网络互动等富有特色的教学模式。第二种通识教育模式是独立学院模式，以北京大学元培学院、中国人民大学国学院等一系列学校为代表。这种模式的特点是将通识教育部门和其他专业学院并列，使学生可以从其他学院的高年级学生中进行选拔；教学目标以培养具有综合素质的专业精英人才为主。如果说第一种模式的重点是"拓宽知识基础，塑造整全人格"，那么第二种模式的重点在于"打通专业壁垒，塑造学术大师"。

上述两种通识教育改革模式主要是在国内一流大学中实施的，而在其他的综合性大学中，通识教育改革基本上采取模块式的改革办法，即把"公共必修课＋全校性的选修课"作为通识教育模块，和专业教育并行不悖。这种通识教育改革模式只能说是一种不完整的通识教育改革模式，改革力度如何，完全看各个学校是否重视，课程体系是否完备。[①] 如果通识教育理念深入人心，那么这些学校有可能按照上述两种模式来改造自己的课程结构。现有的这种模块式通识教育是否可以成为第三种可行的模式，则有待于观察、研究与实践。

---

① 王义道：《推进通识教育，催生一种新的教育模式》，《北京大学学报》2005 年第 5 期。

二 哲学精品课的两面性

黑龙江大学哲学专业开创于 1958 年，至今已经有五十余年的历史，拥有一支年龄结构和学历结构合理、专业素养突出的教学科研队伍，在国内大学的哲学院系中属于中坚力量，为国家建设培养了大量的哲学理论人才。从 2004 年开始创设哲学专业本科教学改革实验班以来，已有 15 年的历史。黑龙江大学哲学学院在历史悠久的哲学课程基础之上，建立了包括马克思主义哲学史、中国哲学史、西方哲学史等专业基础课程在内的哲学精品课体系。哲学精品课的目标是以提高学生的专业素养为主，但同时面向全校开放，这一点又具有通识教育的功能。

我们认为，哲学精品课之所以同时具有通识教育和专业教育这两种功能，是由哲学课程本身具有的两面性所决定的。一方面，哲学教育的目标是培养人的世界观、价值观和人生观，属于通识教育范围；另一方面，哲学思维又具有专业性。因为批判性思考和逻辑思维训练不可能是浅尝辄止的，必须进入深度的专业思维之中，正如文学修养需要通过阅读背诵诗词歌赋来训练自己的语感，以陶冶情操、化育高尚人格、培养对世事人心的理解与同情、思索人生真谛；哲学修养也需要通过对哲学著作的阅读，对哲学家思想的掌握，对哲学概念的辨析，对哲学问题的思索来帮助人们形成正确的人生观、世界观、价值观。但是哲学著作本来就难读，哲学思想比文学作品更加难以理解。所以，作为人文学科的核心之一，哲学教育虽然面对的是普通人，但是哲学教育的内容又是高度抽象的，并非所有人都能够理解，尤其是深入地、专业性地理解。所以，哲学教育要做到通识层次和专业层次兼顾，并且有所区别，不是一件容易的事情。

根据哲学精品课的教学实践，笔者认为哲学精品课教育切勿陷入两种误区，一是太深，一是太浅。第一种误区是按照培养学术大师的标准教授课程，特别强调课程的学术性，讲课和辅助教学手段务求专深。这种误区起源于错误地理解"研究性学习"的理念，不仅容易导致拔苗助长，而且混淆了本科教育和研究生教育的区别。如果以培养学术大师为目标，那就必须由少量的优秀教师带领少量的优秀学生进行深度阅读和深入思考，实际上还是变成了非常专业的研究，这已经是培养研究生的标准了。

第二种误区则是尽量按照非哲学专业的标准，通俗易懂地讲授课程，而忽视了哲学课程的专业性，这种现象可能不太容易发生，但也非常值得警惕。因为我国的大学教育历来都强调专业性，对大多数教师来说，通识教育理念都是全新的，原有的全校性选修课被很多人理解为无关紧要，所以很难通俗地讲授哲学课程，按照通俗易懂的方式讲，即源于对通识教育的误解。通识教育不等于通俗易懂，只是强调不要限于狭窄的专业思维，也不等于完全不进行任何专业探讨，只是探讨的方式和目标有所不同而已。

在笔者看来，本科专业的研究性学习模式不等于研究生的学习模式。研究生的学习目标是以学术训练的方式培养学生，以严格的学术论文形式来检验学生的学习。本科阶段的学习虽然也有学术论文写作，但是这种学术论文并不一定要求有特别强的学术性。实际上，哲学专业的本科毕业论文很难达到真正的学术创新，因为根据哲学专业的特点，博士阶段才能谈到真正的学术创新，本科生的学术训练还远远达不到可以进行学术创新的水平。

本科阶段的研究性学习模式的特点应该是鼓励学生主动探索和主动研讨，教师多布置开放性的问题引导学生思考，加大课上和课后讨论和互动的分量，减少绝对课时数，相应加大学生的阅读量，提高课程学习质量，以此摆脱传统的"上课抄笔记，课后背笔记，考试划范围"的填鸭式教学模式。总之，本科专业的哲学教育还是以课程为中心，精品课的任务并不直接以科研为任务，而是促使学生习惯哲学思维，并非直接把培养学术研究人员作为第一目标。所以哲学精品课的内容切忌太深，而要重视初步的哲学思维训练，核心是"哲学家提出了什么思想，为什么提出这样的思想，要解决什么问题，这种解决问题的思路有什么意义和启示"，即了解哲学知识背后的"所以然"。与之相比，研究生哲学教育的核心则是掌握"纯技术"层面的论证方式，并对哲学思想提出自己的论证，两个阶段的区别还是很明显的。

另外，本科哲学精品课的讲述方式又不能过分地讲究通俗易懂。有的老师可能倾向于《百家讲坛》式的方法来讲授哲学课程，并把这种授课方式当作哲学通识教育。笔者发现，电视学术讲座基本集中在历史方面，因为历史学的特点是通过"讲故事"来总结历史规律，但是哲学教育的特点又不能简单地用讲故事作为载体。如果我们仔细研究哈佛大学政治哲学教授桑德尔的视频公开课《公正》，就会发现他在讲课过程中虽然也举了大量的实例，但其课程的核心还是通过举例子来进行思想的论证，而这恰恰是英美政治哲学界擅长的论证方式，并不像历史学那样"讲故事"。[①] 实际上，离开哲学论证而片面追求通俗易懂的讲课方式可能并不适合哲学教育，《百家讲坛》在播出初期，也曾经请过武汉大学的哲学教授赵林来讲授古希腊文化与哲学思想，其收视效果并不理想，也未引起大众的广泛关注。这也从一个侧面说明了哲学课程自有其特点，不能离开专业性来追求通俗性。

总之，哲学精品课同时具有通识教育和专业教育的特点和功能，所以我们把哲学精品课放在哲学本科一、二年级，并面向全校学生开放是有道理的，也是经过实践检验的效果比较好的一种措施。这种措施既能够为优秀的哲学专业的学生（乃至其他专业的学生）打下良好的专业基础，为日后在学术道路上深造做准备，又能够促进广大青年学生掌握基本的哲学知识，养成良好的人文素养，形成正确的世界观、价值观、人生观；同时也可能为中国普通综合性大学的通识教育改革打下一定的基础。

第二节　通识教育视野下的哲学教育：以哲学精品课建设为例

中国教育界引入通识教育理念，可以视为素质教育理念在大学教育中的

---

① 桑德尔:《公正》，朱慧玲译，中信出版社，2005。

一种深化。普通大学的文科精品课建设，既是深化文科专业教育的要求，也是通识教育的要求。本文以黑龙江大学的哲学精品课建设为例，从通识教育的角度思考哲学教育对教育改革的意义及作用。

一　从素质教育到通识教育

世纪之交，一些教育学者鉴于国内应试教育积重难返的局面，呼吁在中国实行素质教育，并介绍了国外素质教育的情况。由于很多父母把子女送到国外，大量亲历国外教育的记录也被出版，为人们提供了关于国外素质教育的第一手的经验材料，打开了大家的视野，也深化了人们对于素质教育的思考。但由于国外的教育体制和国内差别甚大，国外优秀的教育理念和具体措施无法直接移植到中国，素质教育的理念在国内也引起了一些误解，人们把素质教育和应试教育看作互补关系，把"第二课堂"当作素质教育的主要内容，使素质教育成为应试教育的一种补充，这种做法不可能撼动应试教育的地位。因为以高考为代表的考试体系成为教育的指挥棒，一切在高考中得不到体现的科目都被视为可有可无，离高考越近的教育阶段，与高考无关的科目就越得不到重视。

正是在这种局面之下，通识教育的理念被引进中国。国内教育界出于中国教育体制的特殊性，对通识教育提出不同理解。有人按照西方的古典教育模式，把通识教育理解为以阅读古典著作作为主要方法，以破除僵化狭窄的学科壁垒为特点，以培养大师级的学者为中心目标的一种教育模式，各个大学的文科实验班、国学实验班或国学院就是这种模式的产物。也有人把通识教育简单地等同于公共素质选修课，在专业课程之外开设的公共必修课和公共选修课构成了大家心目中通识教育的主要内容。

笔者认为，通识教育既不完全等同于各种变相的"读经"活动，也不等同于公共必修课和公共选修课的综合。通识教育其实可以分成"高""低"两个目标，从"高"的目标来看，通识教育是培养社会中的"领袖型人才"和学术研究中的"通人""全才""大师"，可以称为"跨专业的高标准"；从"低"的目标看，通识教育培养和陶冶人的"一般常识"和"一般价值观"，这也是素质教育理念在大学教育阶段的延伸，可以称为"非专业的低标准"。所以我们就可以理解，"国学实验班"式的教育是取通识教育的"跨专业的高标准"，而公共必修课和选修课体系则取通识教育中"非专业的低标准"。在大学中的通识教育，还是应该在"低标准"的基础上，寻求"高标准"的目标。通识教育首先应视作素质教育在大学阶段的延伸。

现代社会变化过于剧烈，社会所需要的"一般常识"和"一般价值观"也在形成或者变动的过程中，根据学生心理成熟度的变化，"一般常识"和"一般价值观"也只有在大学时期才能比较完整地形成。"高标准"的通识教育，则是大学教育所特有的内容及目标。这种目标，大学之前的教育不能够胜任，只有本科乃至研究院阶段才能把培养领袖型人才和学术研究的"通人"作为其重要目标之一，这也是被教育规律所决定的。基于此，我们才有可能知道哪一个类别、哪一个阶段的教育适合什么目标，而不至于张冠李戴、随意拔高或者降低相应阶段的教学要求。事实上，我们见过了不少这样的错位现象，如十二三岁的孩子上大学的现象等，这种低标准的素质教育尚未完成，就让学生接受高标准的通识教育甚至专业教育的例子，是明显违背教育教学规律的，并无普遍的意义。

由于通识教育理念主要体现在大学的宗旨和课程设置上，所以对高考并没有产生直接的冲击，不会像素质教育理念那样陷入难以实施的困境中。"较低标准的"通识教育暂时和现行课程设置并不冲突，以复旦大学为首，一些大学也开始采用通识教育核心课程体系，如山东大学采取通识核心课程和公共选修课程并行的体系，把通识核心课程分为国学、创新、人文、艺术、自然、工程、社科七个模块，一个文科专业的本科生在四年里必须在国学和创新模块里分别修一门，在工程和自然模块里总共修两门，还要在除社科的六个模块里再任选一门，成绩计入总分。此外还需要在全校通选课中选择四到六门，这样的选课方法对现在大学课程设置过分专业化的弊端，的确有纠偏的作用。只有在这种"低标准的"通识教育模式基础上，才有可能实现高标准通识教育的目标，培养出类拔萃的创新型人才。

综上所述，大学本科阶段通识教育的主要内容是在普及人文社会学科和自然科学的一般常识，树立一般价值观的基础之上，让各个专业的学生选择自己所喜欢的专业，形成专业兴趣，并从中甄别和选拔出品学兼优的人，奠定他们在未来进一步深造的基础。简言之，本科通识教育理念的两个要素为"普及"和"甄别"，也可以依照这两个要素把本科生四年的读书经历分成两个阶段，第一个阶段是普及一般常识和培养普泛意义上的学术兴趣阶段，第二个阶段则是学生逐渐形成自己的专业爱好，并以此选择自身专业的阶段。所以要理顺大学的课程体系，通识教育理念也是不可或缺的，它和专业教育正好形成完美的互补。

二　通识教育与哲学教育：走出人文教育困境之思考

大学通识教育的定位和教育改革直接相关。中国的教育改革与西方教育大国的教育改革目标和具体情况很不一样，但也有一些共性。从通识教育角度来看，二者的不同在于，西方的通识教育传统悠久，从中世纪的大学精神发展到现代，都是以培养综合的人文精神为主要目标，而中国古代"修身齐家治国平天下"的儒家式教育被改为苏联式的以培养社会主义建设人才为旨归的专业教育体系。新世纪之后，我国教育界为了克服过于功利的应试教育和过于狭窄的专业教育的弊端，提出了现代通识教育理念，这可以看作现代通识教育的起步阶段。

同时，中国和西方发达国家的教育现状又有一定的共性，这体现为学校变得越来越商业化，学校培养人才的目标越来越实用化和技术化。这种实用化和技术化不同于苏联式的技术化人才培养模式，而是市场优先的技术化，即市场在引领大学的专业设置和培养目标的方向上越来越占据主导地位，那些"没有实际用途"的人文学科则越来越被社会需求所边缘化，这绝不是中国独有的现象，而是发达国家普遍的新变化。

　　加拿大教育学者雷丁斯认为，当代大学的目标变成了"一流"，为了在各项办学指标上达到一流，甚至忽视了各方面的一流标准可能是互相冲突的。[①]美国著名的古典学者玛莎·努斯鲍姆也认为美国的教育以职业和功利为导向，对艺术和人文精神越来越忽视，这是教育的误区。努斯鲍姆认为，通识教育最主要的目标是培养人的多种能力，包括批判性思考的能力、以"世界公民"的身份看待世界问题的能力，也包括以同情之心体察他人困境的能力。[②]培养这些能力是人文通识教育的目标。美国思想史家布鲁姆认为，从事通识教育的教师必须始终盯住人类完美的目标，并评估学生达到这个目标的能力。与之相对，学生们应该了解通识教育的问题并非小问题，而是人类生存意义或者"人是什么"这样的大问题。[③]完美的通识教育课程能让学生热爱真理，产生追求美好生活的热情，激发学习兴趣。[④]美国哲学家马里坦则认为，"自由教育会让学生的天然智力去追寻那些智力美德的脚步，真正的科学家和艺术家拥有它们"[⑤]马里坦反对片面理解专业教育的目标，认为强迫全部学生在所有科目中达到同样的程度是不明智的目标。文明所传达的自然道德和伟大的伦理观念，才是人文教育的瑰宝。

　　哲学作为人文通识教育的重要组成部分，思想家对哲学教育一向寄予厚望，很多人把哲学教育当作通识教育的核心之一。在马里坦看来，哲学教育才是教育最高级的内容。和马里坦相比，努斯鲍姆的看法更具有代表性。她撰写了《培养人性》和《告别功利》两部著作，对现时代教育的功利性提出了中肯的批评，为古典教育和哲学教育做了出色的辩护和论证。她认为，批判性反思能力、关心他人生活的能力，以及从世界公民的角度出发思考国际性、全球性问题的能力，都和哲学教育有着直接的关系。比如，将不平等视

---

① 雷丁斯：《废墟中的大学》，郭军等译，北京大学出版社，2008。
② 努斯鲍姆：《告别功利：人文教育忧思录》，肖聿译，新华出版社，2010，第8页。
③ 布鲁姆：《美国精神的封闭》，战旭英译，译林出版社，2007，前言第1~3页。
④ 布鲁姆：《美国精神的封闭》，战旭英译，第295页。
⑤ 马里坦：《教育在十字路口》，高旭平译，首都师范大学出版社，2010，第76页。

为常态的心理是一种偏见，克服这种偏见需要一种"移情能力"，也就是通常说的同情心或同感心。[1]培养同感心需要哲学教育，她尤其推崇苏格拉底式的辩论方法在哲学教育中的作用。

苏格拉底式的辩论方法是古希腊哲学家苏格拉底首创的一种探寻真理的方法，在教育学实践中得到广泛应用，对哲学、法学、政治学都有非常深刻的影响。其主要精神是通过对话和辩论来寻求事物的定义，通过不同立场的碰撞展示真理。苏格拉底主张人要对自己生活的意义加以审查，努斯鲍姆认为，如果不对人的生活加以审查，人就会犯各种错误；最主要的错误，一是不能明确问题的目标，二是太容易受到偏见的影响，三是人和人之间彼此缺乏应有的尊重。[2]尊重他人观点，对于民主体制下的人如何更好地生存，具有非常重要的意义，因为只按照一种狭隘的价值观来思考问题，不进行换位思考，就不能全面地理解事物的复杂性。苏格拉底式的哲学思维告诉我们：真理是全面的而不是片面的，必须辩证地看问题，脱离狭隘的、无反思的价值观，才能达到真理。

马克思主义哲学也属于通识教育的重要内容，但是对马克思主义的教育应改变过去那种灌输式的方法。如果没有中国哲学和西方哲学的教育，马克思主义哲学的教育就会陷入教条式灌输的困境，这是已经为历史和现实所证明了的。1949~1979 年的马克思主义哲学教育作为"唯一的"哲学教育，是符合当时的社会环境的，有其必然性基础。但是改革开放带来的思想解放运动使其他思潮蓬勃兴起，马克思主义哲学不再是唯一的哲学思想，而是作为多元化思想环境中一个有生命力的存在。在新时代的哲学和人文教育中，马克思主义哲学的地位应该从显性的"唯一者"变为隐性的"主导者"和"最终者"，即在多元化思想的撞击中显示自己的真理性地位。正所谓真理越辩越明，如果不经过任何论证，只是简单粗暴地宣布一切思想都是错误的，只有一种思想体系正确，这种做法则只能把本来是真理的学说教条化，所谓丰富

---

① 努斯鲍姆：《告别功利：人文教育忧思录》，肖聿译，第 76 页。
② 努斯鲍姆：《告别功利：人文教育忧思录》，肖聿译，第 56~58 页。

和发展马克思主义也就成了一句空话。不论是从哲学教育的角度，还是从思想政治教育的角度看，马克思主义哲学教育都可以使用苏格拉底式的教学方法，通过辩论来展现其真理性，同时承认其他思想体系也有自己的合理之处，这样才能够实现通识教育的目标，才能全面地理解我们所生存的这个世界的复杂性。

三　哲学精品课建设与通识教育

哲学本科精品课建设的现有目标是为培养哲学人才打下良好的基础，这一目标使它带有精英教育和专业教育的特性。但是由于哲学本身并非一个普通的"应用技术型"专业，也不是研究宇宙某一局部现象的具体学科，而是和语言、文学、历史相类似的"普遍性"学科，这种"古已有之"的人文学科天然地具有"会通性"的特质，并不是以培养"专才"为最终目标，这种学科培养出来的人才，从功利性的角度看基本属于"无用之士"，但由于其会通性的知识结构，对培养创新型思维以及超越性思考的人才至关重要。所以，哲学本科精品课建设既符合专业培养的目标，也符合通识教育的培养目标，尤其符合通识教育由"低标准"通向"高标准"的内在要求。

黑龙江大学属于地方综合性大学，也属于普通的研究学习型学校，这一类型的学校，是大学通识教育的主要阵地。哲学精品课建设的宗旨和通识教育有着内在的结合点。黑龙江大学哲学学院本科哲学教学改革实验班，从2004年开始至今，已取得了很丰硕的成果。哲学精品课建设是哲学实验班建设的一项重要内容，其宗旨是基于本科实验班的优秀生源，集中优秀师资力量，打造基础性和示范性的骨干课程。哲学精品课的如下特点，体现了通识教育的内在精神。

首先，从内容上看，哲学精品课的主要内容是基础性的专业必修课，如中国哲学史、西方哲学史和马克思主义哲学。这些课程都是哲学专业最为骨干的课程，不修读这些课程，就不能了解哲学的主要内容。通识教育的核心离不开语言文学、历史、哲学这些基础性学科，所以，哲学精品课在通识教育中的基础地位自不待言。在定位上，不能把它当作一门技术性或工具性的课程，这更能够体现从基础教育的"重知识"到大学教学"重能力"的转变。

其次，从教学方式上看，哲学精品课的主要形式是基于网络和多媒体平台的互动式的教学模式。传统的哲学课采取启发式教学模式，以教师讲课为主，以学生提问、教师提问和学生讨论为辅。网络和多媒体的使用，使课堂的局限性被打破了。教师可以把全球网络公开课带入课堂，也可以利用社交网络辅导学生学习，在课余答疑解惑。这就使封闭式的课堂变为开放式的课堂，不仅仅是授课形式的改变和补充，更是学科壁垒的打破。网络资源包含很多与哲学相关的交叉性内容，如思想史、文学艺术史等方面，和通识教育所具有的打破学科壁垒、寻求跨学科的会通与交叉的精神相符合，可以说，网络和多媒体平台是通识教育的重要辅助手段。精品课的讲授全部录制上传到网络，以便学生灵活安排时间观看，并能通过网络迅速地收集学生的反馈，从而使教师能够根据学生的接受情况调整自己的讲课方式。

再次，从辅助教学模式上看，哲学精品课的辅助教学模式可以读书会、学业导师论坛、学术沙龙、学术社团和知识竞赛等多种形式进行。精品课不仅仅局限于课堂上的四五十分钟，还要延伸到课外，和课堂教学一起，形成一个网状的多层次、多角度互补的课程结构。

最后，从"高标准的"通识教育的角度看，哲学精品课和学业导师制可以结合在一起。学业导师制是过去的大学班主任制的深化，随着大学哲学专业招生数量的减少，哲学专业有两种出路，一种是通识化，即将哲学专业课程全部开放为通识课程，面向全校；一种是专业化，哲学实验班作为一种专业化的尝试，引入一对一的学业导师制是非常有必要的，因为哲学专业学生数量的减少，使师生比提高，教师能够对学生进行深入的指导。精品课和专业导师制在实践中的结合，更符合因材施教的要求，使教师能够灵活地调整教学方式，更多地激发学生的创新思维。

这种学业导师制的实施，对教师自身能力素质的提高也有直接的好处。

通识教育对教师提出了很高的要求。虽然说教学相长，但是在刻板的教学体制下，大学教师和学生的接触仅限于课堂上，内容也基本上是课堂授课的内容。但是在多媒体条件下，传统的 50 分钟的界限被打破，教师和学生之间的互动变成了全方位的。而且，学生接受新信息的能力比传统意义上的教师强，教师如果再按照传统教学模式来组织和安排教学内容，效果就不那么突出。

我们以往都把通识教育看作应试教育和专业教育之补充，事实上这种看法和过去人们对素质教育的看法是一样的。通识教育的定位不应该仅仅停留在这种地位上，而应该成为教育的核心目标之一。随着课程体系改革的逐步深化，通识教育模式的更新必将促进对整个大学教育模式的重新思考和重新建构，最终实现培养新世纪复合型和创新型人才的伟大目标，实现中华民族的伟大复兴。

第九章　实践的具体化：文化软实力 和文化自信

　　本章内容也是笔者在教学过程中的副产品，是利用实践哲学和文化哲学来分析现实问题的一个尝试。中国是最大的后发现代化国家之一，中国的发展和未来世界格局的演化有着直接的关系，并对后者日益产生巨大影响。在经济实力和政治势力越来越强大的今天，中国的文化软实力和西方发达国家有着显著差距。中国有着提升文化软实力和增强文化自信的要求。

　　从国内的发展来看，地区间经济文化发展的不平衡依然存在，东部沿海与西部内陆、南方与北方之间依然有着明显的差距。黑龙江省地处东北边陲，土地富饶，资源丰富，是祖国的粮仓和鱼米之乡，在新中国建设的前三十年，作为重要的工业基地和粮食基地，享有"共和国长子"的称号，但是在改革开放以来的大环境中却失去了发展的先机，和东南沿海省份相比，差距逐渐拉大。东北地区和长三角、珠三角之间的差距，与中国和西方发达国家的差距有点相似。因而，黑龙江省也同样面临着增强文化软实力、提高文化自信的问题。黑龙江人必须加速文化观念转型，以便跟上时代发展的脚步。

第一节　关于中国增强文化自信、提升文化软实力的思考

文化自信和文化软实力的增强对一个国家而言非常重要，对于中国这样一个后发现代化国家尤其重要，本节试图对中国增强文化自信和提升文化软实力的关键问题进行思考。中国人的文化自信和文化软实力一直存在，但是作为后发现代化的第三世界国家，面对现代化和西方发达国家，有一些人总有底气不足之感，这种局面的形成有其具体原因，笔者在此试图做出一点分析。只有找到文化自信力缺失的原因，我们才能够提出相应的提升文化软实力的对策。

一　部分中国人是如何丧失文化自信力的

文化自信位列"四个自信"之一，地位非常重要。它源自一种文化中的人的自我认同（self-identity），任何文化中的大多数个体，对自身的文化身份、文化传统都有认同感。丁立群教授说："文化自信是文化主体基于对自身文化的清醒认识而对解决面临的文化困境的信心和行动。"[①]但是，在文化危机到来的时刻，一些个体出于危机感，可能放弃或者削弱自身的文化认同，这就是文化不自信的起源。这种对自身文化认同的放弃和削弱，也许有着复杂的成因，也许出于更为高远的理想，但是如果一种文化模式下的相当一部分人都放弃或者削弱了自身的文化认同，就预示着这种文化模式必然面临着一定程度的危机。

我们判定一部分中国人放弃或者削弱了自身的文化认同，是基于如下事实：对中华传统文化片面地贬低或轻视、对外来文化片面地赞美与崇拜、相当程度的历史虚无主义、对于国内和国外相似或相同的现象采取双重标准

[①]　丁立群：《文化自信的哲学省思》，《天津社会科学》2018 年第 5 期。

（只要是发生在国外，就加以赞美，只要是发生在国内，就加以贬低或无视）等。下面笔者分析一下这些现象的主要成因。

首先，这是用狭隘的功利主义标准看待中国文化的结果。

清代的闭关锁国等一系列政策和传统文化的一些负面因素使中国没有赶上 17 世纪以来西方世界的第一次现代化和全球化浪潮，从而由先进文明转变为落后文明。从 1840 年开始，中国饱受殖民者的摧残，丧失了文化自信。由于众所周知的原因，中国在国力上落后于西方世界的局面至今尚未完全改变。但是，我们应该全面辩证地看待这个问题，否则就会陷入狭隘的功利主义。

我们必须认识到，中国国力一时的落后并不等于永远落后，而且国力的落后也不等于所有方面都落后于西方。必须承认，从物质文明和科学技术的角度看，中国暂时落后于西方，甚至在制度层面和精神文明层面，中国也有着相当程度的落后现象和不平衡的一面，但是这些不是我们妄自菲薄的理由。全世界大多数国家的国力都没有美国强盛，但是这些国家并未丧失文化自信。可见，国力是否强盛、是否具有强大的军事力量和经济力量，并不是建立文化自信的唯一根据。

其次，这是用物质主义作为标准对待中国文化的结果。

很多人因为以美国为首的西方发达国家的物质文明水平暂时超过中国，就丧失了自己的文化自信。中国虽然地大物博、人口众多，但是和西方发达国家的历史差距，使其物质文明水平的确不如西方发达国家。如果因为这个原因就丧失了中国人的文化自信，只能证明这样的标准是不健全的。改革开放以后，中国特色社会主义确立了以经济建设为中心的基本国策，这是符合历史唯物主义的，把广大人民群众对物质文明和美好生活的需要放在首位，并不等于忽视文化建设和精神文明建设。只要从精神文明的角度出发就会明白，物质主义的标准固然重要，但不是绝对的标准，也不是唯一的标准。中国文化代表着中国人所特有的生存方式，中国的文化模式已嵌入中国人的"活法"之中，是中国人日常生活的基石，中国的文化模式不仅仅是物质主义的。物质主义的盛行，既不符合马克思主义的要求，也不符合中华优秀传统文化的特点。

再次，这是观念决定论和激进反传统的结果。

观念决定论是一种历史唯心主义，认为文化优先于物质生产和制度。出于这种理由而放弃了对中国文化的认同，与前文所说的物质主义的原因有很大不同。这些人把中国国力下降、错失发展机遇和现代化先发优势的原因归结为中国传统文化的弊端。持有这种观点的人认为，中国传统文化一无是处，现代化必然导致和传统文化的彻底决裂。

提到反传统，人们总会想到五四新文化运动。它是 20 世纪的中国启蒙运动，也是中国现代史的开端，它促使先进知识阶层找到了马克思主义，找到了中国革命和现代化的最佳道路。但是在五四时期，的确有激进反传统思想的出现，这是不可否认的。我们肯定五四新文化运动的贡献，并不等于绝对地肯定激进反传统的做法。当年胡适等人也承认，激进反传统是一种策略，是出于矫枉过正的心态。所以，认为中国文化落后于西方文化，不是一种客观而全面的看法，而是一种主观而片面的看法。

最后，这种现象来自对中国发展道路的不自信，对马克思主义和社会主义的不认同。

近年来，历史虚无主义思潮在一定范围内甚嚣尘上，表现为对中国历史文化中的优点视而不见，并刻意放大其缺点，以"历史揭秘""还原现实"为名，对历史事件、历史人物进行一定程度的歪曲和抹黑。不仅贬低中华民族灿烂悠久的历史文化，也对中国的近现代史进行歪曲。比如，美化北洋军阀和国民党统治时期的社会现实，对北洋军阀和国民党时代进行无原则的赞美，忽视了旧时代国力衰弱、政治黑暗、广大人民群众得不到温饱、精神文化不发达等现实，甚至有人自称为"精神美国人""精神日本人"等，对美国和日本进行无原则的赞美。这都是历史虚无主义思潮的表现。

从根本上说，这种现象反映了一些人片面的历史观，他们没有掌握历史研究的科学方法，先入为主地形成了片面的历史观。其中一些人怀着对中国发展道路和发展理念的不认同，对马克思主义和中国特色社会主义道路的不认同，以及对现实的不满，无法找到正确解决现实问题的方法，就用歪曲历史的方式发泄这些不满情绪。最终原因其实是对"实践是检验真理的唯一标准"这条马克思主义基本原理的不理解，从而无法正确评价中国广大人民群众的伟大实践及其意义。

笔者认为，要重建中国人的文化认同，增强文化自信，就必须做到以下几点。

第一，我们要放弃观念决定论和文化激进主义心态，要认识到文化并不是决定中国国力和世界影响力的唯一因素，也不能简单地用一些外在的标准来衡量中国文化落后与否，而要把文化放在具体的、历史的实践之中，如此才能判断中国文化的具体表现是否落后于其他民族、国家和地区的文化。比如，传统的三纲五常和儒家伦理道德在历史上有着积极意义，但是在晚清时期，这些传统的伦理道德已经在很大程度上失去了活力，不能拯救晚清落后挨打的命运。而我们正确的对策应该是坚持开放的心态，勇于吸取外来文化的优点。

第二，中国人要放弃抱残守缺的守旧心态，对中国传统文化中不符合现代精神的东西加以抛弃，对中国传统文化中优秀的、有价值的部分进行创造性转化和创新性发展，保留其恒久的价值，而放弃其中不符合时代发展的东西。这样才能保持中国文化的活力，实现文化上的进步。

第三，中国人要扬弃物质主义和功利主义，不仅追求物质产品的丰富、人民群众生活水平的提高，也要重视人的全面发展，重视满足人的精神生活需求。在精神文化方面，我们要继承优秀传统文化，放弃崇洋媚外的文化心态，也要虚心学习外来文化的优点。

第四，我们要充分地、全面地理解中国历史和世界历史，而不能片面地把中国历史中负面的、消极的内容和西方历史文化中正面的、积极的内容进行简单的比较。不论是用自己的优点和人家的缺点进行简单比较，还是用自己的缺点和别人的优点进行简单比较，都是不恰当的。这种片面的、不恰当的比较，也是历史虚无主义的一种表现。很多人对中国文化的优点在何处、不足在何处没有深入了解，对西方文化的优缺点在什么地方也不清楚，只是人云亦云。被网络上那些以讹传讹的观点带着跑，是不可能建立文化自信的。

第五，我们要深入学习马克思主义的基本精神，了解马克思主义中国化的必然性及其伟大成就；要深入理解马克思主义中国化和中国传统文化现代化的内在联系。在笔者看来，马克思主义中国化和中国传统文化现代化是同一个过程，表现为中国传统文化和马克思主义的互动过程。中国以马克思主义作为现代化道路的价值指引，马克思主义也选择了中国，和中国具体国情相结合，完成了马克思主义的"本土化"。只有这样，才能解答"我们是谁，我们从哪里来，我们向哪里去"这个世纪之问，最终建立中国人自己的文化认同。

此外，还要区分文化自信和文化自满、文化自大。时人经常无法分清二者的差别，比如有人认为，凡是讨论外来文化的优点和本民族文化缺点的人都是"汉奸卖国贼"，都是文化不自信；有人认为，要建立中国文化的主体性，抵抗西方文化霸权；还有人认为，要抵制基督教的节日，如圣诞节、情人节等。这些言论有的具有一定的合理性，如西方国家出于某种目的推广自己的文化，对东方国家的文化传统形成了冲击。作为对这种冲击的反应和抵抗，谈论"抵制西方文化霸权"是有一定道理的。但是有的言论过于偏激，而显得文化自满和文化自大。

丁立群教授认为，文化的自满和自大会产生两种效应，一种是文化封闭主义，一种是文化扩张。① 历史上的殖民主义往往是一种文化扩张的表现，上述抵制外来文化的意见则是文化封闭主义的一种表现。在目前改革开放成为国家基本方针的形势下，文化封闭主义有可能是文化自卑的一种歪曲的表现，是面对外来文化时一种自我保护和自我逃避的心态。我们经常说要做到"不卑不亢"，"卑"是崇洋媚外、没有底气，"亢"则是对外来文化过度抗

---

① 丁立群：《文化自信的哲学省思》，《天津社会科学》2018 年第 5 期。

拒，同样犯了过犹不及的错误，这两者其实是一个硬币的两面。对中国文化自身的优点与不足，乃至对外来文化的优点和不足，只有都以平常的心态来对待，才算是有了真正的文化自信。有了文化自信，才能提升中国的文化软实力。

二　中国如何提升文化软实力

我们把一个国家在文化上的影响力称为文化软实力，这里的"软"主要在表现形式上与经济实力、政治实力、军事实力等方面的"硬"相互区别开来，但是"软实力"不是绝对的软，"硬实力"也不是绝对的硬，二者的作用形式和影响形式是不同的，又是互补的。软实力主要影响人的精神层面，而硬实力主要影响国家的经济、政治、社会等方面。但是，文化软实力在精神层面的作用会影响一个国家的经济、政治决策，国家的政治经济决策又对这个国家的文化战略有着直接的作用。所以，文化的软实力和硬实力是互补的、统一的。

笔者认为，针对中国的国情，文化软实力的提升至少包括如下几个方面。

第一，中国特色的社会主流价值观是中国文化软实力的精神内核。

我们知道，在社会失范的情况下，是无法形成主流价值观的。改革开放以来，传统文化、社会主义文化，乃至各种外来文化互相冲击，而在文化传播过程中又形成了各种亚文化现象，如在青年人中流行的"韩流""哈日"等。这些非常复杂的多元文化现象的整合需要一个较长的过程，但这并不等于社会主义主流价值观不能形成。国家已经提出了社会主义核心价值观，它必然成为未来中国文化整合的核心。中国社会的主流价值观必然以社会主义核心价值观为主要内容。

笔者认为，中国社会的主流价值观以有中国特色的社会主义为制度依托，吸收传统文化和外来文明中的优秀成分，既要和某些世界性的文化价值相兼容，又要具有自己的独特性。文化软实力不是唯我独尊式的，也不是一锤定音式的，而是在长期的文化交流中发挥作用。"各美其美，美人之美，美美与共，天下大同"，这是一个非常美好的理想，代表了各个国家、民族文化之间互相承认对方的合理性，共同构建普遍性的世界文化，建构人类命运共同体。在这个过程中，我们不会失去自我，而是在社会主义核心价值观的引领之下，成为世界文化大繁荣的重要一员。一个伟大的民族必然有自己的核心价值观，如果没有自己的核心价值观，就无法成为伟大的民族，也就不可能有文化软实力。而一个民族的核心价值观，不能仅仅是"个别的"价值观，而一定是具有普遍性的价值观，也就是可以引起其他民族共鸣的价值观。

社会主义核心价值观，代表着中国价值观与世界价值观的交集和"最大公约数"。它一方面是普遍的，和世界其他国家的文化精神和文化价值相通，一方面又是特殊的，代表着中国独特的发展道路。虽然所用的概念和其他国家差不多，但是也有自己的特殊内涵。比如民主和自由，既学习借鉴了先进的现代化文明，又扬弃了西方式民主自由的概念。因而，社会主义核心价值观能作为中国人民构建现代的自我认同的基础。

我们知道，传统中华文化的自我认同基础是以儒家价值观为核心，整合了道家、佛家等诸子百家的文化元素形成的文化统一体，经过现代转型之后，必将变成现代社会的新传统。这一新传统是以中国化的马克思主义为主体，整合了中华优秀传统文化和优秀的外来文化要素而形成的新的文化统一体。中国化马克思主义的主导地位，不是政治权威强加的，而是经过广大人民群众长期的实践选择和检验而形成的。马克思主义已经成为中国新传统的一部分，而且是核心的部分。其他文化成分也是这个文化统一体中必不可少的因素，如果缺少了中华优秀传统文化，中国文化就失去了它的特征；如果缺少了现代的外来优秀文化，中国文化也就失去了活力，逐渐变得封闭而丧失了生命力。

第二，发展文化产业、讲好中国故事，是中国文化软实力的主要表现形式之一。

文化产业的发展要依靠市场机制。文化软实力是通过经济硬实力来表现的，脱离经济硬实力的文化软实力不能发挥自己的影响。例如，美国、日本乃至韩国的文化是通过电影、电视、广告等娱乐产品的形式在海外产生影响的，这就需要强大的文化产业的支撑，文化产业的市场化是发展文化产业的必由之路。必须承认，我国文化产业和世界发达国家比起来还相对落后，它在很大程度上残留着计划经济的特征。文化产业市场化的程度较低，文化产品的国际竞争力较弱。文化产品的生产同样符合其他商品生产的规律，也需要专业化的生产流程，大量具有创造力的专业人才，大规模的生产线，成熟的产业模式和产业分工。文化产业要想走向成熟，必须经历充分的竞争。要在体制上大力改革，引入竞争机制，吸引外资，学习国外文化产业的先进经验，培养国际化人才。

文化产品的内容和传播理念，要以社会主义核心价值观为内核，要贴近普通人的生活，用世界人民听得懂的艺术语言打动人心，这样才能真正地讲好中国故事。文化产业最核心的要素还是"讲故事的能力"，一切细节、技术环节都是为了好故事服务的。一个好的中国故事，应该是既有中国人独特的情感和体验，又能够跨越时空和民族文化的界限，唤起人性的共鸣，达到"东海西海，心理攸同"的境界。这就是文化产业所要实现的目标。

讲好中国故事是非常重要的，而且技术难度很大，需要破除一些常见的心理误区。有人认为，讲好中国故事就是"报喜不报忧"，要美化现实，把一切都打扮得光鲜亮丽，但这样容易把讲好故事变成"面子工程"和虚假繁荣，反而掩盖了真实的国情。有人认为，讲好中国故事就是专门讲精英阶层的生活，所以只盯住了繁华的大城市，而忽视了贫困地区和不发达地区的情况。这些想法都不能真正地讲好中国故事。

中华民族伟大复兴的中国梦并不等于所有地区都向少数大城市的发展现状看齐，或者都已经达到了大城市的现状，而是承认地区发展不平衡的现实，承认和发达国家的差距，明确我们的发展目标和方向。中国故事要包括中国的过去、现在和未来，要告诉全世界我们是在什么样的历史条件下发展起来的，我们是怎样走到今天的，我们要往哪里去。这些内容，都必须通过文化产业这种灵活的形式打动人心。只有这样才能更好地完成中外文化交流，实现文化之间的互相沟通和理解，和一切尊重我们的人交朋友，促进互利共赢。

第三，教育是中国文化软实力的内在基础。

国与国的竞争，文明与文明的较量，最核心的要素是人才。具有创造力的人才，不仅仅是提升文化软实力的基础，更是国家提升整体竞争力的核心要素。没有好的教育，也就没有人才。教育的功能，一方面是塑造主流价值观，一方面是培养各种专业人才。教育是培养独立、自主，富于创造精神的现代人格的必要条件。前文提及，旅美教育学者黄全愈认为，教育分为四个相互关联的环节：学校教育、家庭教育、社会教育和自我教育。其中，自我教育居于核心地位，其他三个环节都以自我教育为中心，并最终转化为自我教育。目前我国教育的现状却是学校教育基本笼罩在应试教育的阴影下，学校教育和家庭教育、社会教育存在脱节和错位的现象。自我教育的效果是可想而知的。

我国未来教育体制改革的主要目标，就应该是培养具有社会主义核心价值观、学习能力强，适应时代变迁，全面发展、充满活力的人才。改变应试教育一家独大的局面，不仅要完善公立教育体系，也应当大力发展私立教育、继续教育和职业教育，作为公立教育体系的重要补充。教育要真正达到百花齐放、百家争鸣，这样才能激发中国人的想象力和创造力，使"中国制造"为创新提供源源不断的动力。

第四，日常生活的重建是提升中国文化软实力的深层根基。

日常生活是为文化研究者所忽视的领域。所谓日常生活，是指人的日常经验世界及其所遵循的行为模式的总和，举凡生老病死、婚丧嫁娶、出入作息、礼尚往来等方面的日常规则和观念体系，都属于日常生活的范畴。日常生活的特点是经验性、重复性、传统性等。20世纪，一些现代西方哲学家和新马克思主义思想家开始关注人的日常生活模式，代表人物有海德格尔、列费弗尔、赫勒、科西克等。他们提出了种种方案，共同的目标是日常生活的合理化。日常生活合理化的标准首先是符合现代文明的精神，使人成为具有现代性人格的人，而现代性人格的特点恰恰是自立、平等、创造性。

讲好中国故事的一个重要内容就是讲好普通人的故事，而普通人的故事，离不开日常生活的重建。对中国人来讲，重建日常生活不是盲目西化，因为西方的日常生活模式不可能简单地移植到中国；它也不是简单地回归传统，因为传统赖以生存的社会基础已经改变了。中国改革开放四十年以及社会主义建设七十年的历史证明，中国进行的是前无古人的伟大社会实践，社会的沧桑巨变给日常生活提出了重大的课题，或者说，日常生活重建必须在巨大的社会变革中进行。

笔者认为，日常生活的"人道化"是日常生活重建的目标。所谓"人道化"，就是以马克思主义的"人的自由解放和全面发展"为目标，使人真正成为人，而不是成为神，也不是成为工具。日常生活人道化，必须以人为本、以人民为中心，以现代人的主体性作为一切发展的目的和最高标准。普通人生活的改善、生存目标的多元化，既是提升文化软实力的重要表现，也是其深层根基。

第五，中华优秀传统文化的合理内核，为提升中国文化软实力提供了历史支撑。

传统文化涵盖了数千年来的中国文化积淀，以儒道互补为主干，以其他诸子百家为辅助，包含各知识领域，这些内容是传统智慧的结晶，虽然里面有很多不符合现代社会价值的内容，但其合理成分可以进行转化。"只有民族的，才是世界的"，一个不重视传统的民族，其文化软实力一定缺乏厚重的历史根基。中华优秀传统文化的创造性转化和创新性发展，是在新时代延续旧时代的传统之精华，不仅是延续，而且是创新。要在保持中华文化之主体地位的基础上，学习世界先进文化。这才是中华优秀传统文化的创新之道。

在这个问题上，必须避免故步自封。一些人以为，传扬中华文化必然导致排斥外来文化。在历史上，宋明两代创造了非常灿烂的文化，甚至达到了世界意义上的文化繁荣，但是宋明两代也越来越走向自我封闭。尤其到了清代，几百年的海禁使中国自外于世界文明发展，脱离了现代化进程，从而一蹶不振，陷入了长期衰退的困境。闭关锁国政策的负面影响至今依然存在，这个教训是非常沉痛的。汉唐两代的开放历史，以及其他发达国家发展的经验都证明，对外开放和保留本民族的传统文化及文化主体性，是可以并行不悖的。

综上所述，具体的、历史的实践，才是提升文化软实力的根基。上述各个方面都是在实践中得到体现的，离开了活生生的实践，离开了千百万人民群众每时每刻的创造性活动，文化就不再有生命力，文化软实力也就得不到提升。只有充分发扬中国人踏实肯干、勇于开拓创新的精神，中国文化才能够生生不息。

第二节　论黑龙江人文化观念的转型

中华民族伟大复兴的中国梦的实现，需要牢固树立"四个自信"，其中文化自信的地位非常重要。笔者认为，把黑龙江省建设成文化大省，建设"文化龙江"，具有非常重要的意义。这不仅仅关系到黑龙江省的发展和转型，也能为进一步推进改革提供一些新的思考。

本节试图讨论黑龙江省文化观念转型问题，包括其必要性和内在根源。黑龙江省的文化观念转型和转变经济增长方式与计划经济思维有着直接关系。目前黑龙江经济增长的确遇到了一定的问题甚至困境，网上传播的关于东北经济衰退的言论也有一定的道理。这些问题的成因是复杂的，但绝非无解。笔者在这里专门谈一谈对黑龙江人的文化观念的思考，包括黑龙江人的观念出现了什么样的误区，对黑龙江人的理解有什么样的错误，以及如何克服这种错误，重拾文化自信。

一　黑龙江文化观念转型的障碍和误区

东北三省资源丰富，是历代兵家必争之地。由于率先获得解放，一直是工业农业建设和提供自然资源的基地，被称为"共和国长子"。在改革开放之后，却陷入了经济文化发展相对停滞的困境。很多人对此已经做了深入的研究，笔者在这里以黑龙江省为例，从文化角度对这些原因做一简单探讨。

当然，黑龙江省的文化问题和经济问题必须联系在一起讨论，因为黑龙江人的文化心态离不开这里特殊的经济发展历史和现状。首先，黑龙江面临着经济地位的衰落。在新中国成立之初，黑龙江是重工业基地和能源、原材料基地，主要经济结构是以大型国企为主。随着改革开放和市场经济时代的来临，黑龙江经历了国企改革和市场经济的冲击，虽然还是农业大省，但是随着油气煤产量的下降，资源优势不复往日。相反，东南沿海的经济更接近市场经济，民营经济活力十足，多年以来占据了经济发展的核心地位。

其次，黑龙江经济的相对衰落也是因为地缘政治经济格局的演变。新中国成立之初，中国实行"一边倒"的外交战略，和苏联结成密切的同盟关系，苏联援助东北建设，为黑龙江经济的发展起到了非常重要的支持作用。后来中苏交恶，两国政治关系跌入冰点。改革开放之初，两国关系向好之际，又发生了东欧剧变、苏联解体。俄罗斯经济转型艰难，国民经济遭受重大打击，从一流强国的地位上"跌落"下来。这对黑龙江经济的发展也有着一定的影响。

黑龙江经济的衰退给文化观念转型带来了障碍，这种障碍主要表现为体制的落后和观念的落后。体制的落后是相对市场经济而言的，主要源于计划经济体制和与之对应的国有企业文化。我们可以把黑龙江传统体制的特点归结为"单位至上"，"单位"统一了企业、政府和社会。整个黑龙江省可以区分为大大小小的"单位"，单位就相当于政府和社会，人的生老病死全都在单位里完成。各种单位除了从事的主要"业务"不同，其他方面的运行规则基本上差不多。比如，大庆在市政府之外设立了与市政府平行的石油管理局，大庆人亲切地称之为"管局"。大庆市是一个纯粹的工业城市，石油管理局管辖着大大小小的油田和石油加工企业，大多数大庆居民都是石油管理局的下属职工。可以说，这个城市本身就是一个独立的大型国企。只是随着地下石油矿藏的开采净尽，市政府管辖的人口才逐渐增多，大庆开始从纯粹的工业城市向"工业＋旅游城市"转型。

在这样一个传统的计划经济的社会中，人的一切生存都依靠"单位"，自然不适应国企改革和市场经济环境，这就导致了黑龙江人观念的落后。观念落后首先表现为计划经济的观念深入人心。一切靠政府，一切靠政策，等、靠、要的心态比较严重。这种指望中央和各级政府的心态有着深厚的基础，但这绝非不思进取的借口。另外，官僚主义的文化心态对黑龙江的社会心态也有着十分深刻的影响。办事靠关系和人情社会的潜规则，没有熟人就不能办事，这种社会心态和市场经济是不协调的，必然影响市场经济的发展。

观念落后的另一种表现是"捧着金碗要饭吃"。东北地理环境非常优越，土地肥沃，自然资源丰富，但是黑龙江人的进取心逐渐衰退，不重视在传统产业之外寻找新的经济生长点。习总书记曾说"绿水青山是金山银山，冰天雪地也是金山银山"，这早就应该成为黑龙江发展文化产业的思想指引。从文化产业的发展水平上看，黑龙江的文化产业水平相比东南沿海还是落后的。究其原因，人们的观念还没有转变为市场经济的观念，哈尔滨各大型商场中，很多商家都是南方人，他们早在改革开放初期就到东北来"淘金"。而黑龙江人中"敢想敢干"的，已经到南方甚至国外去淘金了，这种错位的现象值得人深思。

有一种观点说东北冬天漫长而寒冷，不适合人类居住，这种观点和百余年来黑龙江人民开拓发展的历史完全不符，因为地理环境的寒冷不能解释

"闯关东"这种延续了一二百年的大规模移民现象。这段历史体现了中华儿女开拓进取、顽强拼搏的精神，是一笔巨大的精神财富，值得黑龙江人民发扬光大。所以，气候寒冷并不是不思进取的理由，人们也不因为气候寒冷（或炎热）而放弃土地，例如，印度是气候炎热的地方，但也是人口大国、地区强国，印度人民也创造了灿烂的文化。

所以，黑龙江人文化观念落后的根本原因，是计划体制下的"单位"文化不能适应市场经济的变化。个体服从于"单位"，依靠"单位"，长此以往失去了独立生存、独立打拼的能力和意愿。同时，"单位"文化是一种"熟人社会"文化，个体只有在熟人环境中才有安全感，而市场经济文化是一种"陌生人社会"文化，它建立在陌生人彼此信任的基础之上。另外，"单位"文化在某种程度上容易滋生官僚主义和特权意识，尤其是在从计划经济到市场经济体制转型的"双轨制"状态中，更是如此。因为在 1949~1979 年，国家大体上只有计划经济，没有市场经济，人和人的差距比较小，也没有形成特权意识，但是在改革开放之后，领导干部反而容易利用手中的权力获得利益，人和人的差距也越来越大。特权意识的形成和固化，是传统的计划经济思维和"单位"文化行将结束的一个标志。

因而，黑龙江人要想完成观念转型，必须首先完成社会转型，淡化"单位"文化，接受市场经济以及相配套的体制、机制和观念，如此才能彻底完成由"单位"文化、熟人文化、权力文化到"市场"文化的转型。

二　黑龙江人如何重塑辉煌

笔者认为，黑龙江人要建设文化大省、建立文化自信、转变文化观念，应该从如下几个方面入手。

首先，放弃计划经济思维，树立市场经济思维方式。由计划经济转为市场经济是历史的必然，改革没有回头路。虽然黑龙江的经济是以大型的工业、农业、矿业国有企业为重要特点，但是国企占据优势地位并不等于不能搞市场经济。国企不是黑龙江经济的全部，国企的精神不等于黑龙江整体的文化精神。黑龙江人应该在新时期、新常态下继续发扬国企的优良传统，也应该形成适应市场的思维方式和文化心态。例如，传统的国企员工子女以继承父辈的稳定工作为目标，这种目标在一定程度上发生了变异，变成了"稳定工作＝高福利＝轻轻松松赚大钱"，从而滑向了不思进取的边缘。上述传统观念必须转变为"人人平等，能力优先"的观念，才能改变黑龙江的文化精神。

其次，淡化人情思维，尊重契约精神，全面接受市场规则。人情思维和潜规则是适合传统农业社会的思维方式。费孝通认为，传统中国人的社会关系是差序格局，以自我为中心，以家族血缘关系为联系纽带，人与人之间的亲疏完全看家族血缘关系的远近。而现代市场经济下的社会关系是陌生人之间的合作信任关系，以社会契约和社会制度为纽带。所以，黑龙江人的文化心态应该从传统中走出来，向市场经济转型。要适应市场经济发展，就必须眼光长远，不能搞"一锤子买卖"，不能搞"关门打狗"，而是要重视契约精神和公平的社会制度建设。

"关门打狗"是一句东北俗语，指一些政府机关以优惠条件吸引外来资本和企业到东北投资，签订合同之后却不兑现优惠政策，或者以种种苛刻条款盘剥企业。这表明东北地区部分政府机关无视市场经济和契约精神，本着"捞一把是一把"的想法，搞杀鸡取卵式的短期行为，不从长远考虑，这种做法的害处是破坏了游戏规则，破坏了商业环境，导致"投资不出山海关"成为企业的习惯性做法。黑龙江人只有尊重市场、尊重契约，才能有可持续的经济发展和文化繁荣。

再次，尊重开拓创新精神，勇于尝试、勇于实践。东北边疆开发的历史是一部勇于尝试的历史，自晚清以来的人口迁徙为黑龙江奠定了近现代化的基础，外来文明的进入使黑龙江人有了开阔的视野，培养了其开拓创新的精神，大庆精神、北大荒精神都是这种开拓创新精神的体现。"有条件要上，没有条件创造条件也要上"这句代代传颂的名言就是最好的例证。龙江人要打破传统思维，不能固守过去的条条框框和老经验，而要勇于改变现状，"穷则变，变则通，通则久"，只有这样，才能使龙江文化和各项事业再创辉煌。

最后，发扬黑龙江人的优良传统。诚实、好客、勇敢、豁达等，都是黑龙江人的优良传统。广袤的黑土地使龙江人形成了开朗豪迈的性格和胸怀大志的格局，这种胸怀和气质使黑龙江人拥抱世界，勇于创新，能够以开放进取的心态面对未来。新常态下的经济形势能够促进龙江人民恢复开放的文化心态，使其在竞争中取得胜利。事实上，东北人民为全国和全世界输送了大量人才，这足以证明东北人民是优秀的，是能够适应市场经济挑战的。东北人才的流失，从另一个侧面证明了东北人具有非常好的素质和优良传统，他们不满于现状，勇于改变自己的命运。所以，黑龙江人并非天生的不思进取，只要在体制上做出相应的改变，创造有利于人才发挥聪明才智的环境，就可以扭转人才流失的局面，再创辉煌。

"周虽旧邦，其命维新"，积极进取、与时俱进是中华优秀传统文化的活的精神。黑龙江自然条件优越，又是中西古今文化交汇之地，有历时数百年的文化交融过程，有汉族和少数民族地域文化的融合，也有华洋杂处、中西文化的碰撞，还有共产党人积极开拓、建设社会主义的优良传统，这些自然资源、历史人文的丰厚积淀，使黑龙江不可能长期屈居人后。只要发扬黑龙江文化中积极进取、开拓创新的优良文化传统，把握时代脉搏，黑龙江人一定会在建设中国特色社会主义的伟大事业中挺立潮头，发挥自己的聪明才智并做出伟大贡献。

附录

陈寅恪对文化精神的思考

本文从文化哲学的角度考察陈寅恪毕生学术研究中体现出来的文化思想。围绕着"文化精神"这一主线，本文把陈寅恪提出的有关思想归结为三个主要范畴——"文化精神"、"中国文化本位论"和"独立之精神、自由之思想"，并把他的思想放在19世纪末20世纪初中国文化变迁和中西文化交流的特殊背景下加以考察，通过对其思想和相关的同时代其他学者思想的分析、比较来确定陈寅恪思想的特点、时代定位和历史意义。

陈寅恪先生乃一代史学大师，其学问既深且博，在许多不同的学术领域都取得了巨大成就。他毕生治学与思考的成果及意义不仅是学术性的，而且是思想性的。他对于中国的文化精神，以及与其相关的传统与现代、中国与西方的文化冲突、文化融合与文化变迁等问题的思考自有深刻与睿智之处。其思想之深刻并不逊色于同时代的大多数思想家及哲学家。本文之目的，正是从文化精神这一特定的角度出发，来考察陈寅恪的有关著述，从中揭示他对于20世纪中国文化转型这一难题的独特解答，并初步探讨其思想意义。

陈寅恪对文化精神的思考在其自身思想历程中呈现出高度的连贯性与一致性，但在不同的学术问题之探讨中，又表现出不同的侧重点。本人姑且将其思考分为四个部分，是为本文之四节。第一节以《王观堂先生挽词并序》中提出的"文化精神"概念为着眼点，讨论寅恪先生思想之来源——美国新人文主义及国内学衡派思想之若干要点，揭示三者之一致性。第二节以《冯友兰中国哲学史审查报告》所提出的中国文化本位论观点为主，结合其著述讨论陈寅恪对历代文化变迁之论述。第三节以《清华大学王观堂先生纪念碑铭》所叙述之"独立之精神、自由之思想"为主，结合《论再生缘》和《柳如是别传》，考察陈寅恪晚年对"文化精神"所提出之新阐释。第四节对陈寅恪"晚年心态"之内涵做一简单探讨。

通观陈寅恪之著述，可发现其文化思考具有以下重要特征。第一，提倡中外并重、以中为本之文化交流，文化之本位性与开放性、包容性并举，以此化解中西紧张关系。第二，史学之严谨考索与哲学之智慧观照相结合，达到二者之互相发明、水乳交融，令史学研究得到深化，直至高屋建瓴之境，亦使哲学思考不至凌空蹈虚，获得扎实的根基。第三，冷静缜密之理性思考与深沉真切之情感关怀相结合，使二者高度统一，给学术研究以情感支撑，使之成为切己之学，有了终极关怀的深度，从而与接续文化命脉、建设新文化之使命感密不可分，使学术研究具有深广的现实意义。第四，陈寅恪的文化思想大体上属于一种以关注学术研究、人格完善为特点的文化精英主义。第五，陈寅恪整体上属于承认并重视传统价值的文化保守主义阵营。陈寅恪之学术建树超迈当世之原因，部分即在于此五点，其人格力量也全部融化于严谨厚重的著述之中，从而得以彪炳史册，烛照千古。

第一节　文化精神与新人文主义

陈寅恪在《王观堂先生挽词并序》中说：

> 吾中国文化之定义，具于白虎通三纲六纪之说，其意义为抽象理想最高之境，犹希腊柏拉图所谓 Idea 者。若以君臣之纲言之，君为李煜亦期之以刘秀；以朋友之纪言之，友为郦寄亦待之以鲍叔。其所殉之道，

与所成之仁，均为抽象理想之通性，而非具体之一人一事。夫纲纪本理想之物，然不能不有所依托，以为具体表现之用；其所依托以表现者，实为有形之社会制度，而经济制度尤其重要者。故所依托者不变易，则依托者亦得因以保存。吾国古来亦尝有悖三纲六纪无父无君之说，如释迦年尼外来之教者矣。然佛教流传播衍盛昌于中土，而中土历世遗留纲纪之说，曾不因之以动摇者，其说所依托之社会经济之制度未尝根本变迁，故犹能藉之以为寄命之地也。近数十年来，自道光之季，迄乎今日，社会经济制度，以外族之侵迫，致剧疾之变迁；纲纪之说，无所凭依，不待外来学说之掊击，而已销沉沦丧于不知觉之间；虽有人焉，强聒而力持，亦终归于不可救疗之局。盖今日之赤县神州值数千年未有之巨劫奇变；劫尽变穷，则此文化精神所凝聚之人，安得不与之共命而同尽，此观堂先生所以不得不死，遂为天下后世所极哀而深情者也。①

他在《王静安先生遗书序》中说：

寅恪以谓古今中外志士仁人，往往憔悴忧伤，继之以死。其所伤之事，所死之故，不止局于一时间一地域而已。盖别有超越时间地域之理性存焉。而此超越时间地域之理性，必非其同时间地域之众人所能共喻。②

陈寅恪通过解释王国维投水自尽之原因，提出"文化精神"这一理念，但没有采用"文化精神"这样的字眼，而是称为"文化之定义"，解释为"抽象理想最高之境"，并类比于柏拉图的"理念"(Idea) 概念，它是抽象的精神，而非现实的、具体的制度及伦理规范等。我们姑且称之为"文化精神"，它存在于"三纲六纪"之中，但不等于"三纲六纪"本身，否则陈寅恪的思

---

① 陈寅恪:《寒柳堂集》,上海古籍出版社,1980,第6页。
② 陈寅恪:《金明馆丛稿二编》,上海古籍出版社,1980,第220页。

想就与守旧派无任何区别，也就无可称道之处。"三纲六纪"是具有意识形态性质的伦理规范与社会规范，比"文化精神"要具体。"文化精神"体现在以"三纲六纪"为代表的社会规范体系之中，在这里，文化精神为"共相"，"三纲六纪"为"殊相"，但各种社会制度（如经济制度）比"三纲六纪"更为具体，"三纲六纪"又体现于各种具体制度之中。在这里，"三纲六纪"又成为"共相"，而具体制度成为"殊相"。这样，文化精神—三纲六纪—具体制度，层层递进，形成了一个金字塔式的由最抽象到比较具体再到最具体的观念—制度体系。而鸦片战争以来，处于这一体系最底层的具体制度（陈氏以"社会经济制度"表示之）受到了破坏，建立于其上的三纲六纪如果失去依托，文化精神也就有消亡之虞。王国维正是意识到这一点才以自杀警醒国人，表达他对挽救文化精神之忧思。这就是陈寅恪在这篇文章中所表达的意思。

陈寅恪毕生的思想关注点都指向一个时代问题，就是在文化的中西冲突和古今演变这一世纪性转折中如何保存民族文化的精神血脉，使其不至消亡，以完成再造文明、重铸辉煌的文化使命。在 20 世纪上半叶，政治上的救亡图存与文化上的振衰扶弊是每一位中国知识分子都思考的问题，虽然他们思考的方式与描绘的理想蓝图、行动的具体方式都不相同，有的甚至针锋相对。陈寅恪的立场，明显属于广义的文化保守主义阵营。"文化保守主义"的本义与政治上的保守主义有一定联系，但也有很大不同，文化保守主义者不都是政治保守主义者，二者并非对等概念。在这里，"文化保守主义"主要是指承认并认同文化的价值和传统的价值，不主张用政治来取代文化，不主张取消传统、全盘西化及与过去相决裂。

陈寅恪属于 20 世纪中国文化保守主义中的特殊一派——学衡派。学衡派的成立以《学衡》杂志为标志，《学衡》创刊于 1922 年，是一份以学术文章为主，坚持学术立场、方法的精英杂志，这标志着一种与《新青年》启蒙派不同的立场和观点出现了，代表人物主要有吴宓、陈寅恪、汤用彤、柳诒征以及刘伯明、梅光迪、胡先骕等。这一派最主要的思想来源是新人文主义，代表人物有美国的白璧德（Irving Babbitt）、穆尔（Paul More），英国的阿诺德（Matthew Arnold）等。吴宓、陈寅恪、汤用彤三人在哈佛大学留学时共同受到了当时在哈佛任教的白璧德的影响。在下文中，我们将把陈寅恪与学衡派其他人和新人文主义放在一起讨论，以明其共同点及陈寅恪思想之重要来源。

一　注重抽象之文化精神及世界各大文明之传统

新人文主义的主张由近代西方文明之弊端而发，西方近代文明本身具有崇尚感性生命、高扬科学技术、鼓吹个人主义的特点。在打破中世纪的神性枷锁、宣扬个性解放的启蒙运动中，其进步意义不言自明，但到了 20 世纪，经过第一次世界大战，西方社会所暴露出来的纵欲享乐、自私麻木、扩张权力、迷信技术万能等弊端，已使有识之士感到震惊。在这种情况下，新人文主义者认为，要克服这种弊端，就必须回归传统，从传统中寻找真精神，而且，他们的眼光不仅仅限于欧洲传统，还要融会各大文明之传统，发掘其共性，阐扬包含于各大文明传统中的普遍文化精神，并以此为核心来重铸新文明。

白璧德说："若欲窥见历世积储之智慧，撷取普通人类经验之精华，则当求之于我佛与耶稣之宗教教理，及孔子与亚里士多德之人文学说。舍是无由得也。"[1] 学衡派受此影响，提出"昌明国粹、融化新知"的口号。吴宓说：

> 吾国言新学者，于西洋文明之精要，鲜有贯通而彻悟者。苟虚心多读书籍，深入幽探，则知西洋真正之文化与吾国之国粹，实多互相发明，互相裨益之处，甚可兼蓄并收，相得益彰。诚能保存国粹，而又昌明欧

---

① 《白璧德论欧亚两洲文化》，吴宓译，《学衡》1925 年第 38 期。

化，融会贯通，则学艺文章，必多奇光异采。[①]

　　吴宓这段议论针对的是当时主张抛弃传统的西化思潮，他反对西化思潮把中与西、传统与现代看成互相排斥的关系。我们知道，当时的所谓全盘西化、反传统、"打倒孔家店"只不过是基于"矫枉必须过正"的一种策略的考虑，具有功利性。这种主张在当时的历史条件下具有合理性，但这种合理性是有限度的，它立足于破坏旧的而不是建设新的。学衡派的主张之所以不同，就在于他们是立足于建设新的。

　　国粹与新知、传统与现代、中与西（即本土文化与外来文化的代称）之间的关系应该体现在两个方面：一方面，两者应有相互补充之处，如欧洲的个人主义传统与中国的集体主义传统的互相补充，否则便无须融会新知，吸纳异质文明的优点也就没有必要；另一方面，两者应有内在的一致之处，否则"融会新知"就失去了内在的逻辑根据而成为不可能。这两者同时存在，并不矛盾。这样"返本"与"开新"互相包含，互相补充，成为学衡派受新人文主义影响而形成的文化纲领。

　　新人文主义者所言之"传统"实际上具有"超越时空的普遍性和国际性"[②]。它和陈寅恪在《王观堂先生挽词并序》中所论述的抽象文化精神有相通之处。二者之不同在于：陈寅恪（学衡派也如此）是立足于中华民族文化的立场之上，他后来的思想可以归结为"中国文化本位论"，不像新人文主义者着眼于西方文明本身。陈寅恪也不甚强调抽象文化精神的普适性、世界性，但是他强调了中国文化精神本身具有开放性的特点（在后两章将加以具体论述）。

　　学衡派既受西方思想影响，又有延续并发扬中国传统、再造新文化的愿望和抱负，因而他们不像上一代文化保守主义者那样昧于西方和世界形势，

---

① 吴宓：《论新文化运动》，《学衡》1922 年第 4 期。
② 孙尚扬：《在启蒙与学术之间：重估〈学衡〉》，载《国故新知论》，中国广播电视出版社，1995。

只知抱残守缺；也不像文化激进主义者那样用西方文明来完全取代传统文明。他们的视野是广博的，涵盖世界各大文明，因而具有思考问题的深刻性，正如孙尚扬所说："国际人文主义者的恢宏气魄和胸怀、眼光将使他们在文化传统的用藏取舍时，早得卓立不群。他们将不仅仅是民族文化传统的守卫者，也是来自异域之人文价值的肩负者和诠释播扬者。这使得他们意欲建构，而且确实完成了的价值和文化思想体系成为新文化运动中连绵的思想巨峰中不可忽视的一座山峦。"①

二 强烈的文化使命感和精英主义的人格理想

白璧德认为："夫为人类之将来及保障文明计，则负有传授承继文化之责者，首先能洞悉古来文化之精华。"②新人文主义首先要求学者担负起传授承继文化之责，为负起此责，就必须通过吸收各大文明之精华，以求自身之完善。所以他们注重个体的完善，尤其是人格的完善，而非近世文明所鼓吹的感性欲望的满足。阿诺德认为："文化者，求完善 perfection 之谓也，完善在内而不在外，故轻视物质文明如铁道工厂之类；完善在普遍之发展，故含社会化性质，不容有极端之个人主义；完善在均齐之发展，故不如清教徒之独重品德。"③白璧德认为："人性好趋极端而矜偏颇，然人之所以学为人者，正以其能战胜此种天性，于人心中每种趋向，各以其反对之趋向而调剂之，遂能合体而有度焉。"④

白璧德把"人文主义"（humanism）一词的意义上溯至拉丁文"humanus"和"humanitas"。他认为，Humanitas 被人误用来指泛爱、博爱之意，实际上含有规训与纪律之义，"非可以泛指群众，仅少数优秀人选

---

① 孙尚扬：《汤用彤》，台湾东大图书公司，1996，第 71 页。
② 《白璧德之人文主义》，吴宓译，《学衡》1923 年第 19 期。
③ 梅光迪：《安诺德之文化论》，《学衡》1923 年第 14 期。
④ 《白璧德之人文主义》，吴宓译，《学衡》1923 年第 19 期。

者可以当之"①。到了近世，人们则混淆了人文主义 (humanism) 和人道主义 (humanitarianism) 的区别，后者为"表同情于全人类，致信于将来之进步而亟欲尽力于此事者"②，而前者与拉丁文 humanltas 的意义相一致，"与人道派适相反，视其一身德业之完善，较之改进全人类为尤急。虽亦富于同情，然必加之以训练，节之以判断"③。

新人文主义这种完善自身、提倡选择与博爱并行、主张规训与纪律的思想属于精英主义，它之所以不同于人道主义之"广博之同情"，是因为人道主义的弊端在于缺乏"信条与训练"，导致"无轨范，无训练，舍节制而乐自由""漫无标准、凌傲自足，放纵自恣"④，过于强调感性欲望之满足，个人主义恶性膨胀。新人文主义认为，通过道德修养、学术研究等方式来达到人格完善，以求形成一种中和、节制、完善、整全的新人格，是符合释迦牟尼、柏拉图、亚里士多德、帕斯卡尔等人的思想的。⑤ 这和儒家的"中庸"思想也有相合之处。

学衡派承继并发挥了这一思想，用以对抗启蒙派不加批判地鼓吹科学和推翻传统的片面性。吴宓称新文化运动"持论则务为诡激，专图破坏。然粗浅谬误，与古今东西圣贤之所教导，通人哲士之所述作，历史之实迹，典章制度之精神，以及凡人之良知与常识，悉悖逆抵触而不相合"⑥，批评启蒙派"以政客之手段，到处鼓吹宣布，又握教育之权柄"⑦。这一批评在学衡派众人中颇有典型性，虽有过分之处，但也是基于他们独特的立场使然。

吴宓实际上提出了一个"通人"的理想，与启蒙派西化的"新人"理想针锋相对，其目的无疑是要树立一个具有永久性、普适性的文化标准，

---

① 《白璧德释人文主义》，徐震增译，《学衡》1924 年第 34 期。
② 《白璧德释人文主义》，徐震增译，《学衡》1924 年第 34 期。
③ 《白璧德释人文主义》，徐震增译，《学衡》1924 年第 34 期。
④ 《白璧德释人文主义》，徐震增译，《学衡》1924 年第 34 期。
⑤ 《白璧德之人文主义》，吴宓译，《学衡》1923 年第 19 期。
⑥ 吴宓：《论新文化运动》，《学衡》1922 年第 4 期。
⑦ 吴宓：《论新文化运动》，《学衡》1922 年第 4 期。

以此来衡量文化转型和文化交流的损益取舍。他们试图避免启蒙派的行为策略所表现出的功利性与短期性。在那个特定的历史环境中，这个"通人"理想虽显得过于虚悬而迂阔，但从长远的历史角度观察，它的合理性便会凸显出来。

启蒙派的思想基础除了"矫枉必须过正"的现实考虑以外，就是对文化单线进化以及西方新文化必定取代东方旧文化的信念。在 20 世纪末，文化单线进化的观念已经受到全面质疑而不能成立，学衡派的主张亦有必要加以重新评价。在我们目前所处的时代，文化转型尚未完成，传统与现代、本土文化与外来文化之间的融合还没有达到完全自觉。学衡派的主张客观上对启蒙运动有着深化作用，如果说启蒙的第一步是"冲决网罗"、破坏偶像，那么，接下来建设新的文化便会被提上日程。学衡派的主张自有其借鉴意义。

学衡派表现出来的接续传统文化之真精神、真血脉的使命感以及由此生发的对传统破灭的忧虑，亦自有其意义。吴宓担心"国粹丧失，则异世之后，不能还复。文字破灭，则全国之人不能喻意。长此以往，国将不国，凡百改革建设，皆不能收效"[①]。这与王国维的担心在精神上是一致的。此言虽然不无夸张之处，但其中表达的新文化大厦不能建筑在传统丧失、一无所有的空地上的思想，的确有精辟之处。

学衡派主张由文化精英来承担延续文化精神和建设新文化的使命，所以将"通人"理想作为文化精英的标准。下文试分析这一理想的几层含义。

首先，要养成完善的人格。

陈寅恪说："程朱者，正即西国历来耶教之正宗。主以理制欲，主克己修省，与人为善。若 St.Paul, St.Augustine, Pascal, Dr. Johnson，以至今之白师及 More（Paul E.）先生皆是也。"[②] 陈寅恪以程朱学派与新人文主义之相似性立言，指出二者都有重视个人修养、节制欲望的共同点，并指出这种共同点是

---

① 吴宓:《论新文化运动》,《学衡》1922 年第 4 期。

② 吴学昭:《吴宓与陈寅恪》,清华大学出版社，1992，第 12 页。

圣保罗、圣奥古斯丁、帕斯卡尔、英国文学家约翰逊所共同遵循的一种传统，而新人文主义恰好承接了这种传统。众所周知，程朱学派以高扬道德理想、主张克制欲望著称，并以循序渐进的格物穷理作为变化气质、增进德性的途径，因更注重人格的完善性而成为与新人文主义最为接近的中国学派。

人格完善最重要的内容之一即道德的完善，学衡派对此也极为重视。陈寅恪认为，中国传统中之道德历史悠久，然特重家族伦理，其制度发达甚早，大体可归于政治伦理和实践伦理的范畴，其特点是"准重实用，不究虚理"，与古罗马人最相似，"长处即修齐治平之旨；短处即实事之利害得失，观察过明，而乏精深远大之思。故昔则士子群习八股，以得功名富贵。而学德之士，终属极少数。今则凡留学生，皆学工程实业，其希慕富贵，不肯用力学问之意则一。而不知实业以科学为根本，不揣其本，而治其末，充其极，只成下等之工匠。境遇学理，略有变迁，则其技不复能用，所谓最实用者，乃适成为最不实用。至若天理人事之学，精深博奥者，亘万古、横九亥，而不变。凡时凡地，均可用之。而救国经世，无必以精神之学问（谓形而上之学）为根基。……今人误谓中国过重虚理，专谋以功利机械之事输入，而不图精神之救药，势必至人欲横流，道义沦丧"①。

这段议论甚为精辟。从现实角度来看，中国文化中的缺点不在重虚理而在重实用，这似乎与大多数人对中国文化的看法相左。然而，陈寅恪是站在真正了解东西方哲学及其传统的立场上发言。我们知道，西方文化及哲学来自两大传统，即古希腊之"爱智"传统与希伯来之"信仰"传统，这两大传统之共同点恰恰在于人神分途、此岸与彼岸分离，有着浓厚的宗教色彩。古希腊人致力探究宇宙本原，崇尚"虚理"，所以才能创立形上学、逻辑学、几何学并从事自然科学研究，而其道德学说亦以形上学为根基。

而中国之传统道德学说虽然也有形上学，但其形态与西方意义上的形上学截然不同，它太注重"天人合一"，具有"即现象即本体"的特点，缺乏此

---

① 吴学昭：《吴宓与陈寅恪》，第9~10页。

岸与彼岸的分别与对立。宋明理学是最具有"形上学性格"的道德学说，但还是把最基本的东西和最崇高的东西合在一起说而不加严格区分。① 所以，陈寅恪主张吸收外来文化中的形上学成分，以给道德修养一个坚实的根基。陈寅恪所说的"天理人事之学"即以道德修养为中心的一整套形上学体系。

陈寅恪本人虽然认识到这一点，但没有建立形上学体系的兴趣。学衡派众人中也没有出现形上学家。但是，吴宓做过这样的尝试，这体现为20世纪30年代他在清华大学外文系、北平大学女子文理学院等院校开设的一门选修课"文学与人生"。从整理发表的讲义看，它不是严密的哲学体系，但其中"人与宇宙""天人物三界""宇宙与人构成之基本公式""万物品级图""人性之研究""自由意志与命运"等章节足以表明吴宓试图把自己的思想做一形上学的表达，这与陈寅恪上述议论的精神是一致的。而且，吴宓对中国古典道德哲学中的重要命题如"人心惟危、道心惟微""中庸之道""义利之辨"等都重新做了形上学的阐释，揭示它们与新人文主义的相合之处。② 这也表明吴宓不仅在理论上阐述"昌明国粹、融化新知"的口号，而且已经把它运用到学术研究中。陈寅恪同样把这一口号贯彻到毕生的学术研究之中。

陈寅恪与学衡派众人毕生强调个人的道德操守，对新文化运动背景下出现的功利主义弊端和众多的投机牟利现象予以批评。陈寅恪说：

> 我侪虽事学问，而决不可倚学问以谋生，道德尤不济饥寒。要当于学问道德以外另求谋生之地。经商最妙。……若作官以及教员等，决不能用我所学，只能随人敷衍，自侪于高等流氓，误己误人，问心不安。至若弄权窃柄，敛财称兵，或妄倡邪说，徒言破坏，煽惑众志，教猱升木，卒至颠危宗社，贻害邦家，是更有人心者，所不忍为矣。③

---

① 参见何怀宏《良心论》，上海三联书店，1994，第402页。
② 吴宓：《文学与人生》，清华大学出版社，1993。
③ 吴学昭：《吴宓与陈寅恪》，清华大学出版社，1992，第8~9页。

学问与道德被视为人立身之本，不能用来作为谋生手段，否则人性就会迷失在物质欲望之中，而出卖了学问与道德的纯粹性。陈寅恪之意，不是要学者都去经商，而是警告学者不要以学问、道德为谋生手段，不要牺牲学问、道德的纯洁性去谋求利益，强调学问、道德不以政治、经济条件为转移的独立性。正如徐葆耕所说："无论康梁还是孙中山，他们的出发点都是把国弱民贫变为国富民强，其中虽也讲'开启民智'，但逻辑依然是物质生产的贫困——物质生产的丰足。而陈、吴的思想逻辑却是物质——精神，他们关心着一个不被人注意的角落，即精神世界的危机。从张之洞到康梁到孙中山，所采取的都是社会学视角，而陈所取的则是文化学视角。"[1]从拯救精神这一目标的提出，可见学衡派（以陈、吴为代表）的眼光的确有比启蒙派高远之处，这是因为他们采取了与启蒙派的社会学视角不同的文化学视角乃至哲学形上学视角。

其次，寻求学术的扎实、严谨、深刻和会通。

"通人"一词，通常与"专家"一词相对，指融会贯通各门学科的博学之士。学衡派主张学科之融会贯通，但这一思想并非为学衡派所独有，因为20世纪初人文学科大致属于一个整体，尚未发展为现在文、史、哲等学科的严格区分，三四十年代学术大师辈出，文史哲都是打通的，学科壁垒不像现在这么严重。这主要是受中国传统学术特点影响的结果。

学衡派提出"通人"理想的另一原因是针对当时学界空疏武断的学风而倡导严谨治学。当时知识分子以启蒙为主要任务，启蒙派采取的策略是矫枉过正，与传统决裂，它必然排斥真正深入的学术探讨。学衡派从学术角度出发来评判知识分子的主张，自然会挑出许多毛病。如汤用彤说："时学之弊，曰浅，曰隘。浅隘则是非颠倒，真理埋没，浅则论不探源，隘则敷陈多误。"[2]他批评时人只吸收西方近代思潮的一部分，对西方文化并无通盘深入了解，而且"牵强附会""入主出奴"之风盛行，"间闻三数西人称美亚洲文化，

---

① 徐葆耕：《文化的两难处境及其他》，载《吴宓与陈寅恪》，第159页。
② 汤用彤：《评近人之文化研究》，《学衡》1922年第12期。

或且集团体研究，不问其持论是否深得东方精神，研究者之旨意何在，遂欣然相告，谓欧美文化迅即破坏，亚洲文化将起而代之"①。学衡派批评的矛头也不仅仅指向以《新青年》为代表的启蒙派，汤用彤这段话所批评的就是以梁启超《欧游心影录》为代表的鼓吹东方文化复兴、拯救西方物质文明的观点。梁启超这种观点与启蒙派的观点虽相反，但用汤用彤主张的学术标准来看，依然不免"浅隘"。

梅光迪则正面论述学者之标准："学问家为真理而求真理，重在自信，而不在世俗之知；重在自得，而不在生前之报酬。故其毕生辛勤，守而有待，不轻出所学以问世，必研索至精，而后成一书。……夫如是而后学问之尊严、学问家之人格可见。"②学问乃中国儒家传统所言之"为己之学"，学者对待学问的态度与学者自身之人格是相等同、相联系的，所以不应为功利所动。他转而批评"今之所谓学问家"，"其于学问，本无彻底之研究与自信自得之可言，特以为功利名誉之念所驱迫，故假学问为进身之阶"③，认为"改造固有文化，与吸收他人文化，皆须先有彻底研究，加以至明确之评判，副以至精当之手续，合千百融贯中西之通儒大师，宣导国人，蔚为风气，则四五十年后，成效必有可睹也"④。

学衡派要求新文化运动应该以学问探讨为主，以"昌明国粹、融化新知"为目标，不要片面、肤浅、武断，而要求真、求全、求深，发挥新人文主义的精神来慎重地吸纳外来文明中对本民族有益的、能与传统文化互相融合的、代表了人类优秀文明成果的成分。从学术研究的角度出发，这种主张是可取的，学术与启蒙应当是互补的、良性互动的。这个思想对我们是有借鉴意义的，因为在现时代，启蒙尚未完成，学术研究等有待深化发展，我们不能忘记学衡派这个在当时显得迂阔的主张。

① 汤用彤:《评近人之文化研究》,《学衡》1922 年第 12 期。
② 梅光迪:《评提倡新文化者》,《学衡》1922 年第 1 期。
③ 梅光迪:《评提倡新文化者》,《学衡》1922 年第 1 期。
④ 梅光迪:《评提倡新文化者》,《学衡》1922 年第 1 期。

学衡派为什么把学术研究作为解决文化问题的一种重要途径？这个问题似乎不言而喻：知识分子是文化和价值的承继者和诠释者，其本职工作就是从事学术研究，因而学术研究和现实的文化问题必然联系在一起。的确，学衡派的主张中隐含着这样的逻辑，但陈寅恪的解释尚不止于此，他在《吾国学术之现状及清华之职责》中直接从中国的学术传统出发，来说明中国之学术与中国之文化的关系。他认为，学术之独立实为关系"吾民族精神上生死"之一大事。[①] 他说：

> 昔元裕之、危太朴、钱受之、万季野诸人，其品格之隆污，学术之歧异，不可以一概论；然其心意中有一共同观念，即国可亡，而史不可灭。今日国虽幸存，而国史已失其正统，若起先民于地下，其感慨如何？[②]

陈寅恪以文学为国家民族文化精神命脉之所系，不仅仅为一求真之学术门类。这种观念似乎早已有之，也就是文学中体现的"正统"观念，此观念之意义是政治的和道德的。而陈寅恪点出古史学家之正统观念，其意不在于政治意义、道德意义，而在于抽象的文化意义，否则陈寅恪与古人之观念也就没有了分别。

陈寅恪所面临的问题，不再是中国历史上经历若干次的改朝换代或"以夷变夏"，而是文化"被近代化"和"被殖民化"的问题。不但整个中国的文化精神有消失的危险，西方文明同样面临着传统断绝的危机。所以，他讲文学的功能在于"继统"，但所继的不是旧的意义上的政治之统、道德之统、某一民族之统或学说之统，而是文化精神之统。他虽然用旧的概念来讨论问题，但实质上已用新人文主义中的"文化精神"观念替换了旧概念的内涵。

---

① 陈寅恪:《金明馆丛稿二编》，上海古籍出版社，1980，第317~318页。
② 陈寅恪:《金明馆丛稿二编》，第317~318页。

与之相关，关于"国文"，陈寅恪说：

> 国文则全国大学所研究者，皆不求通解及剖析吾民族所承受文化之内容，为一种人文主义之教育，虽有贤者，势不能不以创造文学为旨归。殊不知外国大学之治其国文者，趋向有异于是也。①

他并不是在语言学意义上使用"国文"一词，也不把它看作文学艺术创作，而是在文学史、文学评论和文化史的意义上使用"国文"一词。他规定其功能为"求通解"，"剖析吾民族所承受文化之内容"及"为一种人文主义之教育"。"通解"观念一方面承接了中国古代文史哲不分的状况，另一方面反映了新人文主义和学衡派"通人"的理想。陈寅恪毕生学术研究之宗旨即在于求通解通识。② 他的著述大多为打通文史哲之作，他把诗史互证、文史互证的方法发挥到极致，使文学、史学、哲学等各相关学科的研究超越了各自学科的限制而达到会通之境。古典文学为传统文化的重要组成部分，而且是传统文化的结晶和传统得以延续至今的重要承载物。研究古典文学，可以借此了解本民族的历史与传统，并进一步探索传统与现代之间的异同以及传统本身千年流变的过程。

至于"为一种人文主义之教育"是陈寅恪提到"人文主义"的唯一一次，它与新人文主义有关。"新人文主义"最初是一个文学批评流派，其代表人物白璧德、穆尔、阿诺德等人都是文学家、文学批评家，他们都重视文学在承载文化精神、阐述文化传统以及解答文化问题和人生问题方面的重要功能。吴宓的《文学与人生》也着重通过对文学的讨论来从事文化研究、传统研究，建立以道德修养为中心的形上学。陈氏此语，固合乎新人文主义与学衡派之旨耳。

---

① 陈寅恪：《金明馆丛稿二编》，第317~318页。
② 刘梦溪：《一代文化所托命之人》，载《纪念陈寅恪先生百年诞辰学术论文集》，江西教育出版社，1994，第357~361页。

学衡派以"通儒大师"相期许，其中包含的不同于传统"通儒"之处即在于，不但能熔铸今古，也能会通中西；既能了解传统（包括了解传统之特点，及其与现代文明、西方文明之关系），又能吸收异质文明；既有旧的学术修养，又能掌握新的学术方法；学术眼光既要广，专门的学术造诣又要深；既能从事学术研究，又要有对社会、文化的思想关怀；既是优秀学者，又能实现道德、人格上的完善。可以说，学衡派的代表人物陈寅恪、汤用彤、吴宓均做到了这一点，他们正符合自己所主张的标准。时人多以他们为学问家，而往往不甚重视其主张的思想意义。在他们身上，"思想"与"学术"、学问与人格是统一在一起的。他们以人格完善和学术进步来延续中国文化命脉、承接并诠释文化精神的精英主义主张虽然在他们所处的时代不被理解，但其价值及意义是永恒的。他们的高尚人格与学术成就使他们成为中国文化精神最佳的承继者。

第二节　文化变迁与中国文化本位论

陈寅恪作为一位史学家，并不满足于考释个别史事、解决枝节问题，也不满足于停留在史学本身的层面来就事论事地搞研究。他的史学研究，寄托着深刻的文化关怀。他以史学研究作为根基，以独特的方式参与了古今中西问题的讨论。

陈寅恪在《冯友兰〈中国哲学史〉审查报告》中说：

> 二千年来华夏民族所受儒家学说之影响，最深最巨者，实在制度法律公私生活之方面，而关于学说思想之方面，或转有不如佛道二教者。如六朝大夫号称旷达，而夷考其实，往往笃孝义之行，严家讳之禁，此皆儒家之教训，固无预于佛老之玄风者也。释迦之教义，无父无君，与

吾国传统之学说，存在之制度，无一不相冲突。输入之后，若久不变易，则决难保持。是以佛教学说，能于吾国思想史上，发生重大久远之影响者，皆经国人吸收改造之过程。其忠实输入不改本来面目者，若玄奘唯识之学，虽震动一时之心，而卒归于消沉歇绝。近虽有人焉，欲燃其死灰，疑终不能复振。其故匪他，以性质与环境互相方圆凿枘，势不得不然也。六朝以后之道教，包罗至广，演变至繁，不似儒教之偏重政治社会制度，故思想上尤易融贯吸收。凡新儒家之学说，几无不有道教，或与道教有关之佛教为之先导。如天台宗者，佛教宗派中道教意义最富之一宗也……其宗徒梁敬之与李习之之关系，实启新儒家开创之动机。北宋之智圆提倡中庸，甚至以僧徒而号中庸子，并自为传以述其义……至道教对输入之思想，如佛教摩尼教等，无不尽量吸收，然仍不忘其本来民族之地位。既融成一家之说以后，则坚持夷夏之论，以排斥外来之教义。此种思想上之态度，自六朝时亦已如此。虽似相反，而实足以相成。从来新儒家即继承此种遗业而能大成者。窃疑中国自今日以后，即使能忠实输入北美或东欧之思想，其结局当亦等于玄奘唯识之学，在吾国思想史上，既不能居最高之地位，且亦终归于歇绝者。其真能于思想上自成系统，有所创获者，必须一方面吸收输入外来之学说，一方面不忘本来民族之地位。此二种相反而适相成之态度，乃道教之真精神，新儒家之旧途径，而二千年吾民族与他民族思想接触史之所昭示者也。①

笔者之所以不厌其烦地摘引这么长一段文字，是因为陈寅恪此文概括了历史上中外文化交流的复杂过程及其规律。陈寅恪历史研究的一个重要内容就是对此文若干论点的展开。其把中外文化交流的总规律和发扬中国文化的总原则归结为"一方面吸收输入外来之学说，一方面不忘本来民族之地位"。他对此观点再三致意，笔者也对此极为重视。

① 陈寅恪:《金明馆丛稿二编》，第 251~252 页。

陈寅恪称自己"议论近乎曾湘乡张南皮之间"①，这容易使人想到"中体西用"。因为曾国藩（湘乡）是洋务运动的代表，主张学习西方的坚船利炮等技术手段，在文化上则采取程朱理学；张之洞（南皮）作《劝学篇》，提出"旧学为体，新学为用"，后被梁启超转述为"中学为体，西学为用"。总的说来，"中体西用"的内涵在于：认为中国文化的长处在精神文明，西方文化的长处在物质文明，以中国的精神文明为主体，并接纳西方的物质文明。此论影响很大，但并不是所有的文化保守主义者所共同遵循的观点。我们在上一节已经谈道，陈寅恪认为中不如西之处不在实用之技艺，而恰在虚空、超越之形上学，他的思想也不能用"体用"模式加以概括，所以，不能将之归结为"中体西用"。有学者把他的思想归为"中国文化本位论"②，这种概括要更贴切一些。

"一方面吸收输入外来之学说，一方面不忘本来民族之地位"就是陈寅恪之"中国文化本位论"的核心命题，也是学衡派"昌明国粹，融化新知"进一步深化和明确化的表述，这两个文化命题的共同点在于以本民族为本位，是主动的、有选择与取舍的"化西"，而非被动的伤害本位的"西化"。其不同点在于学衡派之"国粹"与"新知"这两个提法略显笼统，而且在字面上强调"旧"与"新"不能表达出学衡派主张的"优秀传统是超越时间的"这一观念。"新知"是指西方古代的人文主义传统，而非卢梭的浪漫主义和培根的科学主义等近代思潮。

陈寅恪之命题是学衡派命题的明确化，它首先就"中"与"外"立言，实则涵盖千年文化交流之历史；又点出"学说"与"地位"之分，以明"本位"之含义、范围及限度。后一区分至关重要，因为它针对的是这样的问题：中国文化吸收外来文化应该有什么样的限度？应该停留于器物层面的引进，

①　陈寅恪：《金明馆丛稿二编》，第 251~252 页。
②　参见周勋初《陈寅恪先生的"中国文化本位论"》，载《纪念陈寅恪先生诞辰百年学术论文集》，北京大学出版社，1989；刘梦溪《一代文化所托命之人》，载《纪念陈寅恪先生百年诞辰学术论文集》。

还是把引进的范围扩大到制度文化层面和思想观念层面？"中国文化本位"这个概念的内涵与外延是什么？陈寅恪的回答则是，中国文化本位是"本来民族之地位"，是吸收外来文化时所依据的取舍损益的标准，这一标准体现在中国已有的传统之中，但其具体标准可以是变化的。它主要体现为一种精神的独立性与开放性，在这种独立、开放的精神下，输入的学说可以是制度层面的，也可以是思想层面的。

为什么这么说？我们可以举例说明，如西方民主自由观念，在 19 世纪是不符合中国传统的，因而不能被吸收，但在 20 世纪的中国就可以被吸收，中国民族的独立性并不因此而消亡；马克思主义被引进，甚至成为新中国建设的指导思想，中国本位文化也并未消亡。这就说明"中国文化本位"并非某种特定的思想体系、行为方式、社会规范，而主要是一种态度和精神，它具有独立性与开放性，可以借某种特定的思想体系、行为方式、社会规范表现出来，但那些思想、行为、规范都是可变的，文化本位也并非就此消失。

陈寅恪的这一思想显然与他的"文化精神"学说有关，中国文化本位正是文化精神的表现。所以陈寅恪主张一方面中国文化不能故步自封，陶醉于已有的传统中，而是要时时保持开放的心态，努力学习借鉴包括器物、制度、思想观念诸层面的优秀外来文化，与本国传统相融合，使文化向前发展，不断创新；另一方面，要保持本民族文化的独立性，否则就会导致精神上的崇洋媚外，失去民族认同感，难免沦为他国在文化上的附庸，最终必然伤害民族在经济、政治上的独立，正如张岱年先生所说："我们吸收外来的先进思想，目的在于壮大自己，发展自己，而不是否定自己，贬抑自己。"①

陈寅恪在历史研究中通过考察大量史实来证明自己的"中国文化本位论"。下面，我们撮其大要，对陈寅恪之历史研究做一具体梳理。

---

① 张岱年：《陈寅恪先生关于思想史的卓识》，载《纪念陈寅恪先生百年诞辰学术论文集》。

一　道家与道教

　　道家、道教文化是中国文化最重要的组成部分之一。先秦时代，道家与儒家是出现最早和影响最大的两个学派。和儒家相比，道家的包容性与开放性别具一格。从老庄到魏晋玄学，最后发展为道教，思想多姿多彩、富于变化；道教本身，从汉末发展到魏晋南北朝、隋唐直至金元，面貌各不相同。道家、道教在发展的各阶段，总是不断吸收其他思想，如黄老的"采儒墨之善、撮名法之要"，玄学则试图融合儒道，调和"名教"与"自然"的关系。陈寅恪曾研究天师道中的外来成分，他在《天师道与滨海地域之关系》中，考证出天师道的早期创始人于吉、宫崇、张道陵，《抱朴子》作者葛洪及其师鲍靓都来自滨海地区，两种不同文化之接触，"多在交通便利之点，即海滨湾港之地"[1]，所以天师道的兴起，可能受外来文化的影响。

　　上文这个例子还仅止于推测。在《崔浩与寇谦之》中，陈寅恪找到三个实例：一是寇谦之用旧法算七曜周髀不合，而借用佛教徒自天竺所传之天算之学；二是引进天竺医药之学，以改进"服食饵药无效"之旧传；三是寇谦之"袭取当时佛教徒输入之新律学以清除整理其时颇不理于人口之旧传天师道"[2]，著《云中音诵新科之诫》，进行道教改革。因而陈寅恪总结道：

　　　　综观二千年来道教之发展史，每一次之改革，必受一种外来学说之激刺，而所受外来之学说，要以佛教为主。[3]

　　陈寅恪又考察了两晋南北朝时期中国信天师道之士大夫对佛教的态度，分为三派：第一派为保持家传之天师道信仰，而排斥佛教，范缜为其代表；

---

①　陈寅恪：《金明馆丛稿初编》，第 39 页。
②　陈寅恪：《金明馆丛稿初编》，第 119 页。
③　陈寅恪：《金明馆丛稿初编》，第 112 页。

第二派为放弃家传信仰而改信佛教，梁武帝为其代表；第三派"持调停道佛二家之态度，即不尽弃家世遗传之天师道，但亦兼采外来之释迦教义，如南齐之孔稚珪"①。第三派所走的道路应该说是代表了"道教之真精神"。

陈寅恪又讨论了佛、道二家思想之交流。最初，佛经的翻译多借助当时流行的词汇，如"菩提"一词，最初翻译为"道"，后来对义理了解较深之后，就改为音译的"菩提"。②佛教入华以后，对其思想的理解与接受也发生了一些变化。佛法初传之时，讲者多引道家、儒家之说解释佛理，此法称为"格义"，这实际上是一种比附的方法，如把佛、法、僧三归解释为儒家之三畏（畏天命、大人、圣人之言），把佛家五戒与儒家"五常"联系起来，支愍度提出"心无义"则以道家理论解释内典。③这是以道儒解佛，同时，亦有以佛解道者，如"借用道行般若之意旨，以解释庄子之逍遥游"④。这只是在文化传播之初级阶段，为了扩大外来文化影响而做的工作。陈寅恪称此种借本有文化以传播外来文化的方式为间接传播文化，他说：

> 间接传播文化，有利亦有害：利者，如植物移植，因易环境之故，转可发挥其特性而为本土所不能者，如基督教移植欧洲，与希腊哲学接触，而成欧洲中世纪之神学、哲学及文艺是也。其害，则展转间接，致失原来精意，如吾国自日本、美国贩运文化中之不良部分，皆其近例。然其所以致此不良之果者，皆在不能直接研究其文化本原。⑤

间接传播之作用，不在原封不动地移入外来文化，因为上文已经说明，外来文化不合本国传统者必如玄奘唯识学一样，终归会消歇的。只有外来文化与本土文化相结合，创造出一种既不同于外来文化原貌也不同于本有文化

① 陈寅恪：《金明馆丛稿初编》，第 194 页。
② 陈寅恪：《金明馆丛稿二编》，第 161~165 页。
③ 陈寅恪：《金明馆丛稿初编》，第 151~153 页。
④ 陈寅恪：《金明馆丛稿二编》，第 88 页。
⑤ 蒋天枢：《陈寅恪先生编年事辑》，上海古籍出版社，1981，第 83 页。

原貌，而兼有两种文化部分特征的文化成果，才是文化交流的通则，如南北朝"五时四宗"之说，"皆中国人思想整理之表现，亦此土自创佛教业绩之一，殆未可厚非也"①。这种文化交流已经超越了"格义"之类的初级文化交流方式，随着文化交流的深入，对外来文化的了解愈益加深，其成果也会越来越显著。

二　新儒学

新儒学指宋明理学，是以儒家为主体同时吸收道教、佛教思想而形成的，是深层次的文化融合的产物。新儒学产生于北宋，距佛教传入和道教的产生已近千年，儒家学者对佛、道二教的义理已有很深的了解，宋明理学的许多代表人物如朱熹、王阳明等都有"泛滥佛老数十年"而后归宗孔孟的经历。陈寅恪留学哈佛时，在 1919 年与吴宓的谈话中，言及中国之形上学非但不如欧洲，亦不如印度之佛教，他说：

> 佛教于性理之学 Metaphysics 独有深造。足救中国之缺失，而为常人所欢迎。惟其中之规律，多不合于中国之风俗习惯……故昌黎等攻辟之。然辟之而另无以济其乏，则终难遏之。于是佛教大盛。宋儒若程若朱，皆深通佛教者。既喜其义理之高明详尽，足以救中国之缺失，而又忧其用夷复夏也。乃求得而两全之法，避其名而居其实，取其珠而还其椟。采佛理之精粹以之注解四书五经，名为阐明古学，实则吸收异教。声言尊孔辟佛，实则佛之义理，已浸渍濡染。与儒教之宗传，合而为一。此先儒爱国济世之苦心，至可尊敬而曲谅之者也。故佛教实有功于中国甚大。②

---

① 陈寅恪：《金明馆丛稿二编》，第 164 页。
② 吴学昭：《吴宓与陈寅恪》，第 10~11 页。

吸收佛教之"高明义理"是儒学发展的需要，陈寅恪把吸收外来文化之方法总结为"避名取实""取珠还椟"。然而，新儒家又必须言"夷夏之辨"，尊孔辟佛，以防本位文化之不立，以致"自乱宗统"。

陈寅恪在 1951 年撰《论韩愈》一文，对早年之说加以补充。韩愈实为新儒学之先驱，此说已为现在学者所公认。陈寅恪是较早、较深入地论证此说之人，其论集中于《论韩愈》一文中。此文寓意深远，陈寅恪自述其目的为"证明昌黎在唐代文化史上之特殊地位"[1]，并分述韩愈对中国文化之功绩：

第一，"建立道统，证明传授之渊源"；

第二，"直指人伦，扫除章句之繁琐"；

第三，"排斥佛老，匡救政俗之弊害"；

第四，"呵诋释迦，申明夷夏之大防"；

第五，"改进文体，广收宣传之效用"；

第六，"奖掖后进，期望学说之流传"。[2]

这六条都与陈寅恪之"中国文化本位论"有关。陈寅恪证明，韩愈的这些功绩表明他一方面保持儒家作为本位文化的地位，另一方面从以佛教为主的外来文化中吸收有价值的成分，从而改进、完善本位文化，此种努力值得称道。

韩愈之所以创立道统说，是因为唐代新禅宗标举教外别传之旨。陈寅恪推测韩愈幼年从其兄居于新禅宗风气极盛之韶州，虽当时年幼，又历时不久，但以其天资聪明，于此极盛之新禅宗之气氛不能不受潜移默化之影响。韩愈采新禅宗建立道统之说，迎合中国传统重视传授渊源之特点，以强调本位文化之薪火相传，不可破灭。以下五条，均围绕这个中心展开。

---

① 陈寅恪:《金明馆丛稿初编》，第 285 页。

② 陈寅恪:《金明馆丛稿初编》，第 285~297 页。

韩愈作《原道》，意在扫除前儒烦琐章句之学而直指人伦，倡导训诂之学向义理之学的转化。而新禅宗提出直指人心、见性成佛之语，亦是扫除烦琐章句之意。韩愈受此影响，从《小戴礼记》中发现《大学》一篇，加以阐发，从而解决了梁武帝阐扬《中庸》，调和儒释义理，然无法最终调和天竺、华夏之不同的政治社会学说的难题。从此，抽象之心性与具体之政治社会组织可以融合无碍，佛教义理可以融入儒家的心性修养之中，与外部儒家制度并不冲突。韩愈实为奠定新儒学"内圣外王"、重视心性修养这一思维模式之功臣。

韩愈之所以成为新儒学当之无愧的先驱，正因为他做到了"一方面吸收输入外来之学说，一方面不忘本来民族之地位"。

三 音韵学

1934年，陈寅恪的《四声三问》发表，讨论平、上、去、入四声之起源。他认为：

> 所以适定为四声，而不为其他数之声者，以除去本易分别，自为一类之入声，复分别其余之声为平上去三声。综合通计之，适为四声也。但其所以分别其余之声为三者，实依据及摹拟中国当日转读佛经之三声。而中国当日转读佛经之三声又出于印度古时声明论之三声也。[1]

他证明了四声说形成于南齐永明年间，代表人物为周颙、沈约，之所以如此，是因为永明之世为"善声沙门"最盛之时。建康为南朝政治文化之中心，为"善声沙门"与"审音文士"共同居住之地，"二者之间发生相互之影响，实情理之当然也"[2]。

---

[1] 陈寅恪：《金明馆丛稿初编》，第328页。
[2] 陈寅恪：《金明馆丛稿初编》，第337页。

陈寅恪还认为，中国传统之宫商角徵羽五声与模拟依傍外来之平上去入四声之间的关系，可以比喻为"中体"与"西用"的关系。五声为中国传统之理论，是"关于声之本体"的，而四声为具体行文的技术，是"按谱而别声，选字而作文之谓也"，"论理则指本体以立说，举五声而为言；属文则依实用以遣词，分四声而撰谱"①。这些观点发前人之所未发，陈寅恪说："四声与经声之关系，迄今千四百余年，尚未有人略能言及。"②他是从普遍的文化交流的角度来考察一个本属于乾嘉朴学范畴的问题。他的史识之所以高明，原因之一就在于方法论的自觉。

四　文学

陈寅恪对文学的讨论很多，大致可区分为几类：一类是关于佛经故事对中国各种文学样式影响的研究；另一类是文史互证、诗史互证的研究，包括《元白诗笺证稿》《论再生缘》《柳如是别传》这三部中晚期重要著作与一些文章。这里先讨论与本章主题有关的部分，并将对《论再生缘》和《柳如是别传》的讨论放在下一章。

陈寅恪论及中国文学诸样式之文体、结构、故事等方面受佛教影响之处甚多。例如，他说明中国章回体演义小说与弹词之散文、诗歌相间之形式皆起源于演说佛教经义或与佛教经义相关之平话，而演说经义之体裁则仿效佛典长行与偈颂相间之体。③在《忏悔灭罪金光明经冥报传跋》中，他提出"中国小说虽号称富于长篇巨制，然一察其内容结构，往往为数种感应冥报传记杂糅而成"④的论断。他发现了敦煌写本《须达起精舍因缘曲》所载舍利弗降伏六师的故事以及《增一阿含经》《大智度论》中舍利弗和目连较力事，与

---

① 陈寅恪：《金明馆丛稿初编》，第 338 页。
② 陈寅恪：《金明馆丛稿初编》，第 340~341 页。
③ 陈寅恪：《金明馆丛稿二编》，第 180 页。
④ 陈寅恪：《金明馆丛稿二编》，第 257 页。

《西游记》中唐三藏在车迟国斗法之事有相似之处。[①] 在《西游记玄奘弟子故事之演变》中，他考证出孙行者大闹天宫、猪八戒高家庄招亲、流沙河沙和尚等故事的起源与素材皆来自佛教典籍，因而总结出故事演变之公例三条。[②] 他还考证出维摩诘故事在中国流传之轨迹与在印度本土流传之轨迹相似。维摩诘原无眷属，后人"为之造作其祖及父母妻子女之名字，各系以事迹"[③]，其程序又与近世通行小说《杨家将》相同。以上事例，皆为中国文化受外来影响之例。

陈寅恪也注意到佛经故事不合于中国本土文化而在流传过程中改变情节之例。在《莲花色尼出家因缘跋》中，他发现印度的莲花色尼出家故事中，原有七种咒誓恶报，而敦煌写本中只载六种，此非笔误。因为"七"之数在佛经故事中为固定程式，根据文中叙述故事的方式也可推断出绝非笔误，而是故意删削。他考察巴利文佛典的记载，发现所缺之第七种恶报为莲花色尼屡嫁，而所生之子女皆离散不复相识，后与其所生之女共嫁其所生之子，后经发觉，羞恶出家。他引《大宝积经》《瑜伽师地论》有关章节证明此故事所包含之义理源于佛典。[④] 而此故事传入后之所以被删削，是由于此种义理及观念与中国传统不合。

他又引佛教之中国化过程，从初传时"沙门不敬王者""沙门不应拜俗"之教义到元以后禅宗崇奉君主之演变过程，得出"橘迁地而变为枳，吾民族同化之力可谓大矣"[⑤] 的结论。佛经中"男女性交诸要义"在中土无人敢宣扬，是毫不奇怪的。他在《敦煌本维摩诘经文殊师利问疾品演义跋》中说：

> 尝谓吾国小说，大抵为佛教化。六朝维摩诘故事之佛典，实皆哲理小说之变相。假使后来作者，复递相仿效，其艺术得以随时代而改进，

① 陈寅恪：《金明馆丛稿二编》，第172~174页。
② 陈寅恪：《金明馆丛稿二编》，第192~197页。
③ 陈寅恪：《金明馆丛稿二编》，第185页。
④ 陈寅恪：《寒柳堂集》，第153~154页。
⑤ 陈寅恪：《寒柳堂集》，第155页。

当更胜于昔人。此类改进之作品，自必有以异于感应传冥报记等滥俗文学。惜乎近世小说虽多，与此经有关系者，殊为罕见。岂以支那民族素乏幽渺之思，净名故事纵盛行于一时，而陈义过高，终不适于民族普通心理所致耶？①

维摩诘故事在中国传播不广，是因为中国传统中缺乏形上学思考，是以只有感应冥报等故事才能得以广泛传播。陈寅恪不无遗憾地假设：如后来作者以故事来表述形上学思想，其艺术水平、思想水平必当提高。陈寅恪此论的关注点不在艺术而在思想，在于民族精神层次与内涵的提升。

一种文化的特色，既是优点，又是缺点，既是消化异质文明的坚实基础，又为文化交流设置障碍。文化交流不断深化的过程，就是不同文化不断撞击、影响，而后绕过并搁置障碍，在深层次中沟通，同时使原有文化发生变异的过程。汤用彤 1943 年发表的《文化思想之冲突与调和》论述了外来思想输入的三阶段："（一）因为看见表面的相同而调和。（二）因为看见不同而冲突。（三）因再发现真实的相合而调和。"② 这个表述说明的正是这样一个过程。陈寅恪虽然没有像汤用彤那样给出一个公式，但他用历史研究表达了相似的思想。他意识到一种文化不是一成不变，而是常在变异之中，文化变异的形式愈丰富多彩，文化的包容性就愈大，其活力也愈大。当然，这种成熟的、富有活力的文化交流与文化变异是在保持文化本位独立的前提下进行的，没有独立的文化本位、文化精神，一切都是空谈。

陈寅恪对诗歌、小说、弹词等多种文学艺术形式都比较熟悉，对诗尤为精通，这使他在诗史互证、文史互证的研究中成就颇丰。吴宓曾经记载了陈寅恪对唐代文学的评价：

唐代以异族入主中原，以新兴之精神，强健活泼之血脉，注入于久

① 陈寅恪：《金明馆丛稿二编》，第 185 页。
② 《汤用彤选集》，天津人民出版社，1995，第 318 页。

远而陈腐的文化，故其结果灿烂辉煌，有欧洲骑士文学之盛况。而唐代文学特富想象，亦由于此。[1]

这个评价针对整个唐代文学而发，陈寅恪于唐代文学成就辉煌之诸原因中，特拈出外来影响之一端，以明其关注之点。

陈寅恪在《论韩愈》中说：

> 唐代古文运动一事，实由安史之乱及藩镇割据之局所引起。安史为西胡杂种，藩镇又是胡族或胡化之汉人……，故当时特出之文士自觉或不自觉，其意识中无不具有远则周之四夷交侵，近则晋之五胡乱华之印象，"尊王攘夷"所以为古文运动中心之思想也。[2]

古文运动正是在外来文化的冲击下，中国知识分子在保持本位的基础上，吸收外来文化、实现文化整合与重建的例子。陈寅恪注意到，唐代知识分子受外来文化影响以后的行动是返回本传统中寻找有活力的文化因子，使"古今结合"与"中外结合"统一起来。他说：

> 自古文人尊古卑今，是古非今之论多矣，实则对外之宣传，未必合于其衷心之底蕴也。沈休文取当时善声沙门之说创为四声，而其论文则袭用自昔相传宫商五音之说……韩退之酷喜当时俗讲，以古文改写小说，而自言非三代两汉之书不敢观……此乃吾国文学史上二大事，而其运动之成功，实皆为以古为体，以今为用者也。乐天之作新乐府，以诗经古诗为体裁，而其骨干则实为时民间之歌曲，亦为其例。[3]

---

[1] 吴学昭：《吴宓与陈寅恪》，第 81 页。
[2] 陈寅恪：《金明馆丛稿初编》，第 293~294 页。
[3] 陈寅恪：《元白诗笺证稿》，上海古籍出版社，1978，第 162~163 页。

陈寅恪在此重提"体用",其用法与《四声三问》相似。韩愈的口号是复古、以古为体,即以古为形式,而实质是受外来文化影响进行的文化创新。从"古"与"今"的角度来说,"古"为形式,"今"为内容;从"中"与"外"的角度来说,"中"为形式,"外"为内容。这里的"古""今""中""外"不是一些静止的范畴,而是一些动态的范畴,同样,把"体用"关系当作"形式与内容"的关系来理解,也是一种动态的文化交流意义上的理解。何者为体,何者为用,何者为中、古,何者为西、今,其所指不是固定的,而是变动的,不是绝对的,而是相对的,"形式"不是绝对的保守和无用,而是具有包容性的。

陈寅恪又说:

> 微之之新题乐府,题意虽新而词句或仍不免袭古。而古题乐府,或题古而词意俱新,或意新而题词俱古。其错综复杂,尤足以表现文心工巧之能事矣。故微之之拟古,实创新也。意实创新而形则袭古,以视新题乐府之形实俱为一致,体裁较为简单者。似更难作。[①]

此文之意与上引文字相接,褒扬题古意新之古题乐府,称其比题意俱新之新题乐府要更难一等,成就自然更胜一筹。我们可以视其为陈寅恪之夫子自道。"旧"乃形式,"新"乃内容,以旧形式而纳新内容,方合乎文化交流与文化变迁的规律。陈寅恪实际上指出,文化革新与文化交流的优秀成果正是综合新旧、中外文化的结果。

五 制度与文化

陈寅恪是隋唐制度史专家,也是文化交流、文化融合史专家。他重视隋

---

① 陈寅恪:《元白诗笺证稿》,第 302 页。

唐制度之渊源及变化，重视制度背后的文化根源，也注重从中原与少数民族文化交流与文化融合的角度来分析历史。这些方面的学术成就，主要体现在两部篇幅不长但字字千钧的专著《隋唐制度渊源略论稿》和《唐代政治史述论稿》中。

陈寅恪考证出隋唐之制度有三个来源：一为北魏、北齐，二为梁陈，三为西魏、周。第一个来源是江南承袭汉、魏、两晋之礼乐刑政典章文物，后被北魏孝文帝及其子孙模仿采用，传至北齐。此一支因战乱，文化由汉入胡，胡族采纳汉文化，而后又被隋唐吸收。第三个来源则为"关陇区内保存之旧时汉族文化，以适应鲜卑六镇势力之环境，而产生之混合品"①，此一支亦为汉胡融合的结果。文化大融合促进了唐代文化的兴盛繁荣，隋唐之制度亦是文化交流的结果。陈寅恪推断隋代三大技术家宇文恺、阎毗、何稠之家世俱含有西域胡族血统，而又久为华夏文化所染习，"故其事业皆藉西域家世之奇技，以饰中国经典之古制。如明堂、辂辇、衮冕等，虽皆为华夏之古制，然能依托经典旧文，而实施精作之，则不藉西域之工艺亦不为功"②。唐都长安之格式规模取法于中国自有传统而又吸收西域工艺，使之宏丽精巧，此又可比喻为"中体西用"。

陈寅恪讨论职官制度时，概括宇文泰之"关中文化本位制度"为"阳傅周礼经典制度之文，阴适关陇胡汉现状之实"③；论兵制又称宇文泰"以鲜卑旧俗为依归""取周官为缘饰之具"④。此二例与上例相同，有以中为形式、西为内容之意。

以上引述了陈寅恪在历史研究中对"中国文化本位论"的探讨。他一方面证明了中国文化在历代的光辉成就无不是中外文化交流的产物；另一方面证明了中国本位文化如何在外来文化冲击下，发挥能动性与创造性，使本位

---

① 陈寅恪：《隋唐制度渊源略论稿》，中华书局，1977，第1~2页。

② 陈寅恪：《隋唐制度渊源略论稿》，第79~80页。

③ 陈寅恪：《隋唐制度渊源略论稿》，第91页。

④ 陈寅恪：《隋唐制度渊源略论稿》，第127页。

文化得到延续、丰富、创新和发扬。这两个方面是相互统一的，它们的地位同等重要，但是从逻辑上说，有先后之分。保持文化本位占有逻辑上的优先性，吸收外来文化是在保持文化本位的前提下进行的。而且，陈寅恪所处的时代环境也迫使他必须把中国本位文化放在优先的位置上。他之所以在《论韩愈》中赞扬韩愈之"建立道统"，正是因为"道统"这一概念恰恰能代表本位文化延续性和优先性的特征，它不仅指儒家文化之"统"，也代表中国文化之"统"。保持文化本位的传统说法正是"继统"。

陈寅恪说："华夏民族之文化，历数千载之演进，造极于赵宋之世。后渐衰微，终必复振。"[1] 他之所以如此推崇宋代文化，是由于宋代文化提供了在保持文化本位的前提下吸收外来文化，最终重建与复兴本位文化的标本。用刘东的话来说，即宋代文化是文化观念上的"一元整合性"发挥到极致的表现。[2] 刘东说："陈寅恪借此判明古人发挥了多大'历史主动性'的，就并不在于他们曾经宽容的'拿来'了什么，而只在于他们到底顽强地创造了什么，也并不在于他们对外来文化的吸收程度，而只在于他们对这类异质文化因素的消化程度。"[3] 因此，陈寅恪又说：

> 吾国近年之学术，如考古历史文艺及思想史等，以世局激荡及外缘薰习之故，咸有显著之变迁。将来所止之境，今固未敢断论。惟可一言蔽之曰，宋代学术之复兴，或新宋学之建立是已。[4]

陈寅恪把中国文化之复兴与学术之复兴结合在一起，是因为二者都可以统一在"保持文化本位"这一中心之下。

现在再来解释文化本位为什么可以是形式。首先，文化本位是文化精

---

① 陈寅恪：《金明馆丛稿二编》，第 245 页。
② 刘东：《审美文化类型的形成与落熟》，载《学人》第 8 辑，江苏文艺出版社，1995，第 222 页。
③ 刘东：《审美文化类型的形成与落熟》，载《学人》第 8 辑，第 222 页。
④ 陈寅恪：《金明馆丛稿二编》，第 245 页。

神的表现，文化精神超越了具体的观念、制度、规范。文化本位也并非某种特定的思想观念、制度或社会规范，而主要是一种文化认同，一种对民族生活、民族传统的热爱。其次，"形式"与"内容"是相对的范畴，说文化本位是形式，实际上是相对于被吸收进本民族文化中的外来成分而言的。而且，说文化本位是形式，是在讨论文化融合这一特殊过程的条件采用的范畴。最后，说文化本位是形式，并不是说它作用不大或僵死落后，而是说，文化本位作为形式，是文化系统中具有相对恒定的地位和价值的部分，具有强大的同化力，可以在保持形式和地位不变的前提下使文化发生实质性的变异，从而避免社会动荡，保持文化活力，促进文化的平稳、常态发展。这也是文化本位论者与文化保守主义者主张渐进改良的原因。

接下来分析陈寅恪的"中国文化本位论"的性质。在他看来，"中国文化本位论"首先是作为一种学术方法范畴、一种思考方式来指导其历史研究的。从历史研究出发，它超越了历史研究本身，从而带有一种思想范畴的意义。陈寅恪本人的文化思想与他在历史研究中体现出来的方法论思想是统一在一起的，不能被割裂开来。处于20世纪中国思想界的多元互动之中，他本人也是文化保守主义思潮的一员。理解他的历史研究，意味着必须理解他的文化思想及意义；同样，理解他的文化思想及意义也意味着必须理解他的历史研究及方法。不能把他简单地看作一个历史学家，也不能只重视他的"专业"学术贡献，还要重视并理解他的思想贡献及思想史意义，其"中国文化本位论"正是这样一个既有学术方法意义又有思想史意义的理论。

陈寅恪的"中国文化本位论"从思想史意义上来说，不同于固守"中体西用"界限的曾国藩、张之洞的思想，也不同于更偏重政治意义，而对文化交流缺乏具体分析的《中国本位的文化建设宣言》中的思想。[①]而是一种更具

---

① 刘梦溪：《一代文化所托命之人》，载《纪念陈寅恪先生百年诞辰学术论文集》。

有文化意义的，以史学考察为根基的特殊的文化思想，也是一种与知识分子个人生存感受有关的，带有终极关怀意味的文化思想。

第三节　"独立之精神，自由之思想"

陈寅恪晚年的文化思考又进入了一个新阶段，这一阶段主要以《论再生缘》与《柳如是别传》为标志。思考的主要内容可以概括为"独立之精神，自由之思想"，它在内涵上与以前的文化思想是统一的，是对早年提出的"文化精神"的新阐释，也包含了关于"中国文化本位论"的思考，足以作为陈寅恪之"晚年定论"。

早在 20 世纪 30 年代，陈寅恪在《清华大学王观堂先生纪念碑铭》中说：

> 士之读书治学，盖将以脱心志于俗谛之桎梏，真理因得以发扬。思想而不自由，毋宁死耳。斯古今仁圣所同殉之精义，夫岂庸鄙之敢望。先生以一死见其独立自由之意志，非所论于一人之恩怨，一姓之兴亡。……先生之著述，或有时而不章。先生之学说，或有时而可商。惟此独立之精神，自由之思想，历千万祀，与天壤而同久，共三光而永光。[①]

这时，他已经提出"独立之精神，自由之思想"这一概念。这一思想涵盖了西方文化传统与中国文化传统，明显具有普遍性意义，并与学衡派普遍意义上的"文化精神"思想相接。而到了晚年再次提出这一概念时，其内涵就厚重得多了。他之所以在晚年著《论再生缘》与《柳如是别传》，正是通过表彰陈端生与柳如是这两个女性所具有的"独立之精神、自

---

① 陈寅恪：《金明馆丛稿二编》，第 218 页。

由之思想"，来论证其并不仅仅属于西方文化，同时也是中国文化精神的体现。从这一角度，他实际上把中国文化精神归结为"独立之精神、自由之思想"，认为它具备文化精神所具有的抽象性、包容性、开放性与独立性。

一 "自由之思想"

思想自由意味着打破常规，而以"三纲六纪"为代表的制度、规范体系，恰恰是常规的体现。陈寅恪在《论再生缘》中说：

> 陈端生亦当日无数女性中思想最超越之人也。夫当日一般人所能取得之政治上最高地位为宰相，社会上最高地位为状元，此两事通常皆由科举之途径得之。而科举则为男性所专占之权利。当日女子无论其才学如何卓越，均无与男性竞争之机会，即应试中第，作官当国之可能。此固为具有才学之女子心中所最不平者，而在端生个人，尤别有更不平之理由也。……陈氏一门之内，句山以下，女之不劣于男，情事昭然，端生处此两两相形之环境中，其不平之感，有非他人所能共喻者。[1]

句山为陈端生之祖父，曾中乾隆初年博学鸿词科之考试，才学甚高，其思想也高于同时代人，教女以文字，即可证明。陈端生自幼受家学熏陶，天分与才学超过一般男子，但身处"女子无才便是德"之世，有压抑之感，故撰写《再生缘》弹词自娱，兼以排遣郁闷，抒发心曲。当时他人已有"不安女子本分"之议论，盖弹词本为俚俗，女子著弹词更为"不务正业"，而陈端生对此种批评，不屑一顾。[2] 在《再生缘》中，她故作曲笔，着力描写女主人公孟丽君"离经叛道"之性格，以寄托自身之理想。陈寅恪举例论之曰：

① 陈寅恪：《寒柳堂集》，第57~58页。
② 陈寅恪：《寒柳堂集》，第58页。

又观第一七卷第六七回中孟丽君违抗皇帝御旨，不肯代为脱袍；第一四卷第五四回中孟丽君在皇帝之前，面斥孟士元及韩氏，以至其父母招辱；第一五卷第五七回中孟丽君夫之父皇甫敬欲在丽君前屈膝请行，又亲为丽君挽轿；第八卷第三十回中皇甫敬撩衣向丽君跪拜；第六卷第二二回、第二三回、第二四回；及第一五卷第五八回中皇甫少华（即孟丽君之夫）向丽君跪拜诸例，……则知端生心中于吾国当日奉为金科玉律之君父夫三纲，皆欲藉此等描写以摧破之也。端生此等自由及自尊即独立之思想，在当日及其后百余年间，俱足惊世骇俗，自为一般人所非议。①

陈寅恪又进而论之曰：

> 中国当日智识界之女性，大别之，可分为三类。第一类为专议中馈酒食之家主婆。第二类为忙于往来酬酢之交际花。至于第三类，则为端生心中之孟丽君，即其本身之写照，亦即杜少陵所谓"世人皆欲杀"者。前此二类滔滔皆是，而第三类恐止端生一人或极少数之人而已。抱如是之理想，生若彼之时代，其遭逢困厄，声名湮没，又何足异哉！又何足异哉！②

像陈端生这样的女性实属凤毛麟角，陈寅恪对之极力称道，实则承认中国传统可以包容与"三纲六纪"相冲突之思想。这些"离经叛道"之思想，不但证明了精神自由之必要，而且承认了这种"离经叛道"是使文化自我更新、保持活力的必要条件。中国传统中的道家、佛家相对于儒家来说亦是"离经叛道"的，但三者的互动互补关系使中国文化保持了活力。

陈端生之思想、遭际还只是个人性的，而柳如是（河东君）之思想、遭际则有着更多的社会性与历史性意义。陈端生终生封闭于闺阁，而柳如是先为

---

① 陈寅恪：《寒柳堂集》，第 59 页。

② 陈寅恪：《寒柳堂集》，第 60 页。

妾侍，后为名妓，与当时名士胜流交游甚广，并投身于波澜壮阔的反清复明运动，其才智、识见、胆略皆超迈当时、惊世骇俗，因而"为当时迂腐者深诋，后世轻薄者厚诬"①，其意义、价值往往为后人轻视。陈寅恪通过考证柳如是之本事，为我们描绘了一位堪称"女侠名姝"的奇女子形象。

柳如是为人"风流放诞"，举止活泼，"殊有逾越当日闺阁常轨者"②，"感慨激昂，无闺房习气"③，"豪宕自负、有巾帼须眉之论"④，"轻财好侠，有烈丈夫风"⑤，又好议论，"往往于歌筵绮席，议论风生，四座惊叹"⑥，性格刚烈，"负气好胜"⑦，追求精神上的独立自由。她原与宋征舆相爱，因受宋母之阻挠，宋征舆畏惧母命，怯懦迟疑，柳如是大怒，与宋绝交。⑧后又与陈子龙相爱，然而陈已有一精明能干、善于持家之正妻，必不能容柳，柳如是不甘居人之下，二人只好分手。⑨

柳如是之所以能与钱谦益（牧斋）结合，原因有二。一是二人志趣相投，钱对柳尊重有加，先后为柳筑我闻室、绛云楼，与柳如是在茸城行结褵之礼，称为继室，"以匹嫡之礼待河东君"⑩，符合柳如是独立自由之精神。二是钱谦益亦有自由之思想，宽广之气度，"雅量通怀，忽略小节"⑪。二人结婚之时，因为违反当时社会风习，招来多数士大夫之不满，而钱谦益不为所动。⑫是以钱谦益死后，柳如是以遗孀的身份自尽，陈寅恪誉之为"杀身以报牧斋国士之知"⑬。他们都有"独立之精神、自由之思想"，情投意合，

① 陈寅恪：《柳如是别传》，上海古籍出版社，1980，第 4 页。
② 陈寅恪：《柳如是别传》，第 553 页。
③ 陈寅恪：《柳如是别传》，第 375 页。
④ 陈寅恪：《柳如是别传》，第 233 页。
⑤ 陈寅恪：《柳如是别传》，第 600 页。
⑥ 陈寅恪：《柳如是别传》，第 175 页。
⑦ 陈寅恪：《柳如是别传》，第 559 页。
⑧ 陈寅恪：《柳如是别传》，第 69 页。
⑨ 陈寅恪：《柳如是别传》，第 45~46 页。
⑩ 陈寅恪：《柳如是别传》，第 642 页。
⑪ 陈寅恪：《柳如是别传》，第 409 页。
⑫ 陈寅恪：《柳如是别传》，第 642 页。
⑬ 陈寅恪：《柳如是别传》，第 218 页。

故能生死相许。

"自由之思想"不仅有思想本身的意义，也能促进文学艺术水平的提高。陈寅恪讨论了陈端生《再生缘》在艺术上的特点，指出《再生缘》作为长篇排律，与骈文之规律有相似之处：

> 就吾国数千年文学史言之，骈俪之文以六朝及赵宋一代为最佳。其原因固甚不易推论，然有一点可以确言，即对偶之文，往往隔为两截，中间思想脉络不能贯通。若为长篇，或非长篇，而一篇之中事理复杂者，其缺点最易显著，……吾国昔日善属文者，常思用古文之法，作骈俪之文。但此种理想能具体实行者，端系乎其人之思想灵活，不为对偶韵律所束缚。六朝及天水一代思想最为自由，故文章亦臻上乘，其骈俪之文遂无敌于数千年之间矣。若就六朝长篇骈俪之文言之，当以庾子山哀江南赋为第一。若就赵宋四六之文言之，当以汪彦章代皇太后告天下手书（浮溪集一三）为第一。……庾汪两文之词藻固甚优美，其不可及之处，实在家国兴亡哀痛之情感，于一篇之中，能融化贯彻，而其所以能运用此情感，融化贯通无所阻滞者，又系乎思想之自由灵活。故此等之文，必思想自由灵活之人始得为之。非通常工于骈四骊六，而思想不离于方罫之间者，便能操笔成篇也。今观陈端生再生缘第一七卷中自序之文，与再生缘续者梁楚生第二十卷中自述之文，两者之高下优劣立见。其所以致此者，鄙意以为楚生之记诵广博，虽或胜于端生，而端生之思想自由，则远过于楚生。撰述长篇之排律骈体，内容繁复，如弹词之体者，苟无灵活自由之思想，以运用贯通于其间，则千言万语，尽成堆砌之死句，即有真实情感，亦堕世俗之见矣。……再生缘一书，在弹词体中，所以独胜者，实由于端生之自由活泼思想，能运用其对偶韵律之词语，有以致之也。故无自由之思想，则无优美之文学，举此一例，可概其余。①

---

① 陈寅恪：《寒柳堂集》，第 64~66 页。

　　他把陈端生的创作放在中国文学史中来考察，得出"无自由之思想，则无优美之文学"的结论；又把《再生缘》与外国文学进行比较，发现其文体实与天竺、希腊、西洋之史诗相似。[①] 而其结构之精密，远远超过了以《水浒传》《红楼梦》《儒林外史》为代表的中国古典小说，几可直追西洋小说。[②]

　　和陈端生相比，柳如是之文学成就在当世（明清之际）也是一流的。陈寅恪褒扬柳如是之诗才之处甚多，如称柳"混合古典今事，融洽无间"[③]，"袭取昔人语句，皆能灵巧运用，绝无生吞活剥之病。其天才超越，学问渊博，于此益足证明矣"[④]，"其惊才绝艳，匪独前此类似之作品，如干令升曹辅佐陶通明及施肩吾诸人所结集者，不能企及，即茫茫禹迹，后有千秋，亦未必能重睹"[⑤]，"遣词庄雅、用典适切……其意境已骎骎进入北宋诸贤之范围，固非同时复社几社胜流所能望见，即牧斋松圆与之相角逐，而竞短长，似仍有苏子瞻所谓'汗流籍湜走且僵'之苦"[⑥]。柳如是之才尚不止于诗，她"善记忆多诵读"[⑦]，所以能对历史典故如此熟悉，她甚至可以胜任钱谦益的学术助手。陈寅恪引沈虬《河东君传》记载，柳如是与钱谦益结婚之后，在绛云楼校雠文史，"牧斋临文，有所检勘，河东君寻阅，虽牙签万轴，而某册某卷，立时翻点，百不失一。所用事或有舛误，河东君颇为辨正"[⑧]。柳如是亦研习佛典，有"超世俗、轻生死"[⑨]之见识。

　　陈端生、柳如是之才华成就，足有震古烁今之处，然竟几致湮没无闻，其原因即在于她们的"自由之思想"在当时属于离经叛道的异端，而她们的

---

① 陈寅恪：《寒柳堂集》，第 62~64 页。
② 陈寅恪：《寒柳堂集》，第 60~61 页。
③ 陈寅恪：《柳如是别传》，第 313 页。
④ 陈寅恪：《柳如是别传》，第 339 页。
⑤ 陈寅恪：《柳如是别传》，第 502 页。
⑥ 陈寅恪：《柳如是别传》，第 520~521 页。
⑦ 陈寅恪：《柳如是别传》，第 586 页。
⑧ 陈寅恪：《柳如是别传》，第 233 页。
⑨ 陈寅恪：《柳如是别传》，第 375 页。

性别角色与社会地位是低下的、被压抑的。陈寅恪表彰她们的才华与思想，其意义之一就是发掘了她们的行为所具有的精神价值及永恒意义，而这一发掘是通过揭示中国文化的多元性，及其内部包含的不同于儒家主流思想的"异端"成分来实现的。

一种文化本身并不是铁板一块，而是由许多文化成分互相作用、共同参与的结果。这种文化本身的发展过程，也是不同文化成分互相冲突、互相融会的多元互动过程。这种文化往往会有一个主流，主流之外会包容一些"异端"的文化成分，这些"异端"成分不能完全被主流所融化，而是保留下来。它们虽然对主流的地位不构成致命威胁，但有自己的运行方式、传播途径、作用方式和接受群体。它们与主流构成互补关系。

陈寅恪提出"自由之思想"是要证明文化精神必须具有包容性。我们在第一章其实就已涉及这一点。中国的文化精神不仅仅是儒家精神，也必须体现道家、佛家的精神，这就要求文化精神要超越各文化成分互相冲突的具体特征，并把它们包含在自身之中。文化精神既是儒道释，又不是儒道释；既不是儒道释其中的任何一家，也不是各家的简单结合；既体现在各家之中，又超越于各家之上。

这样的一种文化精神并不是胡思乱想、向壁虚构的。通过对中国文化史做另外一种角度的考察便知，中国文化中包含着德与刑、力与命、文与质、进取与固守、外拓与内敛等诸多价值取向，在不同的历史阶段，占主导地位的精神气质和倾向性都有不同之处，如汉代以质胜、宋代以文胜，唐则外拓，明清则内敛，可以说它们都是中国文化精神的不同侧面，都是中国文化精神。文化精神既包含它们，又超越它们。

中国文化精神的多元性与包容性不可谓不大，所以陈寅恪用"自由之思想"来概括。他的苦心就在于，一种文化的衰微首先和主要地表现为主流文化的衰微和文化本身缺乏包容性，要改变这种现状就必须"复活"传统内部能够带来活力的异端成分，同时引进外来异质文化，共同营造思想文化的活跃局面，这样才能保持各文化成分的活跃性，产生新一轮的文化交流与文化创新，最后使文化重新走向辉煌。陈寅恪就是这样用"自由之思想"来表达中国文化精神所具有的"多元性"和"包容性"的内涵。

二　"独立之精神"

中国文化精神的另一种内涵被陈寅恪表述为"独立之精神"，其意义在于保持文化的独立性，也就是保持文化的本位。在陈寅恪晚年的思考中，"独立之精神"具体表现为知识分子个人信仰的坚定与道德的高洁，以及不为名利物欲所动的精神操守。信仰是知识分子"独立之精神"的核心，本来，不同的信仰指向不同的对象，宗教信仰指向救世主，学者之信仰指向纯粹之学问，这些信仰在表现形式上有共同性，即表现为道德。

道德并非是平面的或只有一种层次，而是立体的、多层次的，如诚实守信是一种层次，为国捐躯是另一种更高的层次；道德可以表现为具体的规范，如父慈子孝等，也可以是超越的理念。陈寅恪推崇韩愈与新儒家的原因之一就是对中国文化精神所具有的道德心的褒扬。在中国古代伦理中，"士"之出入进退之规范，即为节操观念，这一节操观念在民族文化冲突的环境中，就具有了"夷夏之辨"和"家国兴亡"之内涵。陈寅恪晚年正是通过褒扬气节、贬斥势利来阐发中国文化的"独立之精神"。

为什么这样做？因为抽象的"独立之精神"在现实中必然表现为对某种具体规范、具体价值的坚守，我们在理论探讨中可以抽象地讨论它，但在实践中必须将它具体化。我们不能说陈寅恪完全认同旧的纲纪、节操，否则就无法解释他为什么称赞陈端生、柳如是的"自由之思想"。我们必须承认，陈寅恪是言在此而意在彼，借用旧的规范，并赋予它们新的内涵；或是从旧的伦理道德中提炼出活的精神。所以，其著述的精神价值在于从"返本"中"开新"，抛去传统的旧外壳，发掘新的内涵。

陈寅恪在《赠蒋秉南序》中说：

欧阳永叔少学韩昌黎之文，晚撰五代史记，作义儿冯道诸传，贬斥势利，尊崇气节，遂一匡五代之浇漓，返之淳正。故天水一朝文化，竟为我民族遗留之瑰宝。①

宋代文化正是"独立之精神"的集中体现。

陈寅恪对道德的重视，其来有自。"新人文主义"与学衡派都以人格的完善、道德的高尚为其理想。陈寅恪在早年就注重思考道德在中国文化中的意义。他在对魏晋隋唐史的研究中，注意考察当时"士"的道德状况，以及道德与宗教、家族、政治的关系，斥责"周孔老庄并学，自然名教两是之徒，则前日退隐为高士，晚节急仕至达官，名利兼收，实为无耻之巧宦"②。他在《元白诗笺证稿》中说：

> 纵览史乘，凡士大夫阶级之转移升降，往往与道德标准及社会风习之变迁有关。当其新旧蜕嬗之间际，常呈一纷纭综错之情态，即新道德标准与旧道德标准，新社会风习与旧社会风习并存杂用。各是其是，而互非其非也。斯诚亦事实之无可如何者。虽然，值此道德标准社会风习纷乱变易之时，此转移升降之士大夫阶级之人，有贤不肖拙巧之分别，而其贤者拙者，常感受苦痛，终于消灭而后已。其不肖者巧者，则多享受欢乐，往往富贵荣显，身泰名遂。其故何也？由于善利用或不善利用此两种以上不同之标准之习俗，以应付此环境而已。③

白居易与元稹二人，分别是"贤者拙者"与"不肖者巧者"的典型。陈寅恪所批评的正是元稹，但他作为新一代史家，并未以简单的道德批判代替

---

① 陈寅恪：《寒柳堂集》，第 162 页。
② 陈寅恪：《金明馆丛稿初编》，第 197 页。
③ 陈寅恪：《元白诗笺证稿》，第 82 页。

对深层历史规律的揭示。他揭示了元稹先以明经擢第，其后复举制科，"弃寒族之双文，而婚高门之韦氏"①的社会历史根源。元稹之无特操乃社会环境使然，陈寅恪不无感喟地说："是亦人生与社会之冲突也。"②在揭示客观历史与精神价值之尖锐冲突的同时坚持精神的信仰与志行的高洁，这种对"独立之精神"的坚持，成为他写《柳如是别传》的一个主题，也是他"晚年心态"的一种反映。

吴宓对陈寅恪撰写《柳如是别传》之主旨有这样的阐述：

> 寅恪之研究"红妆"之身世与著作，盖藉此以察出当时政治（夷夏）、道德（气节）之真实情况，盖有深意存焉……③

陈寅恪自述此书主旨，亦云：

> 披寻钱柳之篇什于残阙毁禁之余，往往窥见其孤怀遗恨，有可以令人感泣不能自己者焉。夫三户亡秦之志，九章哀郢之辞，即发自当日之士大夫，犹应珍惜引申，以表彰我民族独立之精神，自由之思想。何况出于婉娈倚门之少女，绸缪鼓瑟之小妇，而又为当时迂腐者所深诋，后世轻薄者所厚诬之人哉！④

明清之际本为中华民族之痛史。虽然柳如是和钱谦益的历史地位并不是特别重要，但陈寅恪用以点带面的方式，通过对柳如是一生经历的钩沉，对柳如是与众多名士胜流前后交往之史实的考证，描绘出一幅波澜壮阔的历史画卷，其重点在于描绘众多知识分子在明清大变局下的作为，并发掘其意义

---

① 陈寅恪：《元白诗笺证稿》，第 85 页。
② 陈寅恪：《元白诗笺证稿》，第 97 页。
③ 吴学昭：《吴宓与陈寅恪》，第 145 页。
④ 陈寅恪：《柳如是别传》，第 4 页。

与精神价值。

明清之际的"夷夏之辨"、气节操守,其实并不完全等于今日之"爱国主义",后者是鸦片战争以来才有的。古人并无近代以来的国家意识,毋宁说,古人有的是所谓"天下意识"。"天下意识"本为大一统时代的产物,所谓"普天之下,莫非王土;率土之滨,莫非王臣"就是它最好的表述,所以节操观念是指向一家一姓一族之皇朝的。明清之际之所以不同于一般改朝换代,一是因为清朝是异族入主中原,一是因为以新儒学为代表的新一轮文化兴盛期已经走到了尽头。明朝的灭亡说明宋明理学和宋明文化的弊端已经充分显现,陈寅恪推许的"文化造极之世"已不复存在,历史走向了它的反面,文化本位面临衰亡。顾炎武说:

> 有亡国,有亡天下,亡国与亡天下奚辨?曰:易姓改号,谓之亡国;仁义充塞,而至于率兽食人,人将相食,谓之亡天下。[①]

此即著名的"天下兴亡,匹夫有责"的理论根据。所谓"亡天下"就是文化本位的崩塌,因而知识分子痛定思痛,主要把反思的重点放在意识形态的核心——宋明理学上。以黄宗羲、顾炎武、王夫之为代表的众多思想家对宋明理学和儒家传统,乃至整个文化传统进行了全面反思。在这样的时代褒扬气节,其实不是褒扬宋明理学本身,而是想拯救来自先秦儒家的活的文化精神。陈寅恪对这段历史的考察,立足于比明清之际还要糟糕百倍的 20 世纪初的现实,因而他也是在阐述对现代文化精神重建的思考。

柳如是与钱谦益参与复明运动是《柳如是别传》的叙述重点之一,作者辟专章加以论述。柳如是为一风尘女子,何以能有高尚之精神,堪作知识分子之代表?陈寅恪指出,柳如是原为周道登(文岸)之宠姬,周曾任宰相,是故"盖河东君夙慧通文,周文岸身旁有关当时政治之闻见,自能窥知涯

---

① 顾炎武:《日知录》卷十三。

浃"①。柳如是后来加入知识分子团体"几社"，参加几社之南园宴集。陈寅恪论述了几社集会之活动以及柳同几社之关系：

> 当时党社名士颇自比于东汉甘陵南北部诸贤。其所谈论研讨者，亦不止于纸上之空文，必更涉及当时政治实际之问题。故几社之组织，自可视为政治小集团。南园之宴集，复是时事之座谈会也。河东君……所参预之课业，当为饮酒赋诗，其所发表之议论，自是放言无羁。然则河东君此时之同居南楼及同游南园，不仅为卧子之女腻友，亦应认为几社之女社员也。……继经几社名士政论之薰习，其平日天下兴亡匹"妇"有责之观念，因成熟于此时也。②

所谓"近朱者赤，近墨者黑"，柳如是之高洁性情，一部分得益于出众之才华，一部分受陈子龙（卧子）等优秀知识分子的熏染影响。

柳如是素来关心天下大事，"平生雅好谈兵，以梁红玉自比"③，虽不能亲临反清复明之战场，亦以实际行动帮助复明运动。钱谦益参与的反清活动，她都参与其中。钱谦益至金华游说马进宝反清，柳实为暗中主持之人。④陈寅恪推测柳以购买物品为名，与郑成功设在绸缎店中的联络点相往来，"暗作通海之举"⑤。钱谦益去金陵，居于报恩寺中，实为顺治十六年郑成功大举进攻南京做接应准备工作，柳亦知之。⑥柳又捐资以助南明姚志卓军。⑦钱谦益频繁往来于常熟、苏州，亦为联络郑成功之举。⑧诸如此类的联络工作多次进行。虽然复明活动没有成功，但陈寅恪考察各人在其中之表现，并不以成败论人，

---

① 陈寅恪：《柳如是别传》，第282页。
② 陈寅恪：《柳如是别传》，第282页。
③ 陈寅恪：《柳如是别传》，第166页。
④ 陈寅恪：《柳如是别传》，第1033页。
⑤ 陈寅恪：《柳如是别传》，第1021页。
⑥ 陈寅恪：《柳如是别传》，第1036~1037页。
⑦ 陈寅恪：《柳如是别传》，第1040页。
⑧ 陈寅恪：《柳如是别传》，第1044页。

乃重在行为之精神价值。

陈寅恪对论及之人均有臧否。柳如是与钱谦益二人性格不同，一刚烈一怯懦，虽然都有复明之志，但二者表现不同。如明南都倾覆，柳劝钱谦益殉国，钱谦益迟疑不肯。[1] 钱谦益降清之后，随例北迁，柳如是终留江南。[2] 南都倾覆后三年间，柳如是"不言不笑"，以表示其不忘故国旧都之哀痛。[3] 陈寅恪承认钱谦益之降清为其毕生最大污点，但对钱氏并非彻底否定，而是一分为二，既肯定他复明的活动，又对他降清做出具体分析和客观评价：

> 牧之降清，乃其一生污点。但亦由其素性怯懦，迫于事势所使然。若谓其必须始终心悦诚服，则甚不近情理。夫牧斋所践之土，乃禹贡九州相承之土，所茹之毛，非女真八部所种之毛。[4]

此言可谓对钱谦益的"同情之了解"，后一句是针对《四库全书总目提要》对钱的辱骂而发，其称钱为"首鼠两端、居心反覆"[5]，实指钱氏降清后又心怀明室。陈寅恪批驳此论，是表彰钱谦益虽然失足，但仍知大义所在，不甘沉沦，致力复明之志。陈寅恪引钱谦益《〈西湖杂感〉序》所用"侮食相矜，左言若性"之典，评之曰："牧斋用此典以骂当日降清之老汉奸辈，虽己身不免在其中，然尚肯明白言之，是天良犹存，殊可哀矣。"[6] 此哀是哀钱之终成"老汉奸"，有惋惜之意，又有对其"天良犹存"的肯定。钱谦益降清后之行事，实际上是为了洗刷自己的污点。今人若对钱一味斥责，持论未免太苛。

---

[1] 陈寅恪：《柳如是别传》，第685页。
[2] 陈寅恪：《柳如是别传》，第849页。
[3] 陈寅恪：《柳如是别传》，第907~908页。
[4] 陈寅恪：《柳如是别传》，第1024页。
[5] 陈寅恪：《柳如是别传》，第1023页。
[6] 陈寅恪：《柳如是别传》，第1023页。

　　陈寅恪指出，钱谦益著《列朝诗集》，"借此以见其不忘故国旧君之微旨"[1]；又注杜甫诗，作长笺，"借李唐时事，以暗指明代时事"[2]，并抒写己身在明末政治蜕变中所处之环境；其诗作亦往往寄托反清复明之心愿。这些行为与他筹划联络反清之事一样，皆是可称道之处。可见陈寅恪并非简单地褒柳而斥钱，而是用史家之眼光，作平情之论，不以瑕掩瑜，亦不以瑜掩瑕，把史家"求真"之目标与哲学家"求善"的目标统一起来。

　　陈寅恪承认，从历史中发掘价值是有限度的，不注意这个限度，就会导致人为地拔高或贬低古人，或是简化历史。他承认古人之节操观念并不等于"独立之精神"，所以他一方面赞扬知识分子之气节，另一方面又客观地承认这一气节观念的历史局限性。他指出，明末士大夫的一般风气为"平日喜谈兵，而临事无所用"[3]，钱谦益亦不例外。东林党人素以气节闻名，而其起源则是皇位继承权的归属问题。[4]东林党人以顾杲为首的一百四十人具名"南都防乱揭"攻击阮大铖，"遂酿成仇怨报复之举动，国事大局，益不可收拾矣"[5]，其因在于东林少年持论过苛。陈寅恪指出，顾杲为人"激烈好名"，"斯固明季书生本色"[6]。对气节之阐扬、执着竟一变而为党争之源，斯为中国传统之"道德主义"所造成之最大反讽。

　　陈寅恪继承并发扬了传统史学从史实中发掘价值的传统，同时吸收了现代学术方法，用现代的文化观念观照历史，因而对历史的阐释极具现代意义。陈寅恪用"独立之精神、自由之思想"这一来自西方文明的概念来阐释中国的文化史与文化精神，这绝不是简单、生硬的中外嫁接，而是站在深刻理解中外传统的基础上，一方面梳理中外文化之"同"，一方面深入历史考察中国文化各成分之"异"和中国文化史千年之"变"的结果。而我们把"独立之

---

① 陈寅恪：《柳如是别传》，第 985~988 页。
② 陈寅恪：《柳如是别传》，第 1000 页。
③ 陈寅恪：《柳如是别传》，第 668 页。
④ 陈寅恪：《柳如是别传》，第 841~842 页。
⑤ 陈寅恪：《柳如是别传》，第 844 页。
⑥ 陈寅恪：《柳如是别传》，第 684 页。

精神,自由之思想"与他的"中国文化本位论"联系起来思考,就会发现其前半句正与"不忘本来民族之地位"相似,后半句与"吸收输入外来之学说"相近。所以说,"独立之精神、自由之思想"作为对"文化精神"这一概念的进一步阐释,也包含了"中国文化本位论"的内容,是他一生思考的总结。

第四节　陈寅恪的"晚年心态"问题

陈寅恪晚年的诗文和著作表现出强烈的忧患意识与悲观色彩,他特殊的家世背景、人生经历和性格特点,使他把感情隐藏在幽深晦涩的诗文之中,令人觉得扑朔迷离。对这一问题,学界众说纷纭,讨论主要围绕其诗作的解释展开。有人从政治角度来理解,认为陈寅恪的复杂心态来自对现实政治的失望;有人从文化角度来理解,把陈寅恪的思想感情与"遗民"心态联系起来,称陈寅恪为"文化遗民";还有人从个人遭际的角度来解释,认为陈寅恪毕生颠沛流离,晚年又疾病缠身,影响其从事研究,故有悲观心理。

以上诸说,不能说是毫无根据,但也不能说是全面的、完善的、妥帖的,其中亦有许多误解与歪曲之处。笔者倾向于从文化的角度来解释而不用"遗民"这一概念,因为它有固定用法,而陈寅恪的心态超出了"遗民"的内涵,如用此词,有招致误解的可能,姑且以"晚年心态"名之。

陈寅恪的这种心态与其毕生经历有关,也与其文化思想紧密相连、不可分割,时间上不仅仅限于他生命中最后的二十年,也不仅仅体现在他晚年所作的诗文中,之所以名之为"晚年心态",是由于这种心态在他的晚年表现得最集中,这也是没有办法的办法,因为目前尚无可以概括他的这种心态的更好的名词。

笔者不准备通过笺释其诗来理解这一心态，因为陈寅恪的诗古典今典层层缠绕，非常难解，且容易陷入烦琐考证与臆测之中。我们应该把陈寅恪的诗文、著作作为一个整体来考察，从思想的角度，对他的晚年心态加以宏观把握。

一 所谓"续命河汾"

这是陈寅恪晚年心态中最重要的内容。

中国文化的近代化或现代化，是落后于西方并受到西方文化冲击的被动产物。鸦片战争以来，外部侵略与内部革命交替进行，社会动乱频仍，国力极度虚弱。时代阻碍了正常的文化交流与文化创造，中国传统文化包含的精神价值已被时代忽略。陈寅恪深知，接续传统文化的血脉是文化转型的前提，随着传统文化及其精神价值的日益衰微，"续命河汾"就成为其终生念念不忘、老而弥甚的情结。

"续命河汾"之典故来自隋末大儒王通。他曾设教于河汾地区，门徒超千人，其中包括房玄龄、魏徵等唐代开国功臣。陈氏用此典是表达他对接续文化血脉的关注，而并非要做"帝王师"，因为陈寅恪毕生远离政治，具有知识分子不参政的独立气节，并不像胡适、梁漱溟乃至冯友兰那样认同政治、接近政治或参政议政。其《论韩愈》一文中之第六条"奖掖后进，期望学说之流传"就是寄托这一愿望。他相信中国文化精神命脉的传递可以通过学术研究和人文学者独立自由之高尚人格的发扬得以传递；而之所以褒扬王导，是因为王导巩固了偏安一隅的汉族政权，从而保存了文化命脉。[①] 陈寅恪在《杨树达积微居小学金石论丛续稿序》中说：

> 自剖判以来，生民之祸乱，至今日而极矣。……天而不欲遂丧斯文

----

① 陈寅恪：《金明馆丛稿初编》，第48~68页。

也，则国家必将尊礼先生，以为国老儒宗，使弘宣我华夏民族之文化于京师太学。①

此文作于 1942 年，但在 20 世纪 50 年代杨树达该书再版时被删，可见这个理想过于"迂远守旧"、不合时宜。陈寅恪终生颠沛流离，遭际坎坷，晚年又在"反右""文革"等历次运动中受到批判和冲击，自然产生"避秦无地"之感，在诗文中多有提及。他在《赠蒋秉南序》中说：

> 清光绪之年，寅恪家居白下，一日偶检架上旧书，见有易堂九子集，取而读之，不甚喜其文，唯深美其事。以为魏丘诸子值明清嬗蜕之际，犹能兄弟戚友保聚一地，相与从容讲文论学于乾撼坤岌之际，不谓为天下之至乐大幸，不可也。……寅恪独怀辛有索靖之忧，果未及十稔，神州沸腾，寰宇纷扰。寅恪亦以求学之故，奔走东西洋数万里，终无所成。凡历数十年，遭逢世界大战者二，内战更不胜计。其后失明膑足，栖身岭表，已奄奄垂死，将就木矣。默念平生固未尝侮食自矜，曲学阿世，似可告慰友朋。至若追踪昔贤，幽居疏属之南，汾水之曲，守先哲之遗范，托末契于后生者，则有如方丈蓬莱，渺不可即，徒寄之梦寐，存乎遐想而已。②

从中可以感受到陈寅恪沉重的幻灭感。

与"续命河汾"直接相关的是陈寅恪对"家世""门风"的重视。陈本人是名门之后，祖父陈宝箴与父亲陈三立都是清末维新派的重要代表，二人既有开放的心态，主张借鉴西学、改良政治，又有独立之精神，忧国忧民，反抗侵略。陈寅恪的夫人唐筼（晓莹）是台湾抗日运动领袖唐景崧的孙女。与陈氏夫妇交往的许多人都有名门望族或书香门第的出身背景，

---

① 陈寅恪：《金明馆丛稿二编》，第 230~231 页。
② 陈寅恪：《寒柳堂集》，第 162 页。

陈寅恪本人"极其注重相交者的身世背景与历史渊源"[1]，原因在论隋唐史时便已指出：

> 自汉代学校制度废弛，博士传授之风气止息以后，学术中心移于家族。[2]
>
> 夫士族之特点既在其门风之优美，不同于凡庶，而优美之门风实基于学业之因袭。[3]

愈是名门望族，门风愈佳，其教育条件优良，"家学"亦能够保持一定的传统，门风既包括礼乐文化，也包括学术传统。所以陈寅恪心目中的"家族意识"与传递文化精神有关，在像南北朝那样的动荡时代中，保持文化的功能很大程度上要靠世家大族。

二 所谓"迁叟之迁"

陈寅恪在《读吴其昌撰梁启超传书后》中说：

> 余少喜临川新法之新，而老同涑水迁叟之迁。盖验以人心之厚薄，民生之荣粹，则知五十年来，如车轮之逆转，似有符合所谓退化论之说者。是以论学论治，迥异时流，而迫于事势，噤不得发。[4]

似乎陈寅恪青年时期有激进变革的思想，其实他在这里表现的思想与在哈佛时期、《学衡》时期的思想并无不同。何为"涑水迁叟之迁"？我们知道，

---

① 陆键东：《陈寅恪的最后二十年》，生活·读书·新知三联书店，1995，第 383 页。
② 陈寅恪：《隋唐制度渊源略论稿》，第 17 页。
③ 陈寅恪：《唐代政治史述论稿》，上海古籍出版社，1982，第 72 页。
④ 陈寅恪：《寒柳堂集》，第 150 页。

"涑水迂叟"是司马光的别号，司马光著有《迂书》，亦称《庸书》，其中有《释迂》一篇，云：

> 子不见夫树木者乎？树之一年而伐之，则足以给薪苏而已；三年伐之，则足以为桷；五年而伐之，则足以为榹；十年而伐之，则足以为栋。夫岂非收功愈远，而为利愈大乎？古之人惟其道闳大而不能狭也，其志邃奥而不能迩也，其言崇高而不能卑也，是以所适龃龉，而或穷为布衣，贫贱困苦，以终其身，然其遗风余烈数百年而人犹以为法。向使其人狭道以求容，迩志以取合，卑言以趋功，虽当时贵为卿相，利止于其躬，荣尽于其生。恶得余以及后世哉？如余者、患不能迂而已矣，迂何病哉？[①]

可见"迂"有二义。一义为反对猛烈之社会变革，陈寅恪所说的"湘乡南皮之间"亦有此意。猛烈的社会文化变革能伤及文化之根基，也有导致世道浇薄、道德沦丧、大量投机分子出现的危险。另一义即坚持精神之永恒价值，反对"狭道以求容，迩志以取合，卑言以趋功"的投机行径。陈寅恪的用法也不离此二义。

陈寅恪毕生反对"俗谛之桎梏"，这"俗谛"可以指国民党鼓吹的三民主义，也可以理解为新中国成立后流行一时的"左"的教条主义。从抽象角度来说，"俗谛"似指学术与思想的不独立，被现实力量所影响，或依附于某种教条的状态。陈寅恪在《对科学院的答复》中明其独立不移之志，即是"迂"的表现。他还多次用"江东旧义"之典表明心迹，此典原出于《世说新语·假谲》：

> 愍度道人始欲过江，与一伧道人为侣，谋曰：用旧义往江东，恐不

---

① 《司马温公文集》卷十四，商务印书馆"丛书集成初编"本。

办得食，便共立心无义。既而此道人不成渡。愍度果讲义积年。后有伧人来，先道人寄语云：为我致意愍度，无义那可立？治此计，权救饥尔，无为遂负如来也。

陈寅恪说自己"未树新义，以负如来"[1]"守伧僧之旧义"[2]都是用此典故，表明自己坚持学者之操守、独立之精神。

三　忧国忧民之感叹

陈寅恪虽然毕生从事学术研究，却非"两耳不闻窗外事"的学究，而是一个关心国事、天下事，同情贫苦民众的知识分子。对国民之忧思亦是陈寅恪晚年心态的重要体现，此点在其毕生诗作中表现甚多，如《庚戌柏林重九作》是因日本吞并朝鲜而发的伤世幽愤之情;《挽张荫麟》表达了对知识分子境遇的悲愤之情;《哀金圆》是斥责蒋政府吸尽民脂民膏的罪恶行径，并指出其政权垮台是民怨所至，理所当然;《男旦》是对 20 世纪 50 年代"知识分子改造运动"的嘲讽，如此种种，不一而足。

以上所言为陈寅恪"晚年心态"之大致内容。陈寅恪是感情浓郁、深厚而深藏不露的人，对其曲折隐微的感情世界，笔者尚不可能尽探其底蕴，只能采其有迹可循且与本文主题有关者。陈寅恪善于把深厚的情感关怀灌注于严谨的学术著作中，使死板枯燥的考证文字、研究著作全部"活"起来，成为有血有肉的文化启示录。他的情感世界与理性世界融合在一起不可分割，如果不了解他的学术研究，就不能更好地了解他的情感世界，同样，不理解他的情感世界，就不能更好地理解其学术研究。他的情感世界与理性世界互相补充、互相映照，"学术即生命，生命即学术"应是陈寅恪最真实的写照。

---

① 陈寅恪:《金明馆丛稿二编》，第 241 页。
② 陈寅恪:《金明馆丛稿二编》，第 253 页。

陈寅恪情感世界的至高处已达到"终极关怀"①之境。抛开这个词的宗教意义不谈，专门从"最高之信仰"的意义上说，陈寅恪的"终极关怀"指向的是中华民族之文化精神、"独立之精神、自由之思想"、完善之人格、纯净之学术。他的情感世界，虽然形式上是个人化的，有时似乎表现为对旧时代、旧文化的某种留恋，但其内容是对祖国文化强烈的爱，代表了现代情境下知识分子所普遍具有的"乡愁"。正所谓"人能弘道、非道弘人"，正因为有了以陈寅恪为代表的知识分子群体，中国的文化精神才得以保存、传递，烛照千年而不灭。

附 记

我之所以以此为硕士论文之题目，始于初读《陈寅恪的最后二十年》时的感动。但真正做起来方知，它是块难啃的骨头。且不说已有四本纪念文集、三本传记、不计其数的文章，令我很难插进脚去，难免有"炒冷饭"之嫌，就说陈先生之渊博，已令我十分吃不消：我不得不跟着他进入一个又一个我不熟悉的学术领域，而无暇顾及我的理解是否出了差错——这几乎是一定的。我试图理解这位大师的微言大义，在文中屡作大言，是为了把心目中的陈寅恪描绘出来。

还有一个困难是，我想论述的几个问题总是紧紧地纠缠在一起，不能截然分开，只能硬性地划分为若干要点，以至于陈先生的一段论述会被分到不同的章节加以讨论，这实在是没有办法的办法。我是学哲学的，讨论问题的角度与史学角度不一样，所以对陈先生的思想有所取舍，有些很重要的思想

---

① "终极关怀"(ultimate concern)本为美国存在主义宗教哲学家蒂利希(P.Tillich)提出的概念，原指人的终极信仰，在本文中不涉及宗教意义。

一笔带过或不加提及，也是无奈的事。

　　这篇文章终结了我三年的读研生涯。我在此感谢北京大学，感谢哲学系，我能在此就读，感到三生有幸。这三年来，北大对我的思想兴趣、学术训练影响很大，可以说改变了我的人生。感谢中哲教研室的各位老师对我的教诲。本师王守常先生，对我关怀备至，学业上循循善诱，鼓励我用心思考、踏实治学，其学风、人品都对我影响甚大，在此致以衷心的感谢。对此篇论文帮助最大的还有两位先生：历史系王永兴先生，屈尊指点，勉励有加，就文中两个重要问题诘难于我，使我重新思考改正，并为我解答了一些问题，先生之嘉惠后学，令我感动；哲学系孙尚扬先生，给我以重要的方法上的点拨。没有这两位先生，这篇文章就不会是现在这个样子。特此致谢。

　　最后，让我向陈寅恪先生致以最崇高的敬意！

1997 年 3 月 29 日

图书在版编目(CIP)数据

实践与文化：现代哲学范式革命的多维视野 / 赵海峰著. -- 北京：社会科学文献出版社，2020.6

（实践哲学论丛）

ISBN 978-7-5201-6004-9

Ⅰ.①实… Ⅱ.①赵… Ⅲ.①文化哲学－研究 Ⅳ.①G02

中国版本图书馆CIP数据核字（2020）第011539号

· 实践哲学论丛 ·

实践与文化：现代哲学范式革命的多维视野

著　　者 / 赵海峰

出 版 人 / 谢寿光

组稿编辑 / 周　丽　王玉山

责任编辑 / 王玉山

文稿编辑 / 韩宜儒

出　　版 / 社会科学文献出版社·城市和绿色发展分社（010）59367143
　　　　　　地址：北京市北三环中路甲29号院华龙大厦　邮编：100029
　　　　　　网址：www.ssap.com.cn

发　　行 / 市场营销中心（010）59367081　59367083

印　　装 / 三河市龙林印务有限公司

规　　格 / 开　本：787mm×1092mm 1/16
　　　　　　印　张：21　字　数：303千字

版　　次 / 2020年6月第1版　2020年6月第1次印刷

书　　号 / ISBN 978-7-5201-6004-9

定　　价 / 138.00元